التطورات المنهجية
وعملية البحث العلمي

الدكتور عبد المعطي محمد عساف

الدكتور يعقوب عبد الرحمن   الأستاذ مازن مسوده

الطبعة الأولى
٢٠٠٢

يخصص ريع هذا الكتاب لمنفعة صندوق كافل اليتيم في فلسطين

رقم الايداع لدى دائرة المكتبة الوطنية : (٢٠٠٢/٢/٤٠٥)
٠٠١,٤٣٤
عسا عساف، عبد المعطي
التطورات المنهجية وعملية البحث العلمي/ عبد المعطي عساف ، يعقوب عبد الرحمن ، مازن مسودة .- عمان: دار وائل، ٢٠٠٢.
(٢٥٦) ص
ر.إ. : ٢٠٠٢/٢/٤٠٥
الواصفات: الأبحاث / البحث التطبيقي / الأبحاث العلمية
* تم إعداد بيانات الفهرسة والتصنيف الأولية من قبل دائرة المكتبة الوطنية

ISBN ٩٩٥٧-١١-٢٦٣-٥ (ردمك)

* التطورات المنهجية وعملية البحث العلمي
* الدكتورعبد المعطي عساف، الدكتور يعقوب عبد الرحمن، مازن مسودة
* الطبعـة الأولى ٢٠٠٢
* جميع الحقوق محفوظة للناشر

دار وائـــل للنشر والتوزيع

شارع الجمعية العلمية الملكية - هاتف : ٥٣٣٥٨٣٧-٦-٠٠٩٦٢
فاكس: ٥٣٣١٦٦١-٦-٠٠٩٦٢ - عمان - الأردن
ص.ب (١٧٤٦ - الجبيهة)
www.darwael.com
E-Mail: Wael@Darwael.Com

بسم الله الرحمن الرحيم

" ومن أحسن قولاً ممن دعا إلى الله وعمل صالحاً "
وقال إنني من المسلمين "

صدق الله العظيم

الإهداء

إلى جميع أطفال فلسطين الباحثين عن الأمة بين الحجر والأمل

مقدمة

تعتبر المعرفة الانسانية ذات طبيعة تراكمية، وأن فهمها ومتابعتها يفترض في المتتبع أن يربطها بسياقها التاريخي وإلا صار فهمه لها، وحكمه عليها، مفتقراً للموضوعية. ولقد قطعت المعرفة العلمية القديمة شوطاً مهماً وملموساً ومثلت المقدمات الضرورية التي ساعدت على انبعاث عملاق العلم الحديث .

لقد سار العلم القديم بمعدلات تقدم بطيئة جداً، وبخاصة إذا ما قورنت بحركة العلم الحديث، ويعود ذلك بالدرجة الأولى لأن البحث العلمي كان نشاطاً مشتتاً، وغالباً ما كان محصوراً بالاحتياجات العملية المباشرة التي كان يواجهها إنسان تلك العصور، كما كان مفتقداً المنهجية العلمية الكافية التي ترشد انجازاته، وتسارع خطواته، حيث كان مرتبطاً بالكهنوت في الحضارات القديمة، وبالفلسفة في الحضارة الاغريقية، وباللاهوت في حضارات العصور الوسطى، مع بعض الاستثناءات المتعلقة بالحضارة الاسلامية التي شكلت بلا شك خطوة مهمة في طريق تطور الفكر العلمي المنهجي، وعرفت كيف تمزج بين الدين والعلم في منهجية توحدية مشهود لها . أما العلم الحديث فقد مثل عملية التحول الهائلة والسريعة التي مكنت الانسان من قطع أشواط تبدو في معطياتها والتراكمات المترتبة عليها، سواء كانت تراكمات كمية أو نوعية، وكأنها عملية تحول أسطورية في مساحتها وتعقيدها، وأنها مثلت سواء تم النظر اليها من زاوية العقل أو من زاوية الواقع ، مستوى جديداً ومغايراً من مستويات المعرفة، بل ومن مستويات حقيقة وجود الانسان ودوره في هذا الكون، وأنه لم يكن الانسان قادراً على السير في هذا الخضم لولا إيمانه العميق بالبحث العلمي، وبالمنهجية العلمية، وبالنتائج المترتبة عليها، وشغفه الدؤوب، وحرصه على تطبيقها، ووضعها في سياقها الحضاري.

لقد مثلت مرحلة البحث العلمي الحديث أعظم نقلة في حياة الانسان وحضارته، إلا أن سرعة التقدم في أنماط المعرفة المترتبة عليها، وفي الطرق التقنية المتعلقة بعمليات تطبيقها ونشرها، جعلت النتائج التطبيقية (الابتكارات) التي تترتب على عملية البحث

العلمي نفسها سريعة التقادم والزوال، فالتقنيات التي احتاج تكوينها إلى كفاح فكري وفني هائل منذ عشر سنوات، وقدمت على أنها فتح ثوري في مجالها، أصبحت تقبل اليوم على أنها شيء عادي، وهكذا أصبح التحدي أمام البحث العلمي يتعاظم ويفترض في الباحثين وفي المجتمعات المتحضرة أن لا يقفوا عند مرحلة محددة بشأن أي مشكلة، طالما أن كل فكرة أصبحت تقبل بوصفها شيئاً مؤقتاً، أو محطة سرعان ما يتم تجاوزها في رحلة البحث اللانهائية نحو فهم أكمل، وليس الفهم الكامل أبداً...

وفي هذه الوضعية من الفوران العارم والمتواصل للأفكار والابداعات والاختراعات العلمية يزداد التحدي أمام الباحثين الجدد الذين لابد لهم أن يدينوا لزملائهم وسابقيهم بكل المعطيات والأدوات البحثية التي أصبحت بين أيديهم ، إنه تحدي استيعاب كل ما سبق وعدم القفز عنه، والتهيؤ المستمر للدخول نحو المستقبل بما هو مفاجئ وجديد ... وعدم الانتظار في أي محطة من المحطات إلا بمقدار انتظار المسافر المتحفز لرحلة حول العالم. لقد ظل البحث العلمي هو المفتاح الذهبي الذي يمكن من فتح أبواب المستقبل، وبدون امتلاكه وحسن استخدامه يظل المجتمع أو المنظمة متخلفاً وراء التاريخ، وهذه هي حكمة الحضارة المعاصرة، بل وحكمة الحضارة على الاطلاق.

يحرص هذا المؤلف على إبراز أهمية المعرفة ومفاتيحها، وعلى توكيد دور التفكير العلمي والمنهجي في إثرائها ووضعها في السياقات التطبيقية الملائمة حتى تتحقق المزاوجة بين الفكرة والواقع فيتم إثراء الواقع على أساسها. وأننا إذا نقدمه للقارئ في وطننا العربي العزيز فإننا نأمل أن يجد فيه منظومة معرفية قادرة على تعريفه بالتطورات المنهجية التي حكمت عملية البحث العلمي على مدى التاريخ، وبشبكة المناهج العلمية التي يحتكم إليها البحث العلمي المعاصر ، وأداة أساسية تساعده على معرفة جميع المستلزمات والأساليب والادوات ، التي تحتاجها عملية البحث العلمي من ألفها إلى يائها. وإننا إذ لا ندعي أن في هذا البحث ما هو جديد عما هو موجود في المكتبة العربية أو الأجنبية، ولكننا نملك

الادعاء بأننا حرصنا على معالجة موضوعاته بصورة واضحة ومنسقة يستطيع القارئ والمتتبع أن يشكل حولها رؤية محددة تعينه على تحقيق أهدافه.

يتكون المؤلف من ستة فصول رئيسية تم تنظيمها في قسمين رئيسيين، يتكون القسم الأول منهما من فصلين أساسيين تم تخصيص أولاهما لتقديم خلفية عامة حول نظرية المعرفة والبحث العلمي بينما خصص الفصل الثاني لتوضيح التطورات المنهجية وشبكة المناهج التي تحتكم إليها عملية البحث العلمي المعاصرة، أما القسم الثاني فقد تركز حول عملية البحث العلمي بجميع مراحلها، وتم تبويب فصوله حسب هذه المراحل، فبحث الفصل الاول مرحلة الاستبصار والتهيئة التي تؤدي إلى تحديد مشكلة البحث وأهدافه وافتراضاته، وخصص الفصل الثاني للبحث في أساليب وأدوات جمع المعلومات، بينما خصص الفصل الثالث لبحث أساليب وأدوات تحليل المعلومات وتجريدها ، وانتهينا في الفصل الرابع إلى بحث طرق وقواعد عرض المعلومات وكتابتها واخراجها بصورة بحث متميز بالاتساق والتكامل.

وبعد فإنني أتقدم بالشكر للأخ الدكتور يعقوب حمدان وللأخ الأستاذ مازن مسوده لمساهمتهما في المساعدة على انجاز الفصل الرابع من الباب الثاني، ولما قدماه لي من عون ومساندة كان لهما قيمتهما الفعلية في الوصول بهذا المؤلف إلى دائرة النور وبدون أية حقوق مادية، كما أشكر لزوجتي وأولادي صبرهم وتشجيعهم لي، وبخاصة ابنتي ملك التي كان في ملاحظاتها اللماحة وحفزها المستمر ما مكنني من الاهتداء إلى اضافات وتعديلات هي مبعث اعتزاز دائم لدي.

والله من وراء القصد

د. عبد المعطي عساف

قائمة المحتويات

قائمة الأشكال

القسم الأول
أساسيات البحث العلمي

مقدمة

لقد انشغل الانسان على مدى كل مراحل وجوده الحضاري، منذ الأزل وحتى الآن، بالتساؤل عن كل ما يحيط به من مكونات الكون على اختلاف اشكالها وتنوعاتها، وذلك بهدف التعرف عليها والوصول إلى نتائج محددة حولها، والعمل على الاستفادة من هذه النتائج في الحفاظ على بقائه وسلامته، ومن أجل العمل على تطوير ظروف حياته ووسائل عيشه والوصول إلى مزيد من السعادة والرفاهية، وقد احتفظ طوال كل هذه المراحل وعبر جميع المحاولات المعرفية، بحقيقة أنه الكائن العقلاني الوحيد في هذا الكون. صحيح أنه خضع في كثير من التفاعلات التي أجراها مع الظاهرات الكونية إلى ضغوط انفعالية، وتحريفات مهمة في وعيه، وبخاصة أمام تلك الظاهرات التي كان يتعذر عليه الاحتكاك المباشر معها، أو التي كان يصعب عليه فهمها، إلا أنه في الوقت نفسه كان قادراً على استثمار طاقته العقلية في فهم كثير من الظواهر الأخرى، والتعامل معها بصورة ساعدت على تحقيق نتائج مهمة وتمكينه من قطع خطوات ارتقائية ملموسة، ولولا ذلك لما استطاع الانسان المعاصر أن يجد نفسه في كل ما هو فيه من معارف، فالمعرفة الانسانية تراكميه، والانجاز البشري تراكمي.

إننا في هذا القسم من دراستنا، سوف نعتني ببحث أهمية المعرفة الانسانية، وتحديد أبعادها وترابطاتها بعملية البحث العلمي للإنسان، مع التركيز على ضرورة أن تتم منهجة المعرفة وعملية البحث العلمي التي تؤدي إليها، وهذا ما يفترض العمل على تحديد دوائر المعرفة ومداخلها ومفاتيحها، مع ادراك جميع التمايزات التي تميز كل دائرة منها حتى يتمكن الانسان من جعل عمليات بحثه ذات قيمة عملية وبناءه، وقد تم تخصيص الفصل الأول لبحث هذه الأمور وغيرها مما يتصل بهذا الأمر.

ومن ثم فقد تم الانتقال لبحث التطورات المنهجية التي أمكن للعقل البشري أن يبتدعها ليتمكن من التعامل مع جميع الظاهرات الكونية بصورة أكثر دقة وعلمية، وقد تم عرض هذه التطورات على المستويين الشكلي والموضوعي خلال الفصل الثاني، وتظل

دعوتنا إلى جميع القراء الأعزاء أن يتحلوا ببعض صبر الباحثين حتى يتمكنوا من استجلاء موضوعات هذا الفصل، وتعلم التعامل معها، وتطبيقها في خدمة بناء نظام معارفهم أو نشاطهم البحثي.

الفصل الأول

المعرفة والبحث العلمي

الفصل الأول
المعرفة والبحث العلمي

١- ماهية المعرفة

يمكن تعريف المعرفة بأنها، مجموعة المعتقدات، والتصورات، والمعاني، والمفاهيم، والأراء، أو الأحكام، التي تتكون لدى الإنسان نتيجة مساعيه المستمره، والطبيعية، للتعامل مع الظواهر المحيطة به. ولا تقتصر معرفة الإنسان على مجال معين، أو على أمور محددة ، أو خاصة، بل تمتد، حسب الظروف التي يعيشها، والوسائل التي يستخدمها، لتشمل الظواهر المتعددة والمتنوعة، التي تغطي مساحات واسعة من العالم المحيط به، أو الذي يعيش فيه. وبذلك فإن هذه المعرفة تكون متنوعة لتشمل الظواهر الكونية (الجمادية والنباتية والحيوانية)، والظواهر المشتقة عنها ، كالظواهر الفيزيائية، والكيميائية، والبيولوجية، والفلكية ...، كما تشمل الظواهر المتعلقة بالوجود الإنساني، كالظواهر السياسية والإجتماعية، والإقتصادية، و الإدارية، والثقافية ... والظواهر المشتقة عنها. وتعتمد حدود هذه المعرفة ومداها على ما يلي:

(١) طبيعة ومساحة العلاقات والتواصلات التي يتمكن الإنسان من إقامتها ، والوسائل والأساليب المستخدمة فيها. وبذلك نجد أن الإنسان في عصوره الأولى (وبخاصة ما قبل عصر الثورة الصناعية)، لم يتميز بالمعرفة المتنوعة والشاملة التي يتميز بها الإنسان في عصر الثورات الصناعية والتكنولوجية، وبخاصة في المرحلة المعاصرة التي وصفت بأنها مرحلة ثورة المعرفة والمعلومات.

(٢) طبيعة الإهتمامات التي يوليها الإنسان للظواهر التي تقع في عالمه، فقد نجد إهتمام بعص الناس يركز على بعض الظواهر الطبيعية، بينما يركز بعضهم الآخر على الظواهر السياسية، أو الإقتصادية أو الإجتماعية ... وهكذا ... وقد أصبحت المعرفة تتقولب لدى الكثيرين في قوالب تخصصيه، وتعطي أصحابها الهوية والنوعية المعبرة عن ذلك التخصص. فالمتخصص في المعارف الفيزيائية يمكن أن نطلق عليه فيزيائي، وكذلك المتخصص في المعارف الإقتصادية ونطلق عليه اقتصادي، وهكذا..

لقد ظهرت بعض الإتجاهات أوالنظريات التي حاولت التعرف على طبيعة المعرفة الإنسانية ومن أهمها:-

أولاً: الإتجاه الواقعي ؛ الذي يرى أن المعرفة تصوير ذهني للظواهر التي يتم التعامل معها، وبذلك فإنها تصبح مجرد إنعكاس للعالم الخارجي على العقل، الذي يبرز وكأنه مرآة تجمع على صفحاتها الصور العامة للأشياء، وتقوم هي بإبرازها وعكسها.

ثانياً: الإتجاه العملي ؛ الذي يطالب العقل بعدم الإكتفاء بمجرد بناء التصورات الذهنية البحته، والإهتمام بوضع المعارف **النظرية في سياقاتها التطبيقية** لتصبح المعرفة أداة للعمل والإنتاج.

ونحن إذ نؤكد على ما قدمه الإتجاه الأول ، فإننا نرى أيضاً أن الإتجاه الثاني لا يقدم بديلاً مختلفاً عن سابقة **بقدر ما أنه عمل على توكيد الجانب الوظيفي للمعرفة،** هذا الجانب الذي لا يمكن تحقيقه إذا لم يتم وضع المعرفة في سياق تطبيقي يضمن مساهمتها بشكل أو بآخر، بدرجة أو بأخرى، في تطوير العملية الإنتاجية، وإلا فإنها ستبقى مجرد معرفة معلبّه او محنطة لا جدوى منها، ومهما كان حجمها أو نوعيتها.

١- مصادر المعرفة [١]

يختلف المفكرون والباحثون في حديثهم عن مصادر المعرفة، "**فالعقليون**" وعلى رأسهم "**ديكارت**"، يؤكدون أن العقل الإنساني هو المصدر الأساسي للمعرفة، **بينما يرى التجريبيون** أن التجربة هي المصدر الأساسي للمعرفة، ويقولون أنه لا يمكن أن تنشأ في العقل أفكار ما إلا إذا سبقتها عمليات وآثار حسيه. وكما يقول " جون لوك" إن جميع أفكارنا مستقاة من التجربة وحدها، وليس منها ما هو فطري أو موروث ، فلا يوجد في العقل شيء إلا وقد سبق وجوده والتعامل معه في العالم الحسي- أولاً. وكما يقول " هيوم" إنه يمكن التمييز بين المعارف الحسَّية التي تتكون نتيجة إحتكاك الإنسان بالظواهر حوله، وبين الأفكار التي هي في الحقيقة تعبير عن المعارف الحسّية التي تتشكل لدى الإنسان، وتستمر موجودة في عقله بعد غياب المؤثرات أو الظواهر التي يتعلق بها. وبذلك فإن الظواهر الحسّية او المدركات والمؤثرات الحسية هي التي تؤدي إلى تكوين الأفكار والتصورات النظرية التي تتجمع في العقل. وهذا ما أكده **الإجتماعيون** وعلى رأسهم "دوركايم" حيث يرفضون المبادئ المطلقة الصادرة عن العقل، ويؤكدون على أن هذه المبادئ لم تنبع عن العقل المجرد، بل هي مرتبطة بتصورات الإنسان وتفاعلاته مع المجتمع وظواهره. وهكذا، كما يقولون، فإنه من الخطأ النظر إلى المبادئ أو التصورات العقلية على أنها ثابتة، ولا تتغير حسب ظروف الزمان أو المكان، بل هي تصورات نشأت وتطورت عبر مراحل تاريخية محدده، حتى بلغت وضعيتها الراهنة في عقول أصحابها من

(١) يمنى طريف الخوري، **فلسفة العلم في القرن العشرين،** الأول، الحصاد ، الآفاق المستقبلية، سلسلة عالم المعرفة عدد ٢٦٤ (المجلس الوطني للثقافة والفنون والآداب،الكويت، ٢٠٠٠) ١٢١-١٥٢

Robert Blanche, Williaw Whewell; in : **The Encyclopedia of Philosophy** , Vol.٨ (ed.) by Paul Edwards, (Macmillan Publishing, New York, ١٩٧٢)

- هانز رايشنباخ، **نشأة الفلسفة العلمية** ، مترجم فؤاد زكريا، (دار الكتاب العربي، القاهرة، ١٩٦٨) .
- ج.ج،كراوتر، **قصة العلم**، ترجمة يمنى الخولي بدوي عبدالفتاح (المشروع القومي للترجمة ، المجلس الأعلى للثقافة) القاهرة، ١٩٩٨.

الناس. وبذلك، فإن هؤلاء لا يقرون أن المعرفة تأمل عقلي مجرد ويطلب لذاته، بل لا بدّ أن تكون معرفة وظيفية وتتصل بحقائق واقعية، وتهدف إلى فهم الواقع، وتقديم تفسيرات أو تحليلات له.

وعلى الرغم من أن هذه المسألة تبدو ذات طبيعة جدلية، وقد يصعب حسم موقف نهائي منها، إلا أن موقف التجريبيين يبدو أكثر دقة وموضوعية، فالطفل عندما يولد يكون عقله أشبه بالصفحة البيضاء التي تبدأ الصور المعرفية تتكون على صفحاتها مجرد بدء الإحتكاك مع العالم المحيط، وإلا كيف يتعلق الطفل بأمه أولاً، ويتعرف على ملاغاتها له، ثم لغتها ، لتتسع دوائر معرفته مع كل معايشة حسيّة أو تجريبية يمر فيها، ولعل في مفاد سياق الحديث الشريف الذي يقول بأن الطفل عندما يلد يكون على حالة الفطرة ليبدأ أبواه يعلمانه الدين الذي يعتنقانه، ما يؤكد ما يقول به التجريبيون أكثر من غيرهم. وبالطبع فإن هذا لا يلغي أهمية الإعتراف **بأن العقل يعتبر المصدر الأساسي للمعرفة، شريطة الإعتراف بأن حيوية العقل وفعاليته في القيام بهذا الدور تعتمد على مدى تفاعله مع العالم المحسوس حوله، حيث يصبح العقل عندها قادراً على تقديم التحليلات والتفسيرات التجريبية والتجريدية اللازمة لتوكيد المعرفة بذلك.**

وهنا يجب التنويه بضرورة **التمييز بين العمليات الحسية والعمليات الإداركية**، فالحواس المختلفة التي وهبها الله للإنسان، والطاقات الحدسية النفسية لديه، هي في تقديرنا أشبه **بقنوات إستشعار** تمكن الإنسان من الإحتكاك مع الظواهر المحيطة به، أو الداخلية فيه، ليتم نقل ما يتم إستشعاره إلى المركز الإدراكي (العقل)، ليبدأ العقل وظيفته الرئيسية في تكوين الصور المعرفية التي تعتمد درجة صحتها ودقتها على طبيعة التفاعل (منهجية التفاعل) التي يجريها العقل مع ذلك، وهذا ما سنشير إليه في السياقات اللاحقة .

٣- أنواع المعرفة[٢]

قد تتعدد التصنيفات التي تحاول أن تحدد أنواع المعرفة إلا أن ما يهمنا في هذا السياق تصنيفان هما:

أولاً : المعرفة من حيث الطبيعة والشكل ، وهنا فإننا نجد أن المعرفة تختلف باختلاف المستوى الإدراكي الذي يمكن للإنسان أن يصل إليه وهو يتفاعل مع الظواهر المحيطة، وقد تم تصنيف المعرفة وفق ذلك إلى عدة أنواع وهي :

النوع الأول : المعرفة الحسية؛ وهي التي تتشكل لدى الإنسان نتيجة التفاعل الحسي المعتمد على " حواسه" الخمسة مع الظواهر المحيطة به ، وبالإستناد إلى عملية التجربة والخطأ التي يمارسها بصورة تلقائية في حياته اليومية.

النوع الثاني : المعرفة السطحية، أو العاميّة، أو البدائية، ، وهي التي تكون في صورة معلومات، أو أفكار غير مترابطة، وغير مؤكدة ، إستطاع الإنسان أن يستقيها، ويشكلها، نتيجة مشاهداته وخبراته الخاصة، وتفسيراته الإجتهادية الشخصية. وكما يقول " ماكس شيلر" فإن هذه المعرفة تكون ذات طبيعة جزئية، بمعنى أن الإنسان لا يستطيع أن يكون صورة كلية شاملة ومترابطة حول الظاهرة التي يحاول التعرف عليها، ويكتفي بتشكيل بعض الصور الجزئية التي تترابط مع بعضها، أو بتقديم روابط وهمية، الأمر الذي لا يساعد على تكوين صور معرفية دقيقة وكاملة.وغالباً ما تتكون هذه المعارف إما نتيجة التعامل السطحي مع الظواهر والرضوخ إلى التفسيرات السطحية السريعة التي تكتفي بمعرفة القشور الخارجية، وحسب التفسيرات الإنفعالية الوهمية، أو نتيجة التأثر بما يقوله أو

(٢) كارل بيرسون، **أركان العلم**، مترجم فؤاد زكريا (سلسلة تراث الانسانية، الهيئة العامة للكتاب، القاهرة، ١٩٩٤.
- ريتشارد موريس، **حافة العلم : عبور الحد من الفيزياء إلى الميتافيزيقيا**، مترجم مصطفى ابراهيم (المجمع الثقافي، أبو ظبي ، ١٩٩٤).
- روجيه جارودي، **النظرية المادية في المعرفة**، مترجم ابراهيم قريط (دار دمشق للطباعة والنشر، دمشق).
- شفيريف ، **المعرفة العلمية كنشاط** ، مترجم طارق معصراني (دار التقدم ، موسكو ١٩٨٩)

يتناقله الآخرون وتلقين ما قدّموه، وتقليدهم في ذلك، دون أي فحص أو تبصر أو تمحيص.

وكما يلاحظ فإن هذه هي معرفة فئات العوام "الرعاع" من الناس ، وهم الكثرة الغالبة مع الأسف في أي مجتمع على الأطلاق.

النوع الثالث : المعرفة الفلسفية، وهي التي تمثل مرحلة أرقى من المعرفة في الأنواع السابقة لإنها ترتكز على عملية التفكر والتفقه التي تؤكد إستعمال الإنسان لعقله بصورة شمولية كلية وهو يتفاعل مع كل الظواهر التي تحيط به، وتعتبر المعرفة الفلسفية أصل المعرفة الإنسانية المنظمة، وهي التي سادت عبر أحقاب طويلة من الحضارة الإنسانية، ومثلت وعاءً معرفياً مهماً إستند إليه الباحثون في مراحل لاحقة للإنطلاق بأبحاثهم نحو آفاق أخرى أكثر علمية وعملية. ومن أبرز ما يشار إليه في التراث الإنساني الفلسفة اليونانية والرومانية والإسلامية ..

النوع الرابع : المعرفة العلمية، وهي التي يتم فحصها وتدقيقها والتيقن منها، وقد تأتي هذه المعرفة **منقولة عن الآخرين** الذين بذلوا من أجل التوصل إليها جهوداً بحثية هامة وموثقه، **وقد تأتي نتيجة جهود ذاتيه.** وأهم ما يميز هذه المعرفة أنها معرفة مؤكده ويقينيه، وقد تم التثبت من صحتها بصورة موضوعية مجردة، أي بصورة عقلية مجرده عن الأهواء أو الرغبات والإنفعالات الشخصية. وهكذا فإن الحقيقة المؤكدة توضح أن **كلمة المعرفة ليست مرادفه لكلمة "علم"**،حيث أن المعرفة ذات مدلول أوسع وأشمل، وتتضمن كل ما يتعرف عليه الإنسان سواء، كان ذلك بصورة عامة أو فلسفية أو عشوائية، أو كان معرفة مستندة إلى **أسس منهجية منظمة** تضمن إختبار المعرفة والتيقن منها. أما العلم فيتركز على المعرفة في فهمها الأخير كمعرفة مؤكدة ومثبته.

هنالك من يميز بين المعرفة العلمية والمعرفة اللازمة لوضع هذه المعرفة العلمية موضع التطبيق، أي **بين المعرفة العلمية والمعرفة العملية التطبيقية**، والحقيقة أن هنالك تمايزات بين المعرفتين، **فالمعرفة الأولى** تنحصر في إكتشاف القواعد والأسس والقوانين

النظرية، وتنتهي عند هذا الحد، **أما المعرفة التطبيقية** فنتحدث عن أمور غير نظرية، وعن حقيقة وضع المعارف النظرية في صور نظم وسياقات تطبيقية ليستفاد منها في بناء التحولات الحضارية.

وقد تقتصر عملية البحث العلمي لدى بعض الباحثين عند مجرد الكشف عن المعارف النظرية، ليتولى باحثون آخرون دراسة هذه المعرفة والعمل على التفكر في الأساليب والأدوات .. التي تجسدها في واقع أو سياق تطبيقي، وقد يتابع نفس الباحث العلمي دراسة كيفية الإستفادة من النتائج النظرية التي توصل إليها، فيبحث في بناء أو اختراع الأدوات والوسائل والتحولات التي تمكن من وضع هذه النتائج في سياقها التطبيقي، وقد يتولى ذلك باحثون آخرون.

ثانياً : المعرفة من حيث المجال أو الموضوع: وهنا فإنه يمكن التمييز بين نوعين أيضاً هما :

النوع الأول : المعرفة المتعلقة بالظواهر الطبيعية، مع إختلاف أنواعها وأشكالها وتفاصيلها، ومن أهم أنماط هذه المعرفة على سبيل المثال ؛المعرفة البيولوجية، أو المعرفة الفلكية، أو المعرفة الكميائية والفيزيائية والجغرافية ... الخ.

النوع الثاني: المعرفة المتعلقة بالظواهر الإنسانية التي تتشكل نتيجة علاقات الناس بعضهم بعضاً، كالمعرفة السياسية والمعرفة الإقتصادية، والمعرفة الإدارية ، والمعرفة الإجتماعية ... الخ.

ومما ينبغي الإشارة إليه، والتركيز عليه، أن عملية البحث عن المعرفة سوف تختلف في طرقها وأساليبها وأدواتها بإختلاف هذه الأنواع، بل إننا نستطيع القول أن لكل نوع رئيسي- طرقه وإدواته الخاصة، وأن الباحث المميز هو الذي يستطيع أن يستخدم الطرق والأدوات المناسبة لموضوعاته ومجالاتها، وهذا ما سيتضح لاحقاً.

٤- دوائر المعرفة

ظل الإنسان طوال مراحل وجوده في هذا الكون في حالة تواصل وتفاعل مع كل ما يحيط به من ظواهر، وقد كان منشغلاً باستمرار في محاولة دراسة هذه الظوهر والتعرف

عليها، واستثمار حصيلة معارفه لتشكيل مفاهيمه ، وبناء ثقافته وحضارته، وقد ظلت كبرى التحديات التي تواجهه تتمثل في سعيه الدؤوب للكشف عن هذه الظواهر، وتمييزها عن بعضها بعضاً، وتحديدها تحديداً دقيقاً، ثم العمل على تحليلها وتجريدها بالقدر الذي يمكن من كشف الأسس والقواعد والقوانين التي تحكم وجود كل ظاهرة منها كما تحكم علاقاتها وحركتها، وبناء النموذج الكامل حولها، ووضع هذا النموذج في السياقات العملية والتطبيقية التي تجسده في واقع الحياة العامة للإنسان، وليكون أساساً في تطوره الحضاري، وإنه يمكن حصر دوائر المعرفة التي انشغل العقل البشري في التعامل معها ، فيما يلي :

الدائرة الأولى : وتتعلق بكل ما هو وراء الكون، وما يتصل بذلك من تصورات أو أفكار أو معارف، سواء تشكلت لدى الانسان من خلال خيالاته، أو من خلال ما كشفت عنه الرسالات السماوية عبر الانبياء والرسل. وكما يلاحظ فإن بحثنا لا يتعلق بهذا الأمر، وأنه لا يجوز للعقل البشري أن يتدخل في أي جدل أو بحث في هذه الأمور التي تقع ضمن دائرة مختلفة عن دائرة العقل أصلاً، إنها دائرة ما وراء العقل الذي هو جزء لا يتجزأ من حقائق هذا الكون، وأي جدل حول ذلك لن يكون إلا جدلاً عقيماً لا جدوى منه.

الدائرة الثانية: وتتعلق بكل الظواهر الطبيعية الموجودة في أصل الكون، وتشمل جميع الظواهر المادية والنباتية والحيوانية والبشرية بكل ما تحتويه هذه الظواهر من ظواهر فرعية وجزئية … (مجاميع الظواهر) . ويمثل مجال هذه الظواهر أهم وأخصب المجالات التي ينحصر دور العقل والادراك البشري في التعامل معها لفهمها، وكشف قوانينها، واستثمار ذلك في بناء حضارة الانسان.

الدائرة الثالثة: وتتعلق بكل الظواهر الانسانية التي أصبحت تتشكل بناء على ما يتسم به البشر من خصائص أفضت إلى تنمية علاقات متعددة ومتنوعة، ومتميزة بالأهمية والتعقيد، كالظواهر الاجتماعية والسياسية والاقتصادية والادارية… بكل ما تشمله من ظواهر فرعية وجزئية (مجاميع الظواهر) . إنها ظواهر انسانية، إلا أنها ليست ظواهر مادية،

وهذا ما أفضى إلىأكبر التحديات التي ظلت تواجه الانسان والعقل الانساني الذي لم يستطع أن يتجاوز، رغم كل عمليات تبصره وتفكره وبحثه، مراحل التحديد والتحليل والتجريد الأولية لهذه الظواهر، مما حال دون التوصل إلى المبادئ والقوانين العامة التي يفترض أن تحكم وجود هذه الظواهر، وعلاقاتها، وحركتها، وبناء النموذج العام الانساني (العالمي) حولها .

٥- البحث والبحث العلمي

يقول "د. ديكنسون " وهو يتحدث عن مفهوم البحث، إن تحليل جميع التعاريف والإستخدامات الدارجة فيما يتعلق بكلمة " بحث " لا يمكن أن يثير غير الخلاف بين العلماء والدارسين، ويشير إلى مقالة كتبها باحث يدعى "روتشيلد " وركز فيها على هذا الموضوع، وإنتهى منها إلى نتيجة مفادها : **أن أي مناقشات تدور حول المسائل الهادفة إلى مجرد تقديم تعريفات بهذه الكلمه " بحث " هي مناقشات عقيمه**(٣). ولعلنا نوافق "روتشيلد" نتيجته في هذا السياق لأن كلمة بحث ليست مصطلحاً يحتاج إلى تبصر- وتحليل لإستجلاء مفهومه وأبعاده كغيره من المصطلحات التي تعج بها الأبحاث والدراسات على إختلاف مجالاتها وموضوعاتها ، بل هي مجرد كلمة صريحة، وتعلن عن ماهيتها بالقدر الذي يمكن للعامة فهم مضمونها، فما بالنا لو كان الحديث موجهاً للخاصة من العلماء أو الدارسين ؟؟ وبشكل عام ، فإن الفعل " يبحث" يعني يفحص وينشد التعرف على أمر ما، أما الاسم " بحث " فإنه يعبر عن محاولة لإكتشاف أمر ما، أو فحصه والتعرف عليه، وتعتمد النتائج وطبيعتها ودقتها على طبيعة عملية البحث، وطبيعة منهجيتها، فإذا كانت هذه العملية قائمة على "منهجية" علمية أصبح البحث علمياً، والمعرفة المتحصلة منه معرفة علميه، ويمكن توظيفها في عملية بناء الحضارة الإنسانية ،أما إذا بقيت عملية البحث بدائية وغير مستندة، إلى منهجية علميه محددة، فإنها لن تتمكن من الوصول إلى أية معارف

(٣) د. جون ديكنسون، **العلم والمشتغلون بالبحث العلمي في المجتمع الحديث**، مترجم اليونسكو، سلسلة عالم المعرفة، عدد ١١٢ (المجلس الوطني للثقافة والفنون والآداب ، الكويت ١٩٨٧) ص٤٤.

علمية موثقة، وسوف يحكم على نتيجة البحث بالفشل، وتضيع الجهود المبذولة في سبيل ذلك سدى [٤]. ومن أهم ما يميز البحث العلمي عن غيره :

أولاً : الموضوعية، بمعنى أن الباحث يلتزم وهو يجري عمليات بحثة بالوقائع التي يقوم بمشاهدتها، أو كشفها، فيكون أسيراً لها، ولا يلقي عليها أي آراء أو إجتهادات شخصية ليلونها بأية ألوان غير لونها الطبيعي الذي وجدت عليه.

ثانياً : التعميم، بمعنى أنه يمكن إعتبار النتائج التي يتم التوصل إليها بالبحث العلمي نتائج عامة مطلقة ومتحررة، من حدود و قيود الزمان أو المكان، فلا تختلف بإختلافها . وعادة ما يتم تسمية هذه النتائج بالقوانين أو القواعد أو المبادئ "العلمية" تمييزاً لها عن أي معارف أخرى ..

---

(٤) من أبرز التعاريف التي يمكن تقديمها في هذا المجال على سبيل المثال وليس الحصر لتلبية أي رغبات في الحصول على تعاريف جاهزة ، تعريف " فإن دالين" حيث يقول " إن البحث محاولة دقيقة ومنظمة وناقده وهادفه للوصول إلى حلول للمشكلات التي تواجهها الإنسانية وتثير قلق وحيرة الإنسان " .

فان دالين،**مناهج البحث في التربية وعلم النفس**، مترجم محمد نوفل وآخرون (القاهرة مكتبة الإنجلو المصرية،١٩٦٩) ص٩.ويعرفه(Norman Polansky)بأنه عبارة عن عملية تحري دقيقة ومنهجية وتهدف إلى إكتشاف المعرفة وجمع الحقائق.

Norman Polansky , **Social Work Research** (Chicago : University Of Chicago Press, ١٩٦٢)P.٢

ويقول (Kerlinger) بأن البحث العلمي عمليه إستقصاء منظمة ومنظبطة ومنهجية وتهدف إلى فحص الإفتراضات المتعلقة بطبيعة العلاقات بين المتغيرات الخاصة بظاهرة ما .

F. N. Kerlinger, **Foundation Of Behavior Research**, (New York : Holt Rine hart and winston, ١٩٧٣) P.١١

ويعرفه د. فوزي غرايبه وزملاؤه، بأنه " طريقة منظمة أو فحص إستفساري منظم لإكتشاف حقائق جديده،والتثبت من حقائق قديمة والعلاقات التي تربط فيما بينها والقوانين التي تحكمها ".

د. فوزي غرايبة وزملاؤه، **أساليب البحث العلمي في العلوم الإجتماعية والإنسانية** . طبعة ثانية (عمان، ١٩٨١) ص٥.

ثالثاً: التوقع أو التنبؤ ، وترتبط هذه الميزة بما سبقها، وتعني أنه يمكن بالإعتماد على القوانين والقواعد العلمية التي تحتكم لها الظواهر في وجودها وحركتها، أن يصل الباحثون العلميون إلى بناء تنبؤات أو توقعات جديدة تتصل بهذه الظواهر وحركتها. ويبدو هذا واضحاً في التوقعات المتعلقة بالظواهر الفلكية، وظواهر المدِّ والجزر وغيرها من الظواهر الكونية، بل إنه أصبح يوسع في هذا الأمر بالنسبة للظواهر الإنسانية، وبصورة تفوق كثيراً بعضاً من ميادين التوقع في مجال الطبيعة.

٦- مفاتيح المعرفة والبحث العلمي

يعتبر هذا الموضوع من أهم الموضوعات التي يتم طرحها وبحثها على الإطلاق، وأنني على يقين من أن الباحث الذي لا يستطيع تحديد مفاتيح المعرفة، والبدء منها في معالجته لموضوعاته سيكون باحثاً سطحياً وخائباً، وهذه هي إشكالية النسبة العظمى من الباحثين على الدوام.

قلما تفصح المعرفة أو الحقيقة عن نفسها، وإذا حدث ذلك فإنما يكون فقط بالنسبة لبعض المعارف أو الحقائق العامة والسطحية أو الأولية ، أما المعارف المعمقة التي تسعى لبحث الظواهر وكشف قواعدها وقوانينها الشاملة، وبناء النماذج التي تعبر عنها، فإنه لا يمكن تحصيلها إلا بالاستناد إلى منهجية علمية، وجهود بحثية مثابرة ومعمقة ومعقدة، ولعل أول وأهم خطوة في هذه المنهجية تتمثل في إدراك ما يمكن تسميته بمدخل أو مفتاح المعرفة، ويقوم ذلك على مجموعة من المطالب الاساسية التالية :

أولاً: معرفة قاعدة منهجية عامة هي بمثابة بديهية رئيسية مفادها ، أن لكل ظاهرة من الظواهر التي يتم التحقق من وجودها وتميزها عن غيرها من الظواهر الأخرى، قوانينها وقواعدها التي يفترض أن تحكم وجود الظاهرة وعلاقاتها وحركتها، وأن الانسان مطالب ضمن رسالته الحضارية التي فطره الله عليها أن يعمل على التبصر العقلي التام من أجل تحديد حدود هذه الظواهر وفصلها عن غيرها لاثبات

خصوصيتها وذاتيتها، ثم العمل على تحليلها وتجريدها للكشف عن قوانينها، وبناء النموذج الخاص بها نظرياً وتطبيقياً، وتوظيف ذلك لخدمة حضارة الانسان وسعادته، وأن أي اخفاقات على هذا الطريق لا تلغي حقيقة وجود هذه القوانين ، قدر ما هي مؤشرات تؤكد على صعوبة المهمة وتعقيدها ، وعلى ضرورة بذل مزيد من الجهد والمثابرة حتى يتم الوصول إلى الهدف المنشود، وهذا هو التحدي المستمر الذي وضع الانسان أمامه منذ أن خلقه الله، وإلى أن يرث الله الكون وما فيه .

ثانياً: مراعاة بديهية منهجية أخرى مكملة ومفادها؛ أن هناك اختلافات جوهرية بين الظواهر على اختلاف دوائرها ومجاميعها، وأن أكثر ما عانته عملية البحث عبر الاحقاب المتلاحقة ظل يتمثل في الخلط المنهجي لدى معظم المفكرين والفلاسفة الذين يحاولون تطبيق منهجياتهم المستخدمة في إحدى دوائر المعرفة على بعض مجاميع الظواهر في الدوائر الأخرى، وإننا ما زلنا وإلى هذه الحقبة التاريخية التي شهدت اكتشافات واختراعات ابداعية عظيمة تؤكد مدى عظمة العقل الانساني، نجد كثيراً من المحاولات الفكرية، التي تمادت نتيجة زهوها بالطاقة العقلية للانسان، تحاول اقحام هذا العقل لبحث أسرار وخفايا ما وراء الكون ومحاكمة كل الغيبيات بالمنهج العقلي، وكذلك المحاولات التي تحاول تفسير ما يحدث في الكون، وما يضمه من ظواهر طبيعية (كونية) بالعودة إلى المنهجيات الميتافيزيقية. وهذا ما نلحظه أيضاً في الخلط بين الظواهر الكونية بكل مجاميعها، والظواهر الانسانية. وبخاصة الظواهر السياسية والادارية، حيث نجد المحاولات المتلاحقة والمكثفة لتطبيق المنهج التجريبي السائد في التعامل مع الظواهر الكونية لبحث الظواهر الانسانية، **إننا نرغب في التوكيد في إطار هذه الدراسة على ضرورة انصياع الباحثين والمفكرين لمنطق الظواهر النابع من طبيعة كل منها، والانصياع للمنهجيات المتوافقة مع طبيعة كل ظاهرة ، مع التوكيد على حقيقة أن كل ما يدور في داخل الكون يتعلق بالمنهج**

العقلي ، الـذي يصبح منهجاً تجريبياً في العلاقـة بـالظواهر الكونيـة، ومنهجـاً تجريـدياً في العلاقة بالظواهر الانسانية، وكلما عظم التجريب والبحث العلمي من خلاله كلما عظم وازدهر علم المادة بكل أنواعه وتفاصيله، وكلما عظمت القدرات والطاقات التجريديـة كلما عظم وازدهر علم الانسان بكل أشكاله ومجالاته .

ثالثاً: إدراك بديهية منهجية أخرى وهي أهـم البـديهيات عـلى الاطـلاق ومفادهـا، أن مـرد الاختلاف والتمايز بين الظواهر على اختلاف دوائرها ومجاميعها يعـود إلى وجود مـا يمكن تسميتها "بالحقيقة الجوهرية" لكل ظاهرة، هذه الحقيقة هي التي تمثل أسـاس وجود الظاهرة ومبرر بقائها، وهي التي تضفي عـلى الظواهر المعنى والنوعيـة، وأن مفتاح المعرفة العلمية أو العقلية بأية ظاهرة يتمثل في ضرورة العمل على كشف هـذه الحقيقة الجوهرية أولاً، ثم الانطلاق منها إلى كل آفاق المعرفة المتصلة بهذه الحقيقة إتصال الشعاع بمصدر الضوء، مع الاعتراف المستمر بأن آفاق المعرفة لكل ظاهرة قد تكون آفاقاً لا نهائية [*]. أما إذا لم يتمكن الانسان مـن كشف الحقيقة الجوهريـة، أو الاهتداء إليها وتحديدها بصورة قاطعة ونهائية، فإن كل عمليـات بحثـه وتفكـره تفقد اتجاهها، ولن تفضي في أحسن الاحوال إلا إلى معلومـات أوليـة وسـطحية، أو إلى نتـائج تفسيرية لا يمكن الوثوق فيها أبداً. وأن إقامة أي "نماذج" بالاستناد إليهـا كـذلك سـتكون نماذج خرقاء تفتقر إلى التكامل والتحديـد والموثوقيـة، ويكـون مـن الممكـن دحضها أو هزيمتها بمجرد التوصل إلى نماذج أكثر تكاملاً وتحديداً.

---

[*] عندما تمكن الانسان من كشف بعض عناصر الطبيعة وتحليلها وكشف بعض قوانينها المبـاشرة وبناء حضارة عظيمـة على أساس ذلك [وذلك مثال اكتشاف الحديد أو النحاس أو اكتشاف الألومنيوم والراديوم ...] استطاع أن يتعرف على طبيعة هذه العناصر بصورة واسعة، ولكنه عندما ابتدأ في بحث العلاقة بين هذه العناصر وبعضها بعضاً بدأ يدرك أن كل ما تعرف عليه لا يعدو أن يكون كشفاً محدوداً مع ما يمكن أن يصل إليه عبر بحث علاقات العناصر وبعضها ... هـذه العلاقات التي تبدو عملية الاستغراق فيها كالدخول إلى عمق الفضاء الذي لا يوجد له قرار.

١٩

يتحدث " برتراندرسل" عن هذه البديهية مشيراً إلى قول الفيلسوف اليوناني "هرقليدس" بأن العالم الحقيقي هو التألف المتوازن بين الاضداد، وأن وراء صراع الاضداد وفقاً لمقادير محسوبة (قوانين محددة) يكمن " **إنسجام خفي**" ، **أو " تناغم ما " هو " جوهر" العالم** . ويقول أن هناك طريقة وحيدة يمكن بها " **بلوغ الحكمة**" وهي إدراك "**المبدأ الكامن**" في الأشياء (الظواهر). وهو ما أسميناه بالحقيقة الجوهرية أو ما يسميه بعض الباحثين "**بوحدة المعرفة**". ويتمثل في انسجام الاضداد ، وهي صيغة لا يدركها الناس رغم أنها تتكشف في كل مكان، **وأن الحكمة تكون في إدراك الصيغة الكامنة المشتركة بين الاشياء جميعاً**، وأن علينا أن نلتزم بهذه الصيغة بمزيد من الدقة، وأن عدم إدراك الناس لهذه الصيغة المشتركة، يجعلهم يسلكون وكأن لكل منهم حكمته الخاصة، فيحدث الاختلاف باستمرار ، كما يجعل أي تعلم غير مفيد. **فليس المهم هو أن نتعلم أشياء كثيرة، بل أن نتعلم الفهم، ولن يقوم الفهم دونما معرفة بالصيغة المشتركة التي هي مفتاح الحكمة**، وهذا هو التحدي الذي يحتاج إلى مزيد من الصبر والتبصر- ويردد "رسل" حكمة "هرقليدس" في هذا المجال، ونرددها معهما أيضاً ومفادها، **" أن من يبحثون عن الذهب يحفرون في التراب الكثير ولا يجدون إلا القليل، أما أولئك الذين يجدون في ذلك صعوبة ويبتعدون عن البحث في الجوهر فهم كالحمير التي تفضل التبن على التبر"**[٥].

ولتقديم هذه الفكرة بصورة أكثر وضوحاً فإننا نضرب مثلاً مجاميع الظواهر الكونية المختلفة بكل تنوعاتها، فالظواهر الجمادية هي في الحقيقة العناصر الاساسية للوجود، وتتمثل الحقيقة الجوهرية أو **وحدة المعرفة لكل عنصر منها في طبيعة ذرته** التي تختلف في مكوناتها عن مكونات ذرة أي عنصر آخر، وهي التي تعطي كل عنصر ذاتيته

(٥) -برتراندرسل، **حكمة الغرب(الجزء الأول)**، مترجم فؤاد زكريا، سلسلة عالم المعرفة، عدد ٦٢، (المجلس الوطني للثقافة والفنون والآداب - الكويت، ١٩٨٣) ٤٥-٥١.

وخصوصيته المميزة، والقاعدة المنهجية هنا تقول "إن العناصر الطبيعية تعرف بذراتها"، وكلما استدقت عملية البحث وتعمقت كلما تعمقت في بحث هذه الذرات ومكوناتها، وهذا ما تشهده الثورة التكنولوجية المعاصرة، حيث استطاع العقل البشري أن ينفذ إلى نواة بعض العناصر ليحدث الثورة النووية، ومن ثم الثورات الالكترونية والبروتونية والنيوترونية... وأن أي عملية بحث لأي عنصر من عناصر الطبيعة لا تبدأ بالبحث عن طبيعة ذرته ومكوناتها لتنطلق بعد ذلك إلى الآفاق الأخرى، هي عملية بحث سطحية ولن تستطيع أن تقدم في أحسن حالاتها سوى بعض الاوصاف العامة والمحدودة.

ينطبق هذا القول أيضاً على مجاميع الظواهر الحية، النباتية والحيوانية والبشرية بكل ما تحتويه هذه المجاميع من ظواهر فرعية وجزئية، حيث تتمثل الحقيقة الجوهرية، أو وحدة المعرفة لكل منها فيما تسمى " **الخلية الأولى** " النباتية (السيتوبلازم) و " الخلية الحية الاولى الحيوانية (البروتوبلازم)، وأن القاعدة المنهجية في هذا المجال تقول؛ "**إن الظواهر الحية تعرف بخلاياها، وكلما استدقت عملية البحث و تعمقت كلما تعمقت في هذه الخلايا وكشفت قوانينها**، وهذا ما أصبحت تلج إليه الثورات البيولوجية المعاصرة في الهندسة الوراثية وعلم الجينات والإستنساخ، وحل لغز المعادلة الوراثية.

وإذا كان هذا هو الحال بالنسبة للظواهر الكونية ، فما هو الحال بالنسبة للظواهر الإنسانية التي لم توجد في أصل الكون، بل تشكلت عبر مراحل التواصل الأنساني، وصياغة البشر لعلاقاتهم وتاريخهم، وجاءت تعبيراً عن حزم من العلاقات الإنسانية المتنوعة التي أمكن للباحثين عبر العصور فصلها عن بعضها بعضاً، كالظاهرة السياسية والإجتماعية والإدارية ... الخ

ليس ثمة شك في أن لهذه الظاهرة حقيقتها الجوهرية التي تتلاءم مع طبيعتها، ولما كانت هذه الطبيعة ليست مادية فإن ذلك يعني أن الحقيقة الجوهرية لها لا تكون مادية، وتتمثل فيما يمكن أن نسميها " **الغاية العليا** " أو " القيمة العليا " التي تبرر وجود

هذه الظواهر وتحكم حركتها. وتصبح القاعدة المنهجية السائدة في مجال بحث هذه الظواهر تقول " **إن الظواهر الإنسانية تعرف بغاياتها العليا" أو بقيمتها العليا** (*) **وكلما استدقت وتعمقت عملية البحث كلما تمحورت حول هذه الغاية وتعمقت في بحثها لتحديد ماهيتها** وعلاقاتها واشتراطات تحقيقها، وبناء النماذج التي تحكم وجودها وعملياتها .

وفيما يلي شكل رقم (١)يوضح الحقائق الجوهرية بالنسبة لجميع مجاميع هذه الظواهر:

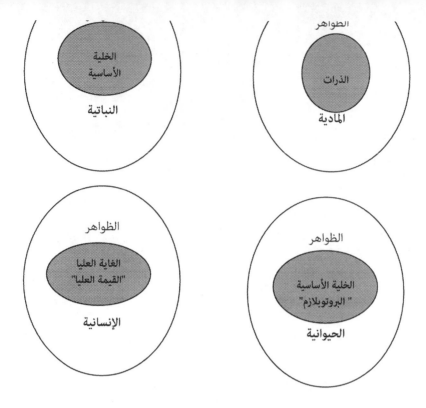

شكل رقم(١) الحقائق الجوهرية لجميع الظواهر

رابعاً: ضرورة ادراك بديهية منهجية أخرى ومفادها، أن جميع الظواهر الطبيعية على اختلاف تعددها وتنوعها، سواء كانت ظواهر جامدة أو حية، ملموسة أو محسوسة، تتفاعل مع بعضها، وتتوحد لتشكل معاً وحدة الكون . وقياساً على ذلك ، فإن جميع الظواهر الانسانية التي تتعلق بعلاقات الانسان على اختلاف أشكالها ومجالاتها، تترابط وتتوحد معاً تعبيراً عن وحدة الانسان، وأن اساس هذا الترابط والتوحد يقوم على ضرورة الترابط والانسجام بين الحقائق الجوهرية " القيم أو الغايات العليا" التي تحتكم إليها كل ظاهرة، فمثلما يفترض أن يتوحد الأفراد معاً

لتكوين الجماعة، سواء كانت هذه الجماعة في صورة مصغرة أو أولية كالأسرة، أو في صورة أوسع كالمنظمة أو الدولة (المجتمع). فإنه يفترض أن تتوحد قيم الأفراد وغاياتهم العليا وتنسجم مع الغاية أو القيمة العليا للجماعة المعنية حتى يتم توحد الجماعة ونشوؤها وارتقاؤها، وأي خلل في منظومة هذه القيم سوف يؤدي إلى خلخلة في النظام العام للجماعة وربما تفككها وانهيارها ، كما قد يؤدي إلى وقوع الأفراد تحت طائلة إحباطات أو افسادات مختلفة وبالتالي إلى انحرافات أو توترات أو ... تحول دون توازنهم أو اسعادهم، ويوضح الشكل رقم (٢)ذلك .

شكل رقم (٢) منظومة القيم العليا

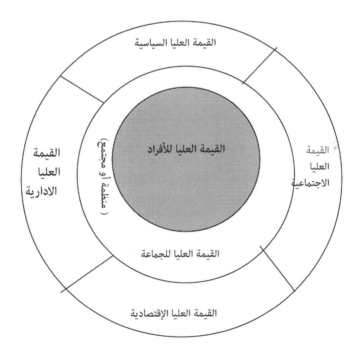

٢٤

٧- الإنسان والبحث العلمي :

لقد شاء الله سبحانه وتعالى أن يخلق الإنسان وأن يجعله خليفته في الأرض " وإذ قال ربك للملائكة إني جاعل في الأرض خليفة .." ولقد كان في تزويد الإنسان بالطاقة العقلية الإدراكية التي وهبه الله إياها وكرمه بها، مقومة إعجازية ليميزه عن جميع المخلوقات الأخرى، وليجعله أهلاً لهذه المكانة في الأرض. ولعل أهم ما يترتب على هذه الميزة أنها تمكن الإنسان **أن يصبح المخلوق الوحيد القادر على البحث العلمي . بل أن البحث العلمي هو في تقديرنا الوظيفة الأساسية للإنسان التي تمكنه من تحديد وكشف أسرار هذا الكون وقوانينه، وتوظيفها بما يؤدي إلى إعمار الكون، وبناء الحضارات القادرة على تحقيق سعادته.** ولهذا فإن الله سبحانه قد عمل على إرسال الرسل تباعاً ليعرّف الإنسان بعظمة هذه الطاقة العقلية وبقدراتها، وبضرورة اللجوء إليها في جميع السلوكيات الإنسانية، وأن إضعاف العمل بها لن يؤدي إلا إلى جهل الإنسان وتعسه، ويبدو ذلك واضحاً فيما جاء به الإسلام، خاتم الرسالات السماوية، حيث يقول الله تعالى " وعلمّ آدم الأسماء كلها ... " بمعنى أنه منح الإنسان القدرة العلمية الكافية لتكشف عن جميع أسرار " قوانين " الكون .

ومن ثم فقد حرص الله سبحانه في حوالي ثلاثمائة وست و ستين (٣٦٦) آية من آيات القرآن الكريم على أمر الإنسان ودعوته إلى التعقل (٤٩ آية) والنظر (١٢٩: آية) والتبصر (١٤٨) آية، والتدبر (٤ آيات) والتفكير (١٦ آية) والتفقه (٢٠ آية) ، وذلك بالإضافةإلى حوالي مئتين وست وسبعين آية أخرى تأمر الإنسان وتدعوه إلى التذكر (٢٦٩ آية) وإلى الإعتبار (٧ آيات)[٦]. وذلك حتى يستطيع أن ينجز هذه الوظيفة المنوطة به ليستحق كل هذا التكريم.

(٦) محمد فؤاد عبد الباقي، **المعجم المفهرس لألفاظ القرآن الكريم** ، الطبعة الرابعة (القاهرة : دار الفكر للطباعة والنشر والتوزيع، ١٩٩٤).

ينبغي التمييز في هذا السياق بين الإنسان وبقية الحيوانات الأخرى، وبصورة تؤدي إلى ضرورة التمييز بين البحث والبحث العلمي. فالحيوانات جميعاً **مزودة بمنظومة غريزية ذات شفافيه عالية** تحكم جميع سلوكيات الحيوان، وتساعده على بناء حياته بالصورة التي شاءها الله له ، وهو بذلك يملك غريزة القدرة على البحث عن المشرب والمأكل والملجأ، وعن مقومات بقائه وتكاثره الأخرى .. وقد يحار العقل البشري في دقة وروعة السلوك الحيواني وهو يمارس عملية البحث هذه. **أما الإنسان فإنه لا يملك مثل هذه الشفافية الغريزية**، رغم أنه مزود بمنظومة غريزية هامة، وأنه لا يستطيع الإعتماد على هذه المنظومة في إدارة حياته، وذلك لأنه زود بالطاقة التعقلية التي تمثل بديلاً أرقى من الغريزة، ولا بدّ للإنسان من إستخدامها في كل سلوكياته، إذا ما اراد أن يهتدي لمشربه ومأكله وملجئه وبقية المقومات التي تحكم بقاءه وتكاثره وإرتقاءه، ليكون بحثه بحثاً علمياً (عقلياً) لا بحثاً غريزياً، **بل أن من وظائف العقل الأولى في هذا المجال أن يعمل على التحكم في الغرائز وضبطها وتوجيهها بما يخدم عملية تحقيق هذه الأهداف.** وهكذا **تصبح مهمة البحث** هي مهمة جميع المخلوقات الحية وأساس بقائها، بينما تقتصر **مهمة البحث العلمي** على الإنسان وحده، وهي أساس بقائه وسعادته وإرتقائه.

ولعل أهم مؤشرات إلتزام الإنسان بالسلوك العقلاني هو إحتكامه إلى نتائج البحث العقلانية (العلمية)، التي تقوم على الوقائع الأكيدة التي يستطيع كشفها والإهتداء إليها.

٨- نشأة البحث العلمي وتطوره :

ترتبط نشأة البحث العلمي بنشأة الإنسان منذ بدء الخليقة، وقيام الإنسان بإستخدام عقله في التفاعل مع نفسه ومكونات شخصيته، ومع مقومات وعناصر البيئة العامة حوله. ويخطيء أي باحث يعمل على تأريخ التفكير العلمي وإعادة بداياته إلى مرحلة حضارية لاحقة. وإذا كان الإنسان لم يستطع أن يصل إلى أية شواهد عن الحضارات المغرقة في القدم، وتنحصر معظم معارفه فيما ورّثته الحضارات القديمة التي تمتد

لبضعة الآف من السنين، فإنه هذا يعود إلى عدم وجود ما يثري معارف الإنسان عن المراحل السابقة على ذلك نظراً لإندثار أية أثار حولها. أما أهم ما يمكن الإشارة إليه من آثار السالفين ما يتعلق بالحضارات القديمة كالحضارات الصينية والهندية، والمصرية، والحضارات فيما بين النهرين في العراق وفي بلاد الشام، والحضارة اليونانية والرومانية .... وما أعقبها من حضارات في العصور الوسطى، وبخاصة لدى الحضارة الإسلامية التي عجت بالباحثين وبالأبحاث في جميع الميادين، ومثلت معطياتها القواعد المعرفية والمنهجية التي انطلقت منها حركة الحضارة الغربية اللاحقة التي أصبحت تزدهر وتغطي جميع مناحي المعرفة وميادينها، وتقود حركة الحضارة العلمية على مستوى عالمي حتى بدايات القرن العشرين، حيث أصبحت تبرز قوى أخرى شريكة في هذه الحركة كالقوى الأسيوية في اليابان وفي الإتحاد السوفيتي (سابقاً)، والصين الشعبية، وغيرها من القوى الناشئة الأخرى في بعض الدول التي يتوقع لها إذا ما توافرت الإرادة السياسية الحقيقية أن تقطع الأشواط المتسارعة التي يمكن أن تصل بها نحو القمة.

٩- البحث العلمي والجودة الشاملة :

يعتبر مصطلح "الجودة " أو " النوعية " الشاملة (Total Quality) من أكثر المصطلحات التي شاع تداولها منذ بداية العقد التاسع للقرن المنصرم وبخاصة في الولايات المتحدة وأوروبا [*]. وقد تم إستخدامه ليعني بالدرجة الأولى إحداث تطويرات جذرية في

* لقد سبقت اليابان هذه الدول، ليس فقط في الحديث عن هذا المصطلح ، بل وفي العمل على توفير إشتراطاته وتراتيبه التنظيمية اللازمة لوضعه موضع التطبيق، بينما بقيت الدول الأخرى تسعى جاهدة لبناء الجودة الشاملة إلا أنها في تقديرنا ستبقى متعثرة في ذلك لأن الفلسفة الليبرالية العامة التي تحكم مجتمعاتها ومنظماتها تتعارض والفسلفة العامة التي يشترطها نموذج الجودة الشاملة ، وأن كل ما تستطيعه الدول الليبرالية الغربية هو الأخذ ببعض مقومات هذه الجودة في صورة إجتزاءات قد تسمح بإجراء تحسينات أو تطويرات محددة، إلا أنها لن تحقق الجودة الشاملة بكل ما تحمله كلمة شمول من إشتراطات وترتيبات ذات طبيعة شاملة أيضاً.

لمزيد من التفصيل : : د. عبد المعطي عساف ، فلسفة إدارة الجودة الشاملة ومأزق النموذج الليبرالي ، بحث مقدم لمؤتمر تنمية الموارد البشرية الأول، غرفة الصناعة والتجارة في منطقة الشرقية بالمملكة العربية السعودية. أكتوبر ١٩٩٠.

جميع مقومات النموذج الإداري الذي يحكم المنظمات المختلفة، سواء تلك التي تنتج سلعاً أم خدمات، وعلى المستويين الحكومي أو الخاص . وذلك لتمكين هذه المنظمات من تحقيق مقومات الجودة الشاملة (**).ويمكن تكثيف هذه المقومات فيما يلي :

أولاً : تحقيق الكفاءة الإنتاجية، ويقصد بذلك تحقيق أكبر إنتاجية ممكنه، في أقصر وقت ممكن، وبأقل تكلفة ممكنة وبأعلى جودة (نوعية) (بدون أخطاء).

ثانياً : تحقيق ربط إستراتيجي بين أهداف المنظمة (تحقيق الكفاءة) وأهداف العاملين فيها (ضمن بديهية أساسية مفادها أنه لا يمكن لمنظمة أن تكون أفضل من العاملين فيها)، وأهداف المجتمع المحيط بها (ضمن بديهية أساسية مفادها أنه لا يمكن للمنظمة البقاء إلا بقبول المجتمع المحيط لها).

ثالثاً : تحقيق مثلث التحسين والتطوير المستمر الذي يضمن إستمرارية المنظمة وإرتقاءها، ويقوم ذلك على ثلاث مطالب رئيسية هي :

أ) المبادرة وهي التعبير عن الطاقة النفسية وإستعداداتها .

ب) الإبداع وهو التعبير عن الطاقة العقلية وقدراتها .

جـ) الإبتكار وهو التعبير عن الطاقة الفنية ومهاراتها.

ورغم إنه لا يوجد في الحديث عن الجودة والدعوة إليها أي جديد سوى أنه تم ربطها بمصطلح " الشاملة " [حيث كما يلاحظ أن الإنسان المنتج وعبر جميع حقبات التاريخ التي سبقت الثورة الصناعية أو التي صاحبتها إلى اليوم، كان وظل منشغلاً في تفكيره وعمله بكيفية جعل إنتاجيته في أفضل حالاتها وصورها، كماً ونوعاً وتكلفة]. **إلا أننا نجد أن في دعوة التحول إلى فكرة الشمولية(الجودة الشاملة)** في الدول الغربية ما يمثل إنقلاباً جذرياً في نموذج الإدارة بشكل عام، وأن من أكبر وأهم الأمور التي يجب تحقيقها حتى يتم التحول العملي نحو ذلك شرطان :

(**) يمكن الرجوع في تفاصيل ذلك وتكييفاته الفكرية والموصوعية إلى كتابنا (تحت الطبع) (نمو نموذج عالمي في إدارة الجودة الشاملة، نموذج (I) للتفوق الاداري.

الأول : فلسفي، حيث لا بدّ من تحول فلسفة الإدارة من مضامينها الليبرالية التي تمجد الفردية والجزئية والتنافس، إلى فلسفة تمجد الكلية، والشمولية، وروح الجماعة والتعاون. وهذا شرط تقع تفاصيل بحثه خارج سياق هذه الدراسة، **وإن كان تحقيقه يستوجب ضرورات البحث العلمي الموضوعي، وترجيح إعتبارات العلمية وشروطها، على إعتبارات الأيديولوجيا وقيودها.**

الثاني : عملي، ويتمثل بالدرجة الأساسية في الحرص على تطوير البحث العلمي وتنظيمه ودعمه مالياً وبشرياً لتصبح مؤسسات البحث العلمي في أي مجتمع، أو أي منظمة، مثلما الدماغ المحرك (بكل طاقاته التعقلية والإدراكية) في جسد الإنسان. وذلك لأن البحث العلمي هو القادر الوحيد على تحقيق مقومات الجودة الشاملة وشروطها دونما إستثناء ، حيث يلاحظ في كتب الإدارة أن جميع النظريات الإدارية بدءاً من النظريات التقليدية، وعلى رأسها نظرية الإدارة العلمية "لفردريك تيلور" ومروراً بالنظريات الإنسانية والسلوكية، وإنتهاء بنظرية إدارة الجودة الشاملة، كانت تنطلق من عمليات بحثية معقدة ومكثفة وتنتهي إلى نتائج ودعوات هامة يقع على رأسها الدعوة إلى ضرورات تنمية وتطوير أدوات وأنشطة البحث العلمي القادرة على وضع مضامين هذه النظريات، ومقومات نماذجها موضوع التطبيق. فالكفاءة الإنتاجية التي مثلت محور اهتمام الفكر الأوروبي لعقود طويلة، والتي تمثل غاية أساسية من منظومة غايات دراسة الجودة الشاملة، لا يمكن تحقيقها بمجرد الدعوة إليها، وجعلها هدفا رئيسيا لأي منظمة، لأن السؤال **كيف ؟** يصبح هو السؤال الحاسم، والذي يحتاج إلى إجابة تفصيلية، ولن يستطيع أحد تقديم إجابة موضوعية عنه إلا بجهود البحث العلمي المكثفة والمتواصلة. وكذلك الأمر فيما يتعلق بغايات إدارة الجودة الشاملة الأخرى، حيث لا بد من طرح السؤال **"كيف"** عندما يكون الهدف هو تحقيق ربط بين أهداف المنظمة وأهداف العاملين وأهداف المجتمع المحيط، أو عندما يكون الهدف هو بناء حالة فعلية من المبادرة والابداع والابتكار كمدخل رئيس للبقاء والتطوير المستمر. ولن يصل أحد إلى إجابات موضوعية وقادرة على تحقيق ذلك إلا

عبر عمليات البحث العلمي المعقدة والمكثفة. ولعلنا نستطيع في هذا المجال أن نجزم بالقول أن أخطر ما عانته المساهمات الفكرية، والتي بحثت في إدارة الجودة الشاملة في معظم الدول والمنظمات، أنها لم تستطع أن تنتقل من الأطر العامة، والأهداف العامة، إلى الإجابات التفصيلية التي تمثل لُحمة النموذج، وعناصره التنظيمية، التي تضمن القدرة على بنائه ووضعه موضع التطبيق، **إنها أزمة البحث العلمي بالدرجة الأولى والأساسية.**

١٠- **البحث العلمي والظواهر الإنسانية (علمية الظواهر الإنسانية)**

تتميز الظواهر الإنسانية عن غيرها من الظواهر الطبيعية بعدد من الخصائص الرئيسية التي تدفع بكثير من الباحثين إلى التشكيك في علمية هذه الظواهر وقابليتها للبحث العلمي، وأهم هذه الخصائص:

أولاً: تعقيد الظواهر الإنسانية بصورة مختلفة عن الظواهر الطبيعية الأخرى، جمادية أوحية، والاختلاف هنا ليس من حيث الدرجة وحسب، حيث أن جميع الظواهر التي خلقها الله تتميز بالتعقيد الهائل، وتبلغ ذروة التعقيد في الظواهر الحية، وبخاصة في ظاهرة البشر- باعتبارهم أرقى وأعقد المخلوقات على الاطلاق، ولكنه اختلاف نوعي أصلاً حيث تتشكل الظواهر الطبيعية من عناصر مادية ملموسة، وتبقى هذه العناصر قابلة للتعامل التجريبي المباشر مهما بلغ تعددها، ومهما تعقدت علاقاتها، ولعل البحوث الأخيرة المتعلقة بعلوم الالكترونيات، أو التي تتعلق "بحل المعادلة الوراثية" للانسان، وبالبحوث المتواصلة في مجالات الهندسة الوراثية وعلوم الاستنساخ.. لأهم دليل على ذلك، أما الظواهر الإنسانية التي تتشكل نتيجة علاقات الناس مع بعضهم بعضاً فإنها تتكون من عناصر ومتغيرات في معظمها غير ملموسة، وتتداخل في تكوينها وتشمل المتغيرات التالية:

١.   المتغيرات المادية العضوية التي يتكون منها البناء العضوي للأفراد، وهي متغيرات مهمة في التأثير على سلوك الأفراد، وتنظيم علاقاتهم مع غيرهم من الناس ومع المحيط العام، حيث يختلف سلوك المتمتع بالصحة والعافية التامة عن سلوك المريض، أو سلوك

المصاب بإعاقة جسدية ما عن سلوك السليم، أو سلوك الرياضيين عن سلوك غير الرياضيين، أو سلوك طوال القامة عن سلوك قصار القامة.. الخ.

٢. المتغيرات الانفعالية المنبعثة عن منظومة الغرائز والعواطف التي تختلف وتتفاوت من حيث درجة شفافيتها وتأثيرها من شخص لآخر..

٣. المتغيرات العقلية أو الإدراكية التي تميز الانسان أصلاً، والتي تختلف في درجة شفافيتها أيضا، وفي درجة تحكمها في الناس من شخص لآخر..

٤. المتغيرات الثقافية التي تتشكل لدى الناس عبر تفاعلاتهم المختلفة، وتلعب دوراً مهماً في تنظيم سلوكهم، وتختلف في طبيعتها وقوتها بحسب الأفراد والجماعات.

وكما يلاحظ فإن التفاعل بين جميع هذه المتغيرات هو الذي يؤدي إلى تشكيل شخصية الانسان التي تمثل الأساس في بنائه، وتنظيمه لعلاقاته مع الآخرين، ودخوله منظومات العلاقات الإنسانية، ومشاركته في تشكيل الظواهر الإنسانية بأشكالها المختلفة، وهذا هو أهم ما يضفي على هذه الظواهر من مظاهر التعقيد التي تبرر كأنها لا نهائية.

ثانياً: ديناميكية الظواهر الإنسانية وضعف التجانس فيها، حيث أن لكل ظاهرة منها متغيراتها وغاياتها التي تحكم وجودها، وتحكم سلوكها (حركتها)، والتي تتميز بالاختلاف من مكان لآخر، ومن زمان لآخر، مما يحول دون تحديدها وضبطها بصورة واضحة وثابتة. وذلك على خلاف الظواهر الطبيعية التي رغم حركتها (ديناميتها) إلا أنها تبدو متجانسة في وتيرتها، وقابلة للتحديد والضبط بدرجة عالية.

اهتمت معظم المدارس او الاتجاهات الفكرية بموضوع مدى قابلية الظواهر الإنسانية للبحث العلمي، ومدى إمكانية التوصل إلى نتائج علمية تؤدي إلى الاعتراف بعلمية هذه الظواهر أو عدم علميتها، وإنه يمكن تصنيف هذه الاتجاهات الى ثلاثة:

١- **الاتجاه التقليدي**، وهو الذي يقر بعلمية الظواهر الانسانية مثلما هو الحال بالنسبة للظواهر الطبيعية، وإذا وجدت أية فروق في هذا المجال فإنها فروق متصلة بدرجة الدقة في النتائج التي يتم التوصل إليها، حيث يلاحظ أن الدقة تتزايد في مجال الظواهر الطبيعية

وتكون أكثر إطلاقاً مقارنة مع النتائج في مجال الظواهر الإنسانية. ويستندون في توكيد وجهة نظرهم إلى فرضية تبدو هامة في تقديرنا، ومفادها، أن **لكل ظاهرة من الظواهر، التي يتم كشفها وتحديدها وتوكيد تمايزها واستقلالها عن غيرها من الظواهر، قوانينها وقواعدها التي تخضع لها هذه الظاهرة في وجودها أو في حركتها.** وبدون ذلك فإنه يستحيل الحديث عن ظاهرة مميزة ولها كينونتها أي (نظامها) الخاص بها، وأن التحدي أمام الإنسان يتمثل في قدرته على دراسة هذه الظواهر بالتبصر العميق، والتفكير المجرد، ليتمكن من الوصول إلى قوانينها وقواعدها، وان عدم تمكن الإنسان في مرحلة ما من الوصول إلى هذه القوانين والقواعد لا يلغي وجودها، وإنما يكشف عن عجز الإنسان، وعن مدى تعقيد وصعوبة المهمة التي يقف في مواجهتها.

٢- **الاتجاه السلوكي**، ويقول به أصحاب المدرسة السلوكية الذين يروا أن أهم المتغيرات التي تحتكم إليها الظواهر الإنسانية، هي الشخصية الإنسانية، وأن هذه الشخصية تتشكل **من "مزيج"** من تفاعلات العناصر العضوية والانفعالية والعقلية والثقافية القيمية، مما يجعل المنتوج متميزاً بماهية خاصة تتداخل وتمتزج فيه العناصر المادية بالعناصر غير المادية،و الشعورية باللاشعورية... **وبناءً عليه فإنه لا يمكن دراسة هذا المزيج، ولا ما ينبثق عنه من علاقات وسلوكيات، دراسة دقيقة وقادرة على الوصول إلى قوانين وقواعد محددة تسمح بالحديث عن علم خاص بكل ظاهرة منها.**

وعلى الرغم من أهمية ما قدمه السلوكيون فأننا نعتقد بأنهم أمسكوا بنصف الحقيقة إلا أنهم ضلوا النصف الآخر. فالظواهر الإنسانية تعبير عن علاقات وسلوكيات الناس مع بعضهم بعضاً، إلا أن السلوكيات الإنسانية ليست تعبيراً عن مزيج من عناصر الشخصية، **بل هي نظام يتشكل نتيجة تفاعل هذه العناصر مع الأخذ بعين الاعتبار أن العنصر العقلي (الإدراكي) ليس كبقية العناصر من حيث دوره وطبيعته**، بل إنه العنصر المتحكم الذي له قدرة تحكمية على ضبط العناصر الأخرى وتفاعلاتها. فإذا لعب هذا العنصر دوره التحكمي فعلاً، وهذا ما يميز الإنسان عن غيره من الكائنات الحية، أصبح

سلوكه عقلياً، وعلاقاته عقلانية، وأصبحت الظواهر الإنسانية تتشكل بناء على ذلك، وبالتالي فإنها تكون قابلة للبحث والوصول إلى نتائج علمية حولها. أما إذا ضعف دور هذا العنصر التحكمي، وأصبح كبقية العناصر في عملية التفاعل، فإن السلوك الإنساني لا يبرز كنظام قابل للدراسة العلمية، ويكون **مزيجاً** مثلما أشار إليه السلوكيون، ولا يترتب عليه تكوين للظواهر الإنسانية التي تمثل العقلانية أهم خصائصها.

٣- الاتجاه البيئي، ويقول به أنصار البيئة الذين يرون أن الإنسان غير معزول عن جميع المؤثرات البيئية النابعة من بيئته الكلية، الداخلية أو الخارجية، الطبيعية أوالإنسانية، بل إن الإنسان هو وليد بيئته إلى حد كبير، ولما كانت البيئات مختلفة ومتنوعة ومتغيرة باستمرار فإنه لا يسهل دراسة العلاقات الإنسانية، والوصول إلى قواعد وقوانين عامة حولها تتميز بالثبات أو الاطلاق، فالقوانين والقواعد الثابتة تتعلق بالعلاقات المنتظمة الثابتة، وهذا لا يتوفر للعلاقات الإنسانية في البيئات المتغيرة. ويقولون إنه إذا كان لا بد من الامعان في الادعاء بأن هناك ما يمكن اعتباره قواعد وقوانين في مجال العلاقات الإنسانية فإنه لا بد من حصر وتحديد ذلك على مستوى كل بيئة دون تعميم مطلق، وبذلك يصير من الممكن الحديث عن علوم لكل ظاهرة إنسانية كالقول (علوم سياسية أو علوم إدارية أو علوم اجتماعية ..) وليس عن علم واحد كالقول (علم إدارة أو علم سياسة أو علم اجتماع...) حيث تتعدد هذه العلوم بتعدد البيئات.

وعلى الرغم مما قدمه البيئيون من وجهة نظر تبدو منطقية تماماً إلا أنها في تقديرنا وجهة نظر غير دقيقة، فالاختلاف بين البيئات موجود وحتمي، والتغير البيئي موجود وحتمي، إلا أن ذلك لا يلغي أهمية العلاقات الإنسانية وظروف تكوين الظواهر الإنسانية، ويفترض التفاعل مع كل ظاهرة منها تفاعلاً علمياً لكشف قواعدها وقوانينها العلمية. مع دعوتنا في هذا المجال إلى ضرورة تفهم الملاحظات الأساسية التالية[٧]:

---

(٧) د.عبد المعطي عساف، **ادارة التنمية**، دراسة تحليلية (مكتبة المحتسب ، عمان، ٢٠٠٠).

أ- ضرورة عدم المغالاة في تصوير مبادئ العلوم الانسانية وقواعدها، وعدم المطالبة بتطبيق المواصفات الخاصة بما هو موجود في علوم الطبيعة على الظواهر الانسانية، وذلك على اعتبار أن الظواهر الانسانية تختلط فيها الاعتبارات المادية بالمعنوية، والجوانب السلوكية بغيرها، وبالقدر الذي يزيد درجة النسبية التي تحكم قواعدها ومبادئها .

ب- ضرورة عدم المغالاة في إبراز أهمية البيئة واختلافاتها في تحقيق اختلافات في النظم والقواعد الانسانية، وإذا ما حصل ذلك، فإن هذا قد يكون مدعاة إلى عدم وجود أية علوم، أو حتى أية افتراضات ، وذلك لأن هذه الاختلافات البيئية موجودة داخل المجتمع الواحد، وتتعدد بتعدد أقاليمه ومناطقه ...الخ.

فكيف يمكن الحديث مثلاً عن علم أميركي للإدارة أو السياسة، بحيث يطبق على ولاية "ألاسكا" كما يطبق على ولاية "بورتوريكو" وننفي أن يكون من الممكن تطبيق ذلك على المكسيك أو دول شمال أميركا اللاتينية أو البحر الكاريبي؟؟ كذلك الأمر بالنسبة للادارة اليابانية التي تغطي آلاف الجزر بكل المفارقات فيما بينها، أو الادارة الهندية أو السوفيتية أو غيرها، بكل ما تتضمنه بيئات هذه الادارات من تناقضات واختلافات؟؟؟

ولعلي في هذا المقام أشير إلى دراسة عن التجربة اليابانية ونموذج (z) للمنظمات، حيث يشير و"ليم أوشي" خلال استعراضه للتجربة اليابانية أنه أمكن للشركات اليابانية أن تنجح تماماً في تطبيق أساليبها في فروعها التي أقامتها في الولايات المتحدة، كما نجح الأميركيون العاملون فيها في استيعابها والعمل بها، في الوقت الذي أخفقت الشركات الأميركية في نقل أساليبها إلى فروعها في اليابان[٨] ، ولهذا دلالته وأهميته في توكيد حقيقة أن القواعد التي تسير عليها الإدارة اليابانية أكثر قابلية للتعميم من تلك التي تسير عليها الإدارة الأميركية، فهل يمكن اختبار هذه التجربة في مواقع أخرى، والعمل على الوصول إلى نتائج عامة ؟؟ أو هل يمكن التوصل إلى نظرية أكثر عمومية ؟.

---

(٨) وليم أوشي، **نظرية (z) في المنظمات** ، مترجم حسن ياسين، (معهد الادارة العامة، الرياض، ١٩٦١).

ج- أهمية التمييز بين المبادئ أو القواعد العامة من جهة وبين أساليب تطبيقها من جهة أخرى، وذلك على اعتبار أن لكل ظاهرة إنسانية قواعدها ومبادئها العامة بغض النظر عن الاختلافات البيئية، ولكن الاختلاف يكون أثناء التطبيق من حيث الأساليب والوسائل التي يتم استخدامها، وتختلف باختلاف ذلك، وهذا أمر لا يؤثر على المبدأ العام بأي شكل من الأشكال.

د- أهمية التمييز بين الفرضية المطالبة بضرورة أن يتم التغيير في البيئة بحيث تتواءم مع المبادئ والقواعد التي تقدمها العلوم الانسانية، وبين الفرضية التي تطالب بالتغيير في المبادئ والقواعد لتتواءم وتنسجم مع البيئة ، فالفرضية الثانية هي التي تحاول أن تضع العربة أمام الحصان، حيث لا يمكن أن نطالب أن تتغير المبادئ حتى تنسجم مع البيئة، ونظل نتحدث عن مبادئ فعلاً، والأصل في أجهزة المجتمع، أن تعمل على تطوير الواقع أو البيئة بهدف تقريبها والارتقاء بها إلى الوضيعة التي تفترضها المبادئ والقواعد الانسانية العامة. وهنا، فإن أجهزة المجتمع قد تعتمد في عمليات "التقريب" المطلوبة على أساليب مختلفة [٩].

١١- العلم والبحث العلمي والتنمية

حددت منظمة اليونسكو (منظمة التربية والثقافة والعلوم) العالمية التابعة للأمم المتحدة فلسفتها في ثلاثة مبادئ أساسية يستطيع المتبصر فيها أن يكتشف القيمة العظيمة للبحث العلمي، وتمثل هذه المبادئ فيما يلي:[١٠]

أولاً: تعبر الجهود العلمية والتكنولوجية - في أسمى أشكالها- عن الجانب البناء والخلاق لعقل الإنسان وروحه، وأي حضارة أو ثقافة تتجاهل هذا الجانب لا يمكن اعتبارها شاملة أو كاملة .

---

(٩)Martin Kriesberg(ed.) **Public Adimnistration In Developing Countries** (The Brookings Institution, Washington , ١٩٦٣)pp.١٥٣,٥٤.

(١٠) لاحظ: د. ديكنسون، **مرجع سابق**. ص٨.

ثانياً: لا مكان للقنوط في الجهد العلمي لأن الخضوع لمثل هذا الشعور سوف يكون خطأ سياسياً وروحياً فادحاً- فتزايد اتساع وإلحاح احتياجات الإنسان ومعاناته يتطلب - قبل كل شيء- تصميماً مضاعفاً فيما يتعلق بالبحث عن المعرفة - وهي في المفهوم القديم للعلم تمثل ((الحكمة))، والدراية العملية اللازمة لاحتواء تلك الحاجات، ورفع المعاناة، وتحسين أحوال الانسان، وتعزيز آفاق تقدم البشرية .

ثالثاً: إنه كان لابد من أن يصاحب الاعتراف بالاعتماد المتبادل بين الدول والمناطق، (وهو الحديث الذي يميز مركبة الفضاء المسماة بالأرض في عهدنا الراهن)، خلق شعور قوي بالعزم المشترك . ويشكل العلم حالياً أحدث الوسائل المثالية لايجاد روح جديدة في هذا الصدد تحرك كل الباحثين الممارسين، والحكومات، وعامة الجماهير. والمطلوب الآن تقوية الوعي بالدور الحاسم والضروري الذي لابد من أن يقوم به العلم والتكنولوجيا في عالمنا المعاصر . وهذا الدور ليس بالدور الدفاعي بأي حال من الأحوال، فهو لا يقتصر على تحديد المشكلات وتحليلها عند ظهورها، بل يتعداه إلى ما هو أكثر ايجابية في تعميق الاحساس، وضرورة الاهتمام بمستقبل البشرية في أي مكان، والتضامن بين البشر، والتعاون والعمل المشترك على امتداد العالم كله، لأن ذلك الإحساس قد أصبح، في العقد الثالث للتنمية الدولية في الثمانينات من هذا القرن، ضرورة لابد منها من أجل توفير الأمن الجماعي للجنس البشري، بل ولبقائه ذاته .

إضافة لذلك فإنه يلاحظ أن مختلف الكتب الفلسفية، وكذلك الكتب والإبحاث التي تتعرض لقضايا التنمية والتطوير، لا تخلو من تأكيدات على أهمية البحث العلمي ودوره في تطوير وتحسين وسائل الانتاج وأساليبه وعملياته، وفي تحسين وتطوير نظمه الإدارية ونماذجه. فيقول د. حسن صعب إن التقدم المطلوب في المجتمعات المختلفة لا

يتحقق إلا بوجود العقل المحرك، أو العقل التنموي، وأن عامل التقدم العلمي يمثل مستلزم النمو الاقتصادي والعامل الحاسم فيه(١١). ويؤكد..

مدير عام اليونسكو في تقريره عام ١٩٦٩ ، إلى أن المجتمع البشري سائر في عملية تحول سكاني وتقني وفكري وخلقي واسعة، ولا يسبق لها مثيل، وإن تغيير سياسة وأساليب التعليم والتربية تغييراً جذرياً يقع في صميم هذه العملية، ويتوقف عليه مجرى هذا التحول بصورة أساسية. **وهذا ما اكدته اللجنة الدولية لتنمية التربية (لجنة ادجار فور) حيث أشارت إلى أن مهمة التربية الحديثة، تتركز في التحضير والإعداد لمجتمعات لم توجد بعد**(١٢).

ويؤكد (جالبريث) إن من أهم أسباب الهوة الانمائية بين البلدان المتقدمة والأخرى المتخلفة، هو عدم إعطاء الأولوية للتربية والحكم المنظم(١٣).

كمايشير (**هـ.بارنس**) إلى أنه لا يمكن لأي بلد يحاول ان يخطط للتنمية أن يهمل مسألة إعداد الأفراد الذين هم أداة التنمية والانتاج ، وإن أي إهمال من هذا القبيل ، سيخلق أزمة إنمائية حقيقية، ويقول : إنه ما الفائدة مثلاً من مصنع للفولاذ إن لم يتم إعداد الفنيين والإداريين اللازمين لتسييره(١٤).

ويقول " **جوزيف بوجنار**" إن أهمية العلم في العالم المعاصر لا تكمن فقط في أنه يقدم أسلوب البحث عن الحقيقة، بل تكمن أيضاً في أنه يمكّن من صياغة استراتيجية دقيقة

---

(١١) د. حسن صعب، **الانسان هو الرأسمال** (مجلة علام الفكر، المجلد الثاني، وزارة الاعلام، الكويت، ١٩٧٢) .

(١٢،١٣) د. عبد المعطي عساف، **ادارة التنمية**، دراسة تحليلية مقارنة (مكتبة المحتسب، عمان، ٢٠٠٠) ص١٠٣٨ ص ١٨١.

(١٤)حمزه مختار وآخرون ، **التنمية والتخطيط والتعليم الوظيفي في البلاد العربية**، (سرس الليان، القاهرة، ١٩٧٢).

للنشاط الانساني ، ولا أدل على ذلك من الدور الذي أصبح يعطي للعلماء في عملية صنع القرارات والسياسات المختلفة (١٥).

ويقول "James Bryce" منوهاً بهذه الأهمية أن التعليم إذا لم يصنع من الرجال العاديين مواطنين صالحين وجيدين، فإنه على الأقل يجعل من السهل عليهم أن يكونوا كذلك (١٦).

ويؤكد "Graham" على أهمية التعليم، على اعتبار أنه يرتبط بالبحث العلمي الذي يمثل اسلوب الاقتراب من الحقيقة، التي تعتبر بدورها أهم ما يستدعي التمسك به في العمليات الانمائية، وما الخلل في البرامج المختلفة، إلا لأنها لم تعط القدر الكافي من البحث والتحليل (١٧):

وفي صدد تبيان أهمية التدريب يشير "Overton Jr." إلى أن دول الشرق الاوسط فشلت في تحقيق الفهم الكافي لحقيقة أن تطوير الموارد البشرية يتطلب من البلد المعني أن يهتم بالتدريب تماماً كما يهتم بالتعليم فيما يتعلق بالقوى البشرية، وذلك لأن التعليم والتدريب عمليتان متكاملتان، وبالتالي فإنه لا بد لأي دولة أن تدرك حقيقة أن التعليم لا يغني عن التدريب، ولا بد من أخذ الخطوات اللازمة للتوزان بينهما (١٨).

إزاء هذا التركيز المكثف على أهمية العلم والتعليم والتدريب... إلخ، برزت تساؤلات حول مدى هذه الأهمية في المجال الاستثماري، وكانت معظم الدراسات في هذا الميدان تؤكد أن الاستثمارات في هذه الميادين تعتبر اكثر الاستثمارات ربحية وانتاجية على الاطلاق .

ـــــــــــــــــــ

(١٥) بوجنار جوزيف، **التنمية الاقتصادية في الدول النامية**، مترجم أحمد القصير (الهيئة المصرية للكتاب القاهرة، ١٩٧٤)٦٣.

(١٦)William Polk, (ed.) **Development Revolution**, North Africa , Middle East And Asia (Washington D.C. ١٩,٣)P.١٤٠

(١٧)Kriesberg Martin(Ed.) , **Op.Cit**, Pp.١٧٧, ١٧٨ .

(١٨,١٩) William Dolk. **Op.Cit**. Pp.٥٤-١٦٢.

ففي دراسة أجراها " **ثيودورشولتز**" في أمريكا، أظهرت إن نفقات التعليم عملت على زيادة الانتاج كثيراً، فالدولار الذي يتم استثماره في هذا المجال سيؤدي غالباً إلى زيادة في الانتاج القومي تربو على الزيادة المتحققة من استثمار الدولار في السدود أو الآلات أو غيرها [١٩].

كما يؤكد الاقتصادي (E.Bonison) إن ٤٢% من زيادة الدخل القومي الحقيقي في الولايات المتحدة ما بين ١٩٠٩ -١٩٦٧ تعود إلى عامل التعليم [٢٠].

كما تدل بعض الدراسات الاجتماعية أن معدل المواليد بالنسبة للزوجة الأمية يبلغ خلال (٣٠) سنة من الزواج حوالي 8.5 مولود في المتوسط، بينما الزوجة الحاصلة على الابتدائية تنجب في المتوسط 6.9 أطفال، والزوجة الحاصلة على تأهيل متوسط 5.4 ،والزوجة الحاصلة على مؤهل عال تنجب 3.5 تقريباً [٢١].

وبشكل عام ، فإن مختلف الدراسات التي أجريت لبحث العوامل الأساسية في الانتاج ، خرجت بنتيجة مؤادها، إن مساهمة العوامل الأساسية لا تتعدى في الغالب ١٠ بالمئة أو أكثر قليلاً، بينما يبقى حوالي ٩٠ بالمئة من الانتاج، نتاج ما يسمى بالعوامل المتبقية (Residual Factors) والتي كما أشارت دراسات " شولتز"، ودراسات هيئة (I.E.C.D) سنة ١٩٦٢، تعتبر عوامل غير محدودة، إلا أن من أهمها عامل التعليم [٢٢].

وتشير ندوة تخطيط وتنفيذ البرامج التدريبية التي نظمها معهد الإدارة العامة في المملكة العربية السعودية إلى أهمية التدريب بالقول ؛ أن المشكلة الاساسية في كثير من الدول، وخاصة الدول النامية، أن معدل الانتقال أو التطوير للتدريب لا يواكب مسيرة التنمية الاقتصادية والاجتماعية، ولا يتوازن مع معدلاتها، وترى أن عملية التنمية الشاملة تفترض تنظيم وتنفيذ برنامج متوازن للتعليم والتدريب [٢٣].

(٢٠،٢١) د.عبد المعطي عساف، **ادارة التنمية** ، مرجع سابق، ١٨٢.

(٢٢)مختار حمزة وآخرون، **مرجع سابق**، ١٠٤-١٠٥.

(٢٣) د.عبد المعطي عساف، **التدريب وتنمية الموارد البشرية**، (دار زهران للنشر والتوزيع، عمان ، ٢٠٠٠).

كما انتهت دراسة شملت ثمانية عشر دولة نامية إلى التوصية بوجوب انتشار روح الانفتاح والاحترام والتجربة بين القيادات الادارية في جميع الاعمال من خلال التدريب والتنمية الادارية، وتعليم الإدارة في الدول النامية، وأن قصور الإدارة في منظمات الانتاج والخدمات في هذه الدول، وضعف مستوى الكفاءة الانتاجية فيها ، يعود إلى قصور جهود التعليم والتدريب على جميع المستويات الادارية، وفي جميع منظمات الاعمال على اختلاف حجومها.[٢٤].

ولعلنا نركز في هذا السياق على أن الاهتمام بالبحث العلمي ورعايته وبناء مؤسساته، وتخصيص التمويل المناسب له، بحد أدنى ٢% من إجمالي الانتاج المحلي، يمثل أهم مؤشر على مدى جدية السلطة السياسية في المجتمع على العمل من أجل التنمية، وبدون ذلك فإن أي أحاديث عن التنمية تكون أحاديث تضليلية وشعارات زائفة لا تضلل إلا الرعاع من عامة الناس. ينطبق هذا القول على أي منظمة من المنظمات بحيث لا يمكن لمنظمة أن ترتقي وتتطور وتضمن بقاءها في المستقبل إلا إذا أسست مركزاً للبحث العلمي، مع تخصيص نسبة لا تقل عن ٥% من الرأسمال التأسيسي لها، وبميزانية سنوية لا تقل عن ٥% من الموازنة السنوية. صحيح أن هذه الدعوة ستكون مستهجنة على مدى الوطن العربي ومنظماته نظراً لهيمنة التبعية والارتجالية والعشوائية إلى حد كبير على تفكير أصحاب السلطة وأساليبهم الإدارية [٢٥]، إلا أن ذلك أمر لا بد منه إذا ما وجدت النوايا لبدء العمل في الاتجاه الملائم لبناء التنمية والتقدم.

(٢٤) المرجع نفسه.

(٢٥) تهتم الدول العربية بشكل واضح بالتعليم العام، وبخاصة في مراحل التعليم الأولي، وتخصص له الموارد المالية التي تبدو في أرقامها المطلقة موارد كبيرة حيث بلغ إجمالي الانفاق العام في جميع الدول العربية حوالي ١٨ مليار دولار عام ١٩٨٠، وقفز ليصبح حوالي ٢٥ مليار في التسعينات من القرن المنصرم، وبلغت نسبة هذا الانفاق إلى حجم الناتج القومي حوالي ٥,٥% في المتوسط العام، وهي نسبة تزيد عما هو عليه الوضع في الدول النامية الأخرى التي تخصص حوالي ٤.١% في المتوسط وتزيد قليلا عما هو عليه الوضع في الدول الصناعية التي تخصص حوالي ٥.٢% في المتوسط. ا أما الاهتمام بالبحث العلمي يكشف عن تناقض وضعف لا يمكن غفرانه، حيث تبلغ نسبة الموارد المالية المخصصة

١٢- مهنية البحث العلمي

يقول "جون ديكنسون" أن هنالك بالفعل درجة متزايدة من القبول على الصعيد الدولي والحكومي للقول بأن ممارسة البحث العلمي تشكل مهنة من المهن، وهذا هو نفس التعبير المستخدم في ديباجة توصية اليونسكو لعام ١٩٧٤، حيث أشارت في إحدى فقراتها بالقول: **"أن هناك حاجة إلى تدابير حكومية لايجاد أوضاع عادلة وملائمة للمشتغلين بهذه المهنة، مع مراعاة المسئوليات التي تنطوي عليها أعمال تلك المهنة والحقوق اللازمة لأدائها**[٢٦]". ويقول إن عدد العلماء البارزين والمعلقين العلميين الذين أعلنوا في أكثر من مرة أن البحث العلمي مهنة، وأن **"الباحثين العلميين مهنيين". هو عدد يفوق المعروف**[٢٧]**. وهذا ما يؤكده "جاكار" بقوله "لكي نصبح جزءاً من المجتمع ونؤدي دوراً فيه، ونحصل منه على ما نحتاج من أجل بقائنا وتطورنا، علينا ان نكتسب الدراية والخبرة الموجهتين نحو نشاط محدد بدقة، أي علينا كباحثين علميين أن نصبح مهنيين"**[٢٨].

وعلى الرغم من أهمية هذه الدعاوى، إلا أن الواقع يكشف عن حقيقة ناصعة مفادها أنه قلما توجد بلدان نجح فيها الباحثون العلميون فعلاً في تنظيم أنفسهم واعتبار عملهم مهنة كبقية المهن المعترف بها.

للبحث العلمي حوالي ٠.٣% مقارنة مع أكثر من ٢.٥% في الدول الصناعية ومع حوالي ٢% في "إسرائيل" حسب الأرقام المعلنة. ومن هنا لا تتكشف أزمة البحث العلمي في هذه الدول فحسب، بل تتكشف أيضاً أبعاد أزمة التنمية وأبعاد أزمة مستقبل الأمة واتجاهات التطوير فيها، كما يتكشف في تقديرنا مدى عقم السياسات التعليمية والتنموية فيها.

للبحث العلمي حوالي ٠.٣% مقارنة مع أكثر من ٢.٥% في الدول الصناعية ومع حوالي ٢% في "إسرائيل" حسب الأرقام المعلنة. ومن هنا لا تتكشف أزمة البحث العلمي في هذه الدول فحسب، بل تتكشف أيضاً أبعاد أزمة التنمية وأبعاد أزمة مستقبل الأمة واتجاهات التطوير فيها، كما يتكشف في تقديرنا مدى عقم السياسات التعليمية والتنموية فيها.

لاحظ:د.أحمد حسين الرفاعي، **مناهج البحث العلمي: تطبيقات إدارية اقتصادية** ،(عمان:دار وائل للنشر ،١٩٩٨)ص(٣١-٣٢).

(٢٦) جون.د. ديكنسون، **العلم والمشتغلون بالبحث العلمي في المجتمع الحديث**، مترجم شعبة الترجمة باليونسكو، سلسلة عالم المعرفة، عدد ١١٢، (الكويت، المجلس الوطني للثقافة والفنون والآداب، ١٩٨٧) ص٢٦٩.

(٢٧) **المرجع نفسه**، ص١٩١.

(٢٨) **المرجع نفسه** ص١٩١.

ولابراز طبيعة الباحث العلمي، وتوكيد مهنيته لابد من ابراز ملاحظتين هامتين هما:

أولاً: ضرورة التمييز بين العالم والباحث العلمي، فالعالم هو الحجة الذي يمثل وعاءً معرفياً هاماً، وهو أيضاً المنظم للمعارف العلمية كما هي مفهومة ومحددة، أما الباحث فهو الذي يبدع المعارف العلمية وينميها. وقد يجمع أحد الأشخاص كلا الصفتين، إلا أن ذلك ليس شرطاً أو وضعاً قائماً باستمرار، فقد نجد العالم الذي لا يمارس عملية البحث وإن كان يتابع سياقاتها ونتائجها ليلم بها، ويتعرف عليها،ولا يكون بذلك باحثاً، في الوقت الذي لا يستطيع الباحث العلمي إلا أن يكون عالماً.

ثانياً: ضرورة إدراك أن المهنة هي حرفة أو صنعة أو تخصص تكتسب عن طريق التعلم والتدرب بحيث يستطيع صاحب المهنة أن يكون عارفاً بالقواعد الأساسية التي تتعلق بمجالات مهنته، وأن يمتلك المهارات التطبيقية المتعلقة بذلك. على أن يقبل ما يمكن تسميتها بالمدونة الأخلاقية التي تحدد قواعد السلوك الخاصة بالمهنة المعنية، وقد تكون مكتوبة أو غير مكتوبة، وأن يكون هنالك مجلس أعلى للمهنة هو الذي يقرر هذه القواعد بصورة مستقلة عن رغبات دافعي الأجور (المالكين للمنظمات الذي يعمل فيها المهنيون)، وليلعب دور الأمين على حماية هذه القواعد.

وبغض النظر عن أي تحفظات أو اعتراضات أو إهمالات تحول دون أن يعترف للبحث العلمي باعتباره مهنة مميزة، فإنه يمكننا القول بأن بروز مثل هذا الاعتراف وتنظيمه سوف يعطي دفعة قوية لعملية البحث العلمي، حيث يستطيع الباحثون عندها تلمس هويتهم، وبناء ذاتيتهم، التي تحميهم من الانصهار في المنظمات التي يعملون فيها، ليكونوا مجرد موظفين منخرطين في السلك الوظيفي، مما يعمق حماسهم والتزامهم البحثي أو الأخلاقي المتصل بذلك، وعندها تبدأ عملية الابداع والتطوير تشهد وتائر تصاعدية بشكل أفضل من أي وقت مضى.

١٣- القواعد المهنية للباحثين العلميين:

تقتضي ـ عملية التنظيم العام لأي مجتمع أن يتم تنظيم العلاقات بين الأفراد والجماعات والمجتمع ككل وفق قواعد قيمية وأخلاقية وقانونية، بحيث تحدد هذه القواعد الحقوق والمسئوليات التي على كل طرف من أطراف العلاقة مراعاتها، وذلك مع ملاحظة أنه يصعب الحديث عن قواعد موحدة يتم العمل وفقاً لها في جميع المجتمعات أو العلاقات، وإن كان يمكن العمل على تنظيم مثل هذه القواعد، مثلما حدث بالنسبة للقواعد التي تضمنها الاعلان العالمي لحقوق الانسان أو غيرها.

بدأ العلميون منذ الحرب العالمية الثانية يبدون اهتماماً متزايداً بضرورة تنظيم حقوقهم وواجباتهم وبخاصة بعد أن اشتد الوعي بخطورة الاستخدام المتزايد للمعارف العلمية المنبثقة عن أبحاثهم في أغراض مدمرة، ويقول "ديكنسون" أنه تم تأسيس الاتحاد العالمي للمشتغلين بالعلوم في عام ١٩٤٦، ولأول مرة، مما مكنهم أن يعبروا عن اهتماماتهم ومصالحهم وأهدافهم بطريقة جماعية على مستوى دولي، وكان من نتائج جهود هذا الاتحاد أنه عمل في عام (١٩٤٨) على إصدار وثيقة تتضمن ميثاقاً عاماً للمشتغلين بالعلوم ليوضح أهمية العلاقة بينهم مع المجتمعات المحلية، وليركز على أن مهنة العلم..ترتب مسئوليات خاصة تفوق المسئوليات المتعلقة بالواجبات العادية لمواطنيه، وتضمن تحديداً لهذه المسئوليات بالنسبة للعالم والمجتمع المحلي والعالم بأسره (٢٩).

١٤- مسئوليات الباحث العلمي وأخلاق المهنة

تؤكد المادة الأولى من ميثاق المشتغلين بالعلم على أن مهنة العلم والبحث العلمي ذات مسئوليات خاصة، وأن القيام بها يفرض على المشتغل بها أن يبذل قصارى جهده (٣٠).

---

(٢٩) جون ديكسنون، المرجع نفسه، ص ١٧٥، ١٧٦.

(٣٠) جون ديكسنون، المرجع نفسه ، ص٢٦١.

وبالطبع فإن هذا لا يعني أنه ينبغي على الباحث العلمي أن يأخذ على عاتقه أي مسئوليات تزيد أو تقل عما يتحمله المواطن العادي، ويبين الواقع العملي أن الباحثين العلميين ليسوا إلا مواطنين أولاً، وعليهم أن يخضعوا لنفس القواعد المدنية أو الجنائية التي يخضع لها سائر الأفراد، إلا أن الاختلاف الطبيعي بين الأعمال والمهن يرتب مسئوليات تبدو مختلفة أحياناً، ومن أهم ما يمكن الإشارة إليه في مجال البحث العلمي ما يلي[٣١]:

أولاً: تأمين الاشراف والتدريب المهني اللازمين للباحثين المستجدين، أو الأحدث عهداً، الذين يعملون تحت إشرافه، كما عليه أن يمارس سلطاته الإدارية في العلاقة بمن هم تحت رئاسته من الفنيين والإداريين ومن المساعدين، وأن يعمل على تشجيع الجميع؛ باحثين وفنيين وإداريين، ليتحملوا مسئولياتهم، ويقوموا بأدوارهم بصورة متحفزة وديناميكية.

ثانياً: الحرص على تقديم أفضل خدمة لصاحب العمل الذي يستخدم الباحث العلمي، وأن يقدم المشورة فيما يتعلق بالأعمال التي يرغب صاحب العمل في القيام بها.

ثالثاً: الحرص على أمانة الحقائق والأفكار التي يتم التوصل إليها، والعمل على إكمالها، والحث على سرعة توزيعها ونشرها.

رابعاً: التفكير الجاد والمنهجي والمسئول في النتائج بعيدة المدى التي يمكن أن تترتب على أبحاثه واستخداماتها، وكما يقول اختصاصي الوراثة "ليون روزنبرج" أن الباحثين العلميين مسئولين عن إقرار واحترام الحدود التي يكون العلم في إطارها ملائماً ومجدياً، وتنص توصية اليونسكو (عام ١٩٧٤) بشأن الباحثين العلميين على ضرورة أن يحرصوا على التعبير الحر عن أرائهم فيما يتعلق بالقيمة الإنسانية أو الاجتماعية أو البيئية لبعض المشروعات، وبحرية التوقف والانسحاب من هذه المشروعات كملاذ أخير إذا أملت عليهم ضمائرهم ذلك. يؤكد على هذا الأمر جون "ديكنسون" حيث

---

(٣١) **المرجع نفسه** ، ص١٧٧ أو ما بعدها.

يقول : أنه إذا كان مطلوباً من المجتمع ككل أن يكون على درجة مقبولة من الثقافة العلمية التي تضمن تقدير جهود الباحثين العلميين وتمييزها، فإن المطلوب أيضاً من العلماء الباحثين بذل جهد مستمر للاتصال مع أفراد الجمهور وإعلامه بأهمية انجازاتهم، وإذا فشلت أي جماعة في المجتمع في شرح اخلاقياتها الذاتية، وتوضيح الجوانب الايجابية لنتائج عملها وفوائده المباشرة وغير المباشرة لعامة الجمهور فسوف تجد نفسها خاسرة لتقدير هذا المجتمع، وقد تقابل بممارسات منظمة ضدها[٣٢]، وأنه ينبغي التمييز في هذا الصدد بين الحالات التي يدلي فيها العلميون بأقوالهم بصفتهم علماء، وهنا تترتب مسئوليات مهنية لا بد من احترامها من قبلهم والوعي الدائم بها، والحالات التي يتحدثون فيها بصفتهم مواطنين عاديين في المجتمع المحلي. وهنا لا يجوز تحميلهم أي مسئوليات ذات طبيعة مهنية.

خامساً: تجنب التلفيق المتعمد للبيانات، وتوخي الدقة والموضوعية القصوى في تناولها، واستخدامها مهما كانت تبدو صحيحة.

سادساً: الحرص على الأمانة العلمية، وتجنب التلفيق المتعمد الذي يقوم الباحث خلاله بانتحال عمل الآخرين (السرقات العلمية)، أو يقوم بتقديم النتائج والأفكار دونما الحرص على التوثيق اللازم، والأصل في البحث العلمي هو الحرص على التوثيق، وإعادة المعلومات إلى مصادرها الحقيقية.

سابعاً: تحمل مسئولية صلاحية وصدق العمل العلمي الذي يتم نشره من قبل الباحثين. وإذا كان البحث المنشور فردياً تكون المسئولية فردية، وإذا كان جماعياً تكون المسئولية تضامنية.

ثامناً: التمسك بسرية الأبحاث والمعلومات ذات الطبيعة السرية، وعدم الاعلان عن أي منها، أو إفشائها بأي أسلوب كان.

---

(٣٢) المرجع نفسه ، ص١٧.

تاسعاً: تمسك الباحث العلمي بالشجاعة والاصرار على الاستمرار والمضي في البحث عن الحقيقة العلمية، والتعبير عنها مهما كانت الصعوبات والتحديات التي قد يصادفها، والعمل، كما تقول توصية منظمة اليونسكو لعام ١٩٧٤ المتعلقة بالباحثين العلميين، بروح حرية الفكر من أجل البحث عن الحقائق العلمية، وتفسيرها والدفاع عنها. صحيح أن النضال من أجل ذلك يكون شاقاً ومريراً أحياناً غير أنه ينبغي مواصلته من أجل الباحثين أنفسهم ومن أجل المجتمع، وربما من أجل العالم بأسره، مع الإدراك المستمر بأن المكانة التي يوليها المجتمع للباحثين العلميين إنما تتوقف إلى حد كبير على ما يحرصون عليه من تجرد وموضوعية ونزاهة[٣٣]. وهنا فإن الباحث يضطر إلى اتباع بعض الأساليب المخادعة أو المراوغة حتى يتمكن من الحصول على المعلومات التي تسانده في الوصول إلى نتائج أكثر دقة ويقيناً، وهذا أمر مشروع في عملية البحث إلى حد كبير، شريطة عدم التجاوز بانتهاك المحددات الأخلاقية الأساسية.

١٥- حقوق الباحث العلمي:

تؤكد توصية اليونسكو المشار إليها آنفاً على أن مسئوليات الباحث العلمي هي التي تشكل الأساس الذي يستمد منه حقوقه[٣٤]، وهذا ما أكده "إدسال" الذي أعد تقرير الاتحاد الأمريكي لتقدم العلم، **في قوله إن قضيتي الحرية العلمية، والمسئولية العلمية، متلازمتان،** ولابد أن تقع المسئوليات في المقام الأول. وإنه يمكن لرجال البحث العلمي أن يطالبوا لأنفسهم ببعض الحقوق التي تفوق حقوق المواطن العادي (حقوق ذات طبيعة خاصة)، شريطة أن يتوافق ذلك مع استعدادهم لتحمل مسئوليات ذات طبيعة خاصة أيضاً[٣٥]، ومن أهم الحقوق التي يمكن الإشارة إليها[٣٦]:

---

(٣٣) جون دكسنون، **المرجع نفسه**، ص ١٨٤.

(٣٤) جون ديكسنون، **المرجع نفسه**، ص١٨٤.

(٣٥) جون ديكسنون، **المرجع نفسه**، ص١٨٥،١٨٤.

أولاً: الحق لكل إنسان في الاشتراك الحر في حياة المجتمع الثقافية، وفي المساهمة في التقدم العلمي والاستفادة من نتائجه. واعتبار ذلك، كما تؤكد وثيقة الاعلان العالمي لحقوق الانسان حقاً غير قابل للتنازل.

ثانياً: ضمان أوضاع عادلة لأولئك المشتغلين بالبحوث العلمية، وبخاصة ما يتعلق منها بالمركز الوظيفي أو الاعتباري، وكذلك الحقوق المالية والمعنوية وظروف العمل... التي يستحقونها مقابل قيامهم بعملهم، وهذا ما أكدته توصية منظمة اليونسكو لعام ١٩٤٨.

ثالثاً: التمتع بالحرية الفكرية، والحرية الأكاديمية، وتحصين الباحث العلمي في مواجهة أي عمليات فصل من الخدمة، أو عمليات تقليص لحقوقه ومزاياه التي يتمتع بها جراء ممارسته لحرياته. وتتضمن توصية اليونسكو في الفقرة الثامنة توكيداً على هذا الأمر، وبخاصة ما يتعلق بالحرية الأكاديمية حيث تقول: "**ينبغي أن يراعى تماماً تعزيز الأنشطة الابداعية للمشتغلين بالبحث العلمي... وتوفير أقصى احترام لما يقتضيه التقدم العلمي من استقلال البحوث وحريتها**". وتحدد الفقرة (١٤) ذلك بصورة أكثر تحديداً حيث تنص على الحقوق التالية في هذا المجال:

أ- العمل بروح حرية الفكر وضمان ذلك، للتمكن من البحث عن الحقائق العلمية وتفسيرها والدفاع عنها.

ب- المساهمة في تحديد أهداف وغايات البرامج العلمية التي يشتركون فيها لضمان مشروعية هذه الأهداف وشرعيتها.

ج- التعبير الحر عن أرائهم التي تتعلق بالقيم التي تتصل ببعض المشروعات، وبحرية الانسحاب من أي مشروع لا يتفق هدفه مع ما تمليه ضمائرهم المهنية.

د- المساهمة في دعم حركة العلم والثقافة والتربية في بلادهم.

---

(١) المرجع نفسه، ص ١٨٤-١٩٢.

رابعاً: حماية حق الباحثين في حقوق الملكية الفكرية التي تتعلق بأعمالهم، ويمثل ذلك شرطاً أساسياً لنجاح مهامهم في تطوير البحث العلمي، ومن أهم ما يمكن التوصية به ما أشارت إليه توصية اليونسكو والتي تتضمن:

أ- توفير فرص ملائمة للتقدم المهني والأمن الوظيفي.

ب- الحصول على مكافآت مالية وغير مالية مناسبة.

جـ الاعتراف بالجهود الحميدة المبذولة في مجالات البحث العلمي لكل باحث.

د- توفير حرية الاتصال بالباحثين الآخرين داخل وخارج، وتسهيل مهمة تبادل نتائج البحوث والأفكار، وضمان حرية الانتقال وتقديم التسهيلات الملائمة لذلك.

هـ تدبير التسهيلات الضرورية لاجراء البحوث، وإتاحة الفرص اللازمة لإعادة التكيف.

خامساً: توفير الحق في حرية الانتظام في هيئات أو روابط أو نقابات تحمي وترعى مصالحهم الفردية والجماعية، مع إعطاء هذه الهيئات الحق في مؤازرة المطالب المشروعة للباحثين. مع الحرص على عدم التمييز بين الباحثين داخل أي منظمة أو داخل الوطن من حيث هذه النواحي. ولعل الاعتراف بالبحث العلمي كمهنة يمثل أهم مدخل لتوكيد مشروعية هذا الحق، وتوفير الشروط الكفيلة لحمايته.

الفصل الثاني

(التطورات المنهجية وتطبيقاتها

في مجال العلوم الإنسانية)

الفصل الثاني

التطورات المنهجية

وتطبيقاتها في مجال العلوم الإنسانية

١- مقدمة:

ليس ثمة شك في أن حركة البحث العلمي، وحركة العلم في القرن العشرين المنصرم، قد مثلت الفعالية العظمى التي ظلت تشكل وتعيد تشكيل العقل الإنساني والواقع الحضاري على ضوء انجازاتها العظيمة. وتستمر هذه الفعالية وتتصاعد وتائرها يوماً وراء يوم وإلى نهاية التاريخ.

إن تاريخ الحضارة هو تاريخ العقل، وهو تاريخ البحث الانساني، وهو تاريخ المناهج وطرق الاستدلال وحل المشكلات. إنه تاريخ البنى المعرفية وآفاقها ومجالاتها، وتاريخ تطور موقف الإنسان بكل امكاناته العقلية من الطبيعة أو الكون الذي يعيش فيه ويحيط به. إنه تاريخ تقدم المدنية بكل أشكالها الحضارية، وأساليبها الفنية التي يبتكرها الانسان للتفاعل مع بيئته تكيفاً وتكييفاً. وكما يقال ؛ **فإن تاريخ العلم والتفكير العلمي ومناهجه، وليس تاريخ العروش والتيجان والحروب والمؤامرات، هو التاريخ الحقيقي للإنسان، وصلب قصة الحضارة و تواتراتها الصاعدة**[1].

إن الحضارة ليست مجرد مراحل أو حلقات منفصلة ومنعزلة عن بعضها بقدر ما هي عملية متصلة، وسيرورة متنامية، تسلم كل مرحلة منها انجازاتها إلى الأخرى، وهذا ما ينطبق أيضاً على حركة العلم والمعرفة ومناهج التفكير التي تتوازى مع حركة الحضارة، حيث لا يمكن أن تبقى الحضارة في أي مرحلة من مراحلها، ولا عمليات البحث والمعرفة

---

(١) يمنى طريف الخولي، **فلسفة العلم في القرن العشرين: الأصول، المصادر، الآفاق المستقبلية**، سلسلة عالم المعرفة، عدد (٢٦٤) (الكويت المجلس الوطني للثقافة والفنون والآداب، ٢٠٠٠) ص ١٢.

في أي مجال من مجالاتها، أو حلقة من حلقاتها، بمعزل عن التطورات المنهجية الموازية لها، والمنسجمة معها، وهذا ما سنركز عليه بحثنا في هذا السياق.

فما هي أهم التطورات المنهجية التي شهدتها حركة الحضارة ؟!

وما هو المنهج المتوافق مع التفكير والبحث العلمي؟

وهل ثمة مفارقات منهجية بين مجالات البحث في الظواهر الإنسانية أو الظواهر الطبيعية؟

أسئلة أساسية سوف نحرص على الإجابة عنها في سياق هذا الجزء من الدراسة.

٢- مناهج البحث[٢] ومداخله:

بادئ ذي بدء يفترض الإشارة إلى بعض الملاحظات الأوليةالتي يسهِّل فهمها عملية الولوج إلى هذا الموضوع، وهي:

أولاً: ان متابعة عديد من الدراسات التي تمت في مجال الظواهر الاجتماعية أو الانسانية تدل على أن هناك خلطا بين ما يسمى مداخل البحث أو الدراسة، وبين ما يسمى مناهج البحث. وغالبا ما يعود هذا الخلط الى دقة التمايز بين المفهومين، وبصورة تفوت أحيانا على عدد من الباحثين، أو تغيب عن أذهانهم، مما يضاعف البلبلة القائمة حول النتائج والمصطلحات والمفاهيم التي يتوصلون إليها.

ونحن في هذه البداية نؤكد على ضرورة التمييز بين المداخل وبين المناهج، وذلك حتى نضع أقدامنا على أولى خطوات التعامل المنهجي مع موضوعنا[٣].

---

(٢) نقصد في هذا الموقع مناهج البحث العلمية.

(٣) تم الاعتماد في بحث التمييز المشار إليه على عدد من المراجع المختلفة نذكر منها:

د. حامد ربيع، **نظرية التحليل السياسي**، (القاهرة: مذكرات طلبة اعدادي ماجستير-العلوم السياسية،جامعة القاهرة، كلية الاقتصاد والعلوم السياسية ١٩٧٢).

د. محمود قاسم، **المنطق الحديث ومناهج البحث**، (القاهرة: دار المعارف بمصر، طبعة سادسة، ١٩٧٠).

Joyce, Mitchell & William, Mitchell, **Political Analysis & Public Policy,** (Chicago: Rand Mc Nallys Co.,1969)

تعرّف **مداخل البحث** (Approaches) بأنها، طريقة للاقتراب من الظاهرة المعنية (بعد اكتشافها وتحديدها) وذلك **بهدف تفسيرها**، بالاستناد إلى عامل أو متغير كان قد تم تحديد دوره (من وجهة نظر الباحث المعني) في حركة الظاهرة مسبقا. فإذا كان العامل أو المتغير المعني هو العامل السياسي مثلا، يكون المدخل المتبع في الدراسة هو المدخل السياسي، وإذا كان المتغير المعني هو المتغير الاقتصادي، يكون المدخل المتبع هو المدخل الاقتصادي. وهكذا بالنسبة للعديد من المتغيرات الأخرى التي أصبح يعترف بأهميتها في تلوين حركة الظواهر الانسانية المختلفة، وفي إحداث شبكة الترابطات بينها وبعضها بعضاً.

وكما يلاحظ، فإن الدراسة من خلال المداخل تحاول أن تتحدث عما يمكن تسميته بالمتغير المستقل، أو المتغير المتحكم في حركة الظاهرة موضوع الدراسة، مهملة بذلك الأهمية المحتملة للمتغيرات الأخرى التي قد تقع في بيئة الظاهرة، وتساهم عملياً في تشكيل حركتها، وفي هذا تصور تحكمي إلى درجة كبيرة، مما ينفي عن شكل التعامل مع الظاهرة، صفة الموضوعية أو الحيادية، التي تمثل الأساس الأول في عملية البحث العلمي.

أما مناهج البحث، فإنها تختلف عن ذلك، ويمكن تعريفها بأنها **طريقة للتعامل المباشر** مع الظواهر غير المحددة تماماً، وذلك بهدف **تحديدها، وتحليلها، وكشف قوانين حركتها** ، دون الإستناد الى أية عوامل أو متغيرات " مثبتة" في الذهن مسبقا.

يستخلص من هذين التعريفين ، ما يلي :

---

* إن الحديث عن عوامل أو متغيرات مثبتة في الذهن مسبقاً يختلف عن الحديث عن الفرضيات التي يتم بناؤها أولا كمرحلة أولى من مراحل البحث العلمي، فالبحث العلمي لا يحاول أن يلون الظاهرة المعنية بلون الفرضية بقدر ما يحاول البحث عن هذه الفرضية وتأكيدها أو نفيها . أما المدخل فيحاول أن يلون الظاهرة بلون العامل أو المتغير المعني الذي يتوافق مع رغبات وأمزجة وميول ومصالح الباحث، أي الذي يستند إلى عوامل إنفعالية وليست عقلية أو موضوعيه.

د.عبد المعطي عساف، النموذج المتكامل لدراسة الادارة العامة: إطار على مقارن، طبعة ثانية، (مكتبة الحامد، عمان، ٢٠٠١) ص٢-ص٦.

٥٣

١- إن المداخل لا توفر إلا طريقة للإقتراب من الظاهرة المعنية، الأمر الذي يبقي هذه الطريقة عاجزة عن العبور إلى الظاهرة، والإحتكاك بجزئياتها المختلفة، وتحديد شكل التفاعل بين هذه الجزئيات ... الخ.. ويقتصر أمرها على التعامل مع الظاهرة ككل فقط، أما المناهج، فإنها تمارس الوظيفتين معاً، فهي من ناحية، تتعامل مع الظاهرة المعنية تعاملاً مباشراً، كما أنها من ناحية أخرى تتعامل مع الظاهرة كحقيقة كلية تختلف في سماتها العامة عن السمات الخاصة بكل جزء من أجزائها. بهدف تحديد مكوناتها المختلفة، وطريقة تفاعلها التي تتشكل على أساسها كيفية الظاهرة وحركتها.

٢- إن المداخل لا تقدم إلا **تفسيرات محددة** عن الظاهرة أو عن حركتها، وهي تفسيرات تغلب عليها سمة **الإنطباعات المنطقية**، أكثر منها الإستنتاجات العلمية. وهي تقوم بذلك بعد أن تأكدت لديها مسبقاً فرضية (وجود الظاهرة)، إنها تفسيرات معتمدة على **الإعتقاد أو الإنطباع الشخصي-، وليست تحليلات معتمدة على الوقائع والحقائق.**

أما المناهج فإنها تختلف عن ذلك، **فهي من ناحية**، تشكل الوسيلة أو الطريقة التي يتم من خلالها التعامل مع فرضيات ومؤشرات تنبئ بوجود ظاهرة ما، وذلك بهدف، إما إثبات هذه الفرضيات، وبالتالي تحديد تلك الظاهرة كخطوة أولى نحو مزيد من التحليل، وأما دحض هذه الفرضيات، والوصول إلى نتيجة مفادها عدم وجود أية ظواهر جديدة.

كما أنها من ناحية أخرى تمثل وسيلة وطريقة للتحليل، بحيث يتم من خلالها التعامل مع جزئيات أو عناصر أو مكونات الظاهرة المعنية، **لتفهم طبيعة علاقاتها الإرتباطية** وهي تتفاعل من أجل تشكيل الظاهرة وجوداً وحركة، **وتقنين هذه العلاقات في قواعد وقوانين وأسس نظرية.** إضافة إلى أنها تبحث في علاقات الظاهرة (ككل) مع

متغيرات البيئة من حولها ، وذلك لتقنين هذه العلاقة، وتحديد القواعد الحركية للظاهرة في علاقتها مع محيطها.

٣- **إن المداخل** تعتمد على عوامل قد تم تحديدها سلفاً، ورؤي أنها تمثل الأساس في تفسير هذه الحركة. وكما يلاحظ فإن هذا يعكس من الناحية العلمية خطأين هما :

أ- إن الإعتماد على فكرة العامل المسبق يعني قدراً من الإنتقائية، أو عدم الحيادية في عملية التفسير، إلا إذا تم إستنتاج هذا العامل في مرحلة سابقة، عن طريق التحليل المنهاجي العلمي.

ب- إن الحديث عن فكرة العامل المتحكم، ومحاولة تفسير حركة الظاهرة على أساسه، يتجاهل فكرة أن هذا العامل نفسه لا يتمتع إلا بأهمية نسبية في هذا المجال. وإن هذه الأهمية النسبية تزداد أو تقل تبعاً لظروف الزمان والمكان والموضوع، لتحل متغيرات أخرى محلها ضمن مسلسل الأهمية .. وهكذا بالنسبة لبقية المتغيرات.

أما المناهج، فإنها تقوم على عكس ذلك، وعندما تبدأ تعاملها مع أية ظاهرة من الظواهر، فأنها لا تنطلق من أية عوامل أو إعتبارات مسبقة، ويبقى حكمها الوحيد ما تراه أثناء تعاملها من وقائع فعلية تعكسها مؤشرات وجود الظاهرة، أو اشكال حركتها. **ولهذا قد تختلف المداخل من باحث لآخر، سواء في موضوعاتها أو نتائجها،بينما لا يتوقع مثل هذا الإختلاف في حالة الدراسات المنهجية العلمية.**

٤- بناء على التمايزات السابقة، فإنه يمكن القول، بأن العمل بالمداخل يأتي بعد عمل المناهج في التعامل مع الظواهر المعنية، وذلك على إعتبار أن المداخل لا تقوم إلا بعد أن يتم التأكد من وجود الظاهرة المعنية، بينما المناهج هي الطريقة الوحيدة التي تقدم ذلك التأكد ، بتحديدها لتلك الظاهرة وتحليلها.

ثانياً – أن الحديث عن مناهج دراسة أي ظاهرة لا ينفصل عن الحديث عن مناهج أية دراسات أخرى، سواء كانت هذه الدارسات متعلقة بالظواهر الطبيعية أو الإنسانية، وإذا

وجدت أية فوارق أو تمايزات في هذا السياق، فإنها لا تكون فوارق أساسية، ولا تنفي الوحدة العامة لأسلوب البحث العلمي المعاصر. وبالتالي ، قد يجد القارئ أن الحديث في موضوعنا (مناهج البحث) لا ينصب مباشرة على ظاهرة محددة بذاتها، أو موضوع بذاته، وإنما على جميع الظواهر المختلفة و الموضوعات الأخرى أيضاً، و في هذه الحالة، عليه أن لا يعتبر بأن هناك خروجاً عن خط العمل، ومسيرته.

٣- حلقات التطور في مناهج البحث:

إن الحديث عن المناهج في دراسة الظواهر المختلفة، يبقى حديثاً مرتبطاً بحركة التطور الحضارية العامة التي شهدها المجتمع الإنساني عبر مسيرته التاريخية، وغالباً ما يلاحظ، بالمتابعة الموضوعية أن حركة التطور المنهاجي كانت إما سابقة على حركة التطور الحضاري، أو موازية لها، إلا أنها لم تكن أبداً تابعة لها، فالمنهج، يسبق المعرفة وخاصة المعرفة العلمية، وقد يتوازى معها، فيكتمل البناء المعرفي مع إكتمال البناء المنهاجي ، أما أن تسبق المعرفة العلمية المعرفة بالمنهج، فهذا يتضمن فرضية لا تنسجم مع نفسها.

وبالمتابعة، فإنه يمكن القول بأن مناهج البحث قد شهدت تطوراً على المستويين الشكلي والموضوعي ، وأنه يمكن تحديد أهم هذه التطورات فيما يلي :

٣-١ التطورات الشكلية (البنائية) : وتتعلق بالمناهج التي تركز على دراسة البنية العامة، أو التركيبة العامة للظواهر ،وهنا فإنه يلاحظ وجود ثلاث حلقات متتابعة ضمن سلم التطور للظاهرة المنهاجية [٤]، وهي :

---

(٤) يلاحظ أننا نفضل إستعمال إصطلاح (حلقات) عند الحديث عن تطور المناهج، والسبب في ذلك هو طبيعة الترابط بين هذه الحلقات وبعضها ، وبصورة يمكن معها القول أنه ما كان يمكن الانتقال من حلقة لحلقة ما إلا بعد إتمام الحلقة السابقة وكما يقول " بوليتزير"، فإنه لا يمكن تعلم رسم الأشياء المتحركة ، دون التعلم مسبقاً على رسم وتحليل الأشياء الساكنة ، أي ما كان يمكن الإنتقال من مرحلة إلى مرحلة دون المرور في المراحل السابقة، لاحظ في ذلك : المؤسسة العربية للدراسات والنشر، في العقيدة العربية الإشتراكية،ة ، (بيروت سلسلة الثقافة الثورة،١٩٧٥،١٦) ص٣١-٣٨.

الحلقة الأولى : وتتمثل في سيطرة أسلوب ومنهاج التفكير " الثنوي " "الإثنيني" أو " التعددي " عبر العصور القديمة، والتي ما زالت تبرز بصورة أو بأخرى في كثير من التحليلات المعاصرة، وإن كان يأتي هذا البروز بصورة عرضية غالباً. ومفاد هذا الأسلوب أنه لم يحاول أن يحتك بالخصائص العامة البارزة للظواهر، وقد يحتك بالظواهر كحقائق كلية، وبقي يتعامل مع الخصائص الثنائية المتصلة، ودرج على تصنيفها في صورة إثنينات، ثنائية الخير والشر، أو الثقيل والخفيف، أو الحسن والرديء، والداخل والخارج .. الخ. دون التفكير في أن مختلف أو معظم هذه الثنائيات منضو في إطار نظام (كل) واحد، وأنها لا تمثل إلا بعض الخصائص السطحية للظواهر المعنية[٥]. وأنه يمكن تمثيل ذلك في الشكل التالي :

---

(٥) لقد استعملت كلمة " الثنويه" و " الأثنينية " "كاصطلاح " عند العرب والمسلمين بعد منتصف القرن الأول الهجري، وذلك للدلالة على نحلة دينية وجدوها منتشرة في البلاد التي إحتلوها، ومصدرها الديانات الفارسية القديمة التي منها " الزرادشتية " التي تقول بوجود الهين هما " أهرمان " و " هرمز " وقد برز إصطلاح زنديق كتعبير عن الشخص الذي عنده هذه الثنوية.

أما الثنوية " كمنهاج " فهي سابقة على هذا العهد بكثير، وغالباً ما كانت تبرز في إطار الفكر الديني والفلسفي كتعبير عن علاقة تناقض بين ظاهرتين . =

=والثنوية " كمذهب" تعود إلى بدايات القرن الثالث الميلادي ، ويعتبر " مانس " " أو مانيشه" من ٢١٥-٢٧٦م مؤسس هذا المذهب، حتى أن البعض يطلق " اصطلاح" المانوية " كمرادف للثنوية، وذلك نسبة لصاحب هذا المذهب .

ودونما عرض للشواهد على قدم هذا المذهب في التفكير، يمكن القول بأنه يقوم على فكرة وجود متناقضين، وتتحلى العلاقة بينهما على المستوى الفلسفي في ثلاث صور هي :

أ- المتناقضان متلازمان مترابطان، كتلازم الحياة والموت، الوالد والولد، والداخل والخارج ..

ب- المتناقضان متخالفان، فوجود أحدهما يمنع وجود الآخر كالجيد والرديء، الخير والشر ..

ت- المتناقضان متصارعان، كصراع الانسان والطبيعة، السيد والعبد.....

لاحظ حسن سعيد الكرمي ، **الثنوية في التفكير** ، (الكويت : مجلة عالم الفكر، وزارة الإعلام ، مجلد ٣، ١٩٧٢) ص ٤٦٩ - ص ٤٧٩.

أيضاً - موريس ديفرجية ، **الأحزاب السياسية**، طبعة سادسة، مترجم على مقلد وعبد الحسن - سعد ، (بيروت ، دار النهار، ١٩٧٢)ص٣.

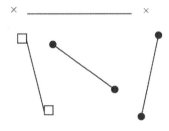

شكل رقم "٣" يوضح بعض الثنائيات ويبرزها دون إطار واحد يجمعها

الحلقة الثانية : وتتمثل في إنتهاء الإعتقاد بأن العالم عبارة عن مجموعة أجزاء وظواهر منفصل بعضها عن بعض، وقد برزت ملامح هذه الحلقة ببروز ما يمكن تسميته " بالمنهاج التفسيري" الذي حاول أن يبحث في أساس وجود هذه الأجزاء، وفي طبيعة علاقاتها مع الكل الذي يحتتضها وتنضوي في إطاره، وهذا ما تركزت فيه مساهمة "ديكارت" التي تقوم على أساس أن المعرفة المؤكدة والواضحة للظواهر والأشياء لا تأتي إلا من خلال المعرفة الحقيقيه بعناصرها، وبأسبابها ، أي علاقة " العلة بالمعلول " أو " السبب بالمسبب". وبالتالي ، فإنه لم يعد بالإمكان الإفتراض بأنه يوجد كل قائم بذاته، ومنفصل عن بقية أجزائه ومكوناته المختلفة.

ورغم التطور الذي ترتب على المساهمات " الديكارتية" ، إلا أن هذه المساهمات بقيت قاصرة عن بحث العلاقات الكلية بين الأجزاء المختلفة، وعاجزة عن إكتشاف طبيعة هذه العلاقة ، وعن إكتشاف وظيفة ودور هذه العلاقة في خلق الكل العام للظاهرة المعنية.وبقي القول محصوراً ضمن فرضية " خاطئة" مفادها، **أن الكل يتأتى نتاج مجموع أجزائه، وأن فهم كل من هذه الأجزاء، وبغض النظر عن علاقاتها ، سيقود بالنتيجة إلى**

فهم الكل المعني، الأمر الذي عكس تصوراً وتحليلاً ميكانيكاً وحسابياً لشكل العلاقة بين الأجزاء وبين الكل الذي يحتضنها. وأنه يمكن تمثيل هذا التصور في الشكل التالي :

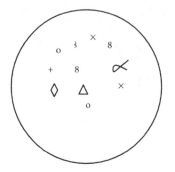

شكل رقم ٤

يوضح فكرة أن الظاهرة واحدة تأتي نتاج مجموع أجزائها

الحلقة الثالثة : وتتمثل في بروز ملامح التفكير الكلي أو الجدلي، وذلك مع بروز "الهيجلية" من جهة ، وفي تأكد العديد من الإكتشافات العلمية، التي غذت مناهج البحث بأدوات متطورة وقادرة على التعمق في كنه الظواهر وإكتشاف جوهرها، وتحديد طبيعة العلاقة التي تحكم جزئياتها، وأثر ذلك في خلق الوضع الكلي الذي يحتضنها .. الخ، من جهة أخرى. الأمر الذي أصبح يولد إتجاهاً جديداً يؤكد خطأ وسطحية التصورات القديمة، ومنهاجية التفكير الثنوي أو التعددي، كما أصبح يؤكد فشل الأسلوب الديكارتي في معرفة كل الحقيقة.

وقد تمثل هذا الإتجاه في تأكيده على **حقيقة أن الكل ليس مجرد مجموع أجزائه، وأن فهم هذا الكل لا يتم من خلال الفهم، ولو التفصيلي لكل جزء من أجزائه على حده، وإنما هو نتاج التفاعل المستمر بين هذه الأجزاء المختلفة. هذا التفاعل الذي يؤكد وحدة الكل، وأساس وجوده، وبدون الفهم الفعلي لقواعد ودقائق هذا التفاعل، لا يمكن فهم الظاهرة المعنية فهماً سليماً وكلياً .**

أدى هذا الإتجاه إلى بروز ما أصبح يسمى **بالتكوينات النظمية**، وبالتالي بـروز عـالم الكليـات إلى جانب عالم الجزئيات، ومناهج البحث الكلي بدلاً من مناهج البحث الجزئي. مع ملاحظـة التأكيـد عـلى أن مبرر أي جزء في إطار النظام الكلي يتركـز كـما يقـول " إينشـتين" في مـدى مشـاركة هـذا الجـزء وطواعيتـه وتفاعله مع الأجزاء الأخرى لخلق المركب الكلي (النسق الكلي) أو (النظام الكلي)،[٦]. وقد أطلـق مسـمى " أسلوب أو مناهج تحليل النظم " على الأسلوب الذي يدرس الظواهر على أساس هـذا الفهـم. وإنـه يمكـن تمثيل هذا التصور في الشكل التالي :

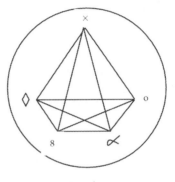

شكل رقم ٥

يوضح علاقات التفاعل بين مختلف أجزاء الظاهرة وبعضها وبصورة تكون نظاماً محدداً كلياً

فما هو منهج تحليل النظم ؟؟

وما هي الكيفية التي يمكن أن يطبق بها ؟؟

أسئلة ستتم الإجابة عليها ضمن المتابعة التالية :

---

(٦) د. محمد حسن يسن ، إبراهيم درويش، **المدخل المعاصر إلى وظائف التنظيم** ، (القاهرة ،الهيئة المصرية العامة للكتاب، ١٩٧٥) ص٥٢٠.

٣-١- منهج النظم وإطار العملية النظمية :

تعددت الأبحاث والدارسات التي أخذت بفكرة التكوينات النظمية (الانساق) للظواهر المختلفة، وبمتابعة بعض هذه الأبحاث، فإنه يمكن إستنتاج مجموعة من العناصر المشتركة التي يقوم على اساسها أي نظام [(٧)] وهي :

---

(٧) من أهم التعاريف المقدمة في هذا المجال ، تعريف د. أحمد رشيد، حيث يعرف النظام، بأنه ذلك " الكل المنظم والمركب الذي يجمع ويربط بين أشياء أو أجزاء تشكل في مجموعها تركيباً موحداً ، وتلك الأجزاء التي يتكون منها النظام تنتظم في علاقات تبادلية بحيث لا يمكن عزل أحدها عن الآخر، ومع ذلك، فكل منها يحتفظ بذاتيته وخصائصه، إلا أنها في النهاية جزء من كل متكامل .

د. أحمد رشيد إدارة التنمية والإصلاح الإداري ، (دار المعارف بمصر، القاهرة، ١٩٧٤، ص٢١).

أيضاً، د. أحمد رشيد ، **نظرية الإدارة العامة** ، دار المعارف بمصر، طبعة رابعة، ١٩٧٧، ص ٢٥).

ويعرفه د. حامد ربيع، " بأنه مجموعة من العناصر التي تملك إطاراً واحداً، وعلاقة أجرائية تربط بينها، بحيث يكون كل منها متكامل مع الآخر بطريقة ذات خصائص متميزة " .

د. حامد ربيع ، **نظرية السياسة الخارجية**، (محاضرات ، جامعة القاهرة، كلية الإقتصاد والعلوم السياسية، إصدار مكتبة القاهرة الحديثة، بدون تاريخ ص ٢٠).

ويعرفه Carl J. Frideh ، بقوله " أنه عندما توجد عدة أجزاء مختلفة ومتميزة عن بعضها البعض، وتشكل كلاً معيناً، ويوجد بينها علاقة وظيفية، بالقدر الذي يخلق إعتماداً كلياً على بعضها، وإن أي تلف في أي جزء من هذه الأجزاء، يستتبع بالنتيجة وقوع تلف في الأجزاء الأخرى. مثل هذا التكوين الذي يشبه المجموعة الفلكية يمكن تسميته بالنظام ".

Irisb, Marian d.&Prothor James W., **The Politics Of American Democracy** – (Prentice Hall, Inc ,N.j. 1965, p.8).

ويعرفه " ديفيد ايستون " بأنه مجموعة من المتغيرات تتمتع بدرجة من العلاقة المتداخله والمتشابكه فيها بينها ".

أيضاً :

Easton , David ,**A System Analysis Of Political Life** (john Willey & Sons , Inc., N.Y 1965, P.21).

Abdel Kader Ali , **Conmporary Dimensions Of Political Theory** – (Shulinary, Cairo 1975, P. 190).

ويعرفه " بول بوريل " بأنه مجموعة من العناصر التي تنم فيما بينها عن نوع من التضامن وعن إرتباط متبادل، على وجه تساهم فيه كلها في تحقيق نتيجة إجمالية، وتقوم الروابط فيها على أساس ثبات العلاقات فيما بينها ".

بول بوريل ، **ثورات النمو الثلاث** ، (ترجمة أديب عاقل، مطبعة وزارة الثقافة والإرشاد القومي، دمشق، ١٩٧٠ ، ص ٢٦).

أولاً - تعدد في المتغيرات، أو العناصر، أو الأجزاء .. (حسب التسمية) التي يتكون منها النظام (النسق).

ثانياً - عدم التشابه المطلق في جميع خصائص تلك المتغيرات أو العناصر.

ثالثاً - إنتظام هذه المتغيرات أو العناصر في كل موحد متطابق. وهذا يفترض وجود عدد من القواسم والتفاعلات المشتركة بين تلك المتغيرات تسمح بتلاقيها وتوحدها في نظام وكيان موحد.

رابعاً - تخضع عملية التفاعل بين متغيرات النظام أو عناصره إلى عدد من القوانين والقواعد المحدده .

خامساً - إن من مؤشرات أو علامات تشكل أي نظام أن يصبح قادراً على أداء وظيفة محددة " **فالنظم تعرّف بغايتها** " وهكذا يصبح النظام أي نظام، تعبير عن كل محدد يتكون من عدد من العناصر أو التفاعلات أو المقومات التي تتفاعل فيما بينها وفق قواعد وقوانين محدده، ويؤدي أداءً وظيفياً مميزاً، وإن توازنه وفعاليته، تخلفه وتطوره..الخ، يعتمد في الدرجة الأولى والأخيرة، على طبيعة هذا التفاعل.

ويهمنا في هذا السياق ، وقبيل الإنتقال لتعريف منهج النظم أن نشير إلى ثلاث ملاحظات نلقي بمعرفتها ضوءا مهماً على شكل العلاقات بين النظم المختلفة، وهل يعيش كل نظام منها بمفرده؟ أم يمكن أن يكون كل منها ذو علاقة ما بنظم أخرى أقل أو أعلى درجة ؟، وهي :

١- أن الله سبحانه وتعالى ما خلق من مخلوق في هذا الكون سواء كان المخلوق جماداً أو كائناً حياً ، من المتناهي في الصغر، وحتى المتناهي في الكبر، إلا وخلقه سبحانه في صورة نظام غاية في الدقة. بل أنه يمكننا أن نصف الأنظمة الكونية بأنها قوانين الله في الكون. ويصبح التحدي للإنسان هو أن يفهم الكون بكل ظواهره على هذا الأساس، وأن يعمل على كشف قوانين أسرار هذا الكون (قوانينه) وتوظيفها لخدمة بقائه وسعادته وتطوره .

٢ - إن الظواهر الكونية متعددة ومتنوعة، ولكنها موحدة في الوقت ذاته، وهذا يعني أنه رغم التسليم بوحدة الكون ضمن جدلية قائمة هي جدلية (الإنسان - الطبيعة)، إلا أن هنالك عناصر وأجزاء مختلفة، تنتظم ضمن هذا الكل الكبير، بصورة أو بأخرى، وتعمل على تشكيله. وأنه لم يعد من الممكن قبول الحديث عن أسلوب وطريقة وجود وإنتظام هذه الأجزاء بشكل عشوائي أو غير قابل للتحليل، ولا بدّ من إخضاعها للبحث العلمي المتواصل.

وقد أبرز الفكر الإنساني حقيقة أن الظواهر وهي تنتظم معا لتخلق كلية محددة، إلا أنها تبقى تحتفظ " بذاتيه " معينة تميزها عن بعضها بعضا، وإن إحتفاظها بهذه الذاتية قد يؤدي إلى بروزها كنظم فرعية في إطار النظام الكلي[٨]، وإن عملية تفاعلها مع بعضها لا تحول دون إمكانية قيام **ما هو أشبه بإستراتيجية لتقسيم العمل فيما بينها**. وبالتالي ، فإن عملية الفهم والتحليل أصبحت تفترض ضرورة النظر لأي نظام من زاويتين :

- **زاوية جزئية** ؛ تتعلق بالخصائص الذاتية لكل عنصر من عناصره أو لكل نظام من نظمه الفرعية ، وهذا يفترض الغوص في تلك الصفات بهدف كشف محاور حركتها، ونواة تحليلها. ومن هنا برزت الظواهر الجزئية المختلفة . كظواهر الفيزياء والكيماء، والأحياء .. الخ. كجزئيات أو فرعيات في إطار نظام الطبيعة، وظواهر السياسة والإدارة والإقتصاد ... الخ. كجزئيات أو فرعيات في إطار النظام الإنساني .

---

(٨) لاحظ : د. صادق الأسود ، **علم الإجتماع السياسي** (مطبعة الإرشاد ، ببغداد، ١٩٧٣، ص ٢٦، ٢٧).
ومما تجدر الإشارة إليه هنا ، ضرورة التمييز بين بعض العناصر أو المتغيرات التي قد تبرز كمجرد أجزاء لنظام معين دون أن تمثل في حد ذاتها نظاماً فرعياً ، وبين تلك الإجزاء التي تمثل في حد ذاتها نظاماً فرعياً للنظام الأكبر، فاليد لا تمثل إلا جزءاً من نظام الكائن البشري بينما الدورة الدموية أو التفسية .. تمثل أنظمة فرعية أيضاً .

- **زاوية كلية؛** تتعلق بالعلاقات الإرتباطية بين مختلف هذه العناصر وبعضها في إطار التكوين الكلي. هذه العلاقات التي يمثل فهمها أساس تقنين حركة النظام الكلي الداخلي وعلاقات أجزائه، وأنه يمكن توضيح هذه العلاقة في الشكل التالي:

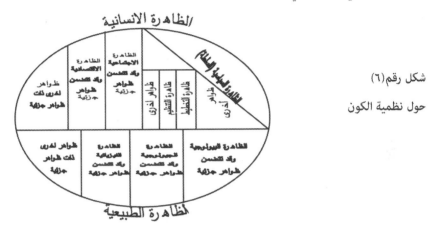

شكل رقم(٦)

حول نظمية الكون

ثالثاً : فلكية الظواهر والنظم المختلفة [٩]، حيث يلاحظ أن هناك تسلسلاً وتداخلاً بين النظم من أصغر حالاتها النهائية وحتى أكبرها، تماماً كماهو حال المجموعات النجمية. فالجزئيات المتناهية في الصغر تكون نظاماً معيناً (نظام أ مثلا). وهذا بدوره يكون مع عدد آخر من الأنظمة الموازية القابلة للتعايش معه (نظام ب،جـ د مثلاً). نظاماً واحداً أكبر (نظام هـ مثلاً)، وهكذا بالنسبة لهذا النظام الذي يشكل في علاقته مع الأنظمة الموازية له نظاماً أكبر ...الخ حتى نصل إلى النظام المتناهي في الكبر. والشكل التالي رقم (٧) يوضح النظام الكوني بدائرتيه الجمادية والحية بكامل ما تشمله آية دائرة من ظواهر جزئية غاية في التعدد والتنوع.

---

(٩) لاحظ : د. أحمد رشيد، **نظرية الإدارة العامة**، (مرجع سابق ، ص ٢٥). أيضاً : د. محمد قنصوه ، د. أحمد رشيد، **التنظيم الإداري وتحليل النظم**، (دار النهضة العربية ، ١٩٧٢، ص ١٠، ١٤، ٢٤٥، ٢٧٢).

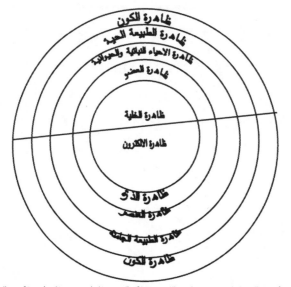

ظاهرة الكون
ظاهرة الطبيعة الحية
ظاهرة الاحياء النباتية والحيوانية
ظاهرة العضو
ظاهرة الخلية
ظاهرة الالكترون
ظاهرة الذرة
ظاهرة العنصر
ظاهرة الطبيعة الجامدة
ظاهرة الكون

شكل رقم (٧) يوضح العلاقات الفلكية بين الظواهر والنظم الكونية

وبعد، وبناء على هذا التقديم لمعنى النظام ، فإن الباحث المعاصر أصبح يجد نفسه وهو يمارس عملياته البحثية أمام عدد من النظم والظواهر بعضها كلي، وبعضها جزئي، الأمر الذي فرض عليه أن يتعامل ضمن مستويين من التحليل ، الأول جزئي والثاني كلي. وأن تعزز هذه النتيجة وتأكدها ، أصبح يقود إلى ما يمكن تسميته بالمنهاج الكلي (منهاج النظم) على إعتبار أنه المنهج الوحيد الذي يمكن من إلقاء نظرة شمولية على الظواهر موضوع البحث . فيحلل أجزاءها، ويتعرف على طبيعة الروابط والعلاقات التي تحكم عملية إنتظام هذه الأجزاء ، وتفاعلها، وأهمية كل منها النسبية في سير العملية.

فما هو منهج النظم ؟؟

وما هي علاقته بالمناهج الأخرى ؟؟

وهل هو بديل لها ، أم هي مكملة له ؟؟

تصل بنا التحليلات السابقة إلى تحديد طبيعة هذا المنهج ، **وتعريفه بأنه ، ذلك الأسلوب الذي يتعامل مع أية ظاهرة على أنها ظاهرة كلية مركبة من مجموعة من المتغيرات أو الأجزاء المتفاعلة والمشابكة وفق قواعد وقوانين محدده.** ويصبح محور دراسته يتمثل في دراسة هذه العناصر، ومتابعة وتحليل التفاعلات الديناميكية بينها ، حيث أن هذا التفاعل هو الذي يقرر بقاء النظام وحيويته، ويحكم حركته وتطوره.

وبإختصار ، أنه المنهاج الذي يبحث في مكونات الظاهرة ، وفي علاقاتها الداخلية (بين أجزائها) وعلاقاتها الخارجية (بينها كلياً أوجزئياً وبين المحيط أو البيئة) ، وفي وظائفها وهادفيتها. وإن تطبيق هذا المنهج يفترض ضرورة تمتع الباحث بنظرة شمولية واسعة وثاقبة، تمكنه من تقديم تحديدات وتحليلات وافية ومحددة لمختلف المتغيرات المتعلقة بالظاهرة المعنية، وجوداً وحركة، وبصورة تؤهله إلى بناء نظرية عامة حول موضوع بحثه. مما يمكنه بالنتيجة من التحكم بمجمل المتغيرات الداخلة في مجال حركة الظاهرة ، وبناء إستراتيجية عمل واضحة ومتكاملة بينها ومعها.

كما أن ذلك يفترض في الباحث أن يقوم بنمذجة المتغيرات المختلفة في شكل مسلسل محدد من الأولويات وبخاصة عند بحث الظواهر الإنسانية ، وبالقدر الذي يجعله يستبعد تلك المتغيرات العرضية التي يتأكد له عدم أهميتها، كما يمكنه من أخذ جميع العلاقات والمتغيرات المتعلقة بالظاهرة المعنية بعين الإعتبار وهذا يفترض ضرورة تعديل وتغيير نموذج الأولويات تبعاً لتغيرات الظرف الزماني والمكاني والموضوعي .

وسيكون في بحث وتحديد إطار عام العملية النظمية مزيداً من الإيضاح لخطوات عمل وتطبيق النظم واساليب تحليلها . وذلك كما سيلي. ولكن ؟ هل يمكن لهذا المنهج أن يقوم بهذا منفرداً؟؟

إن التعقيد المميز لتركيبة النظم المختلفة ، وتأكيد وجود عالم الجزئيات إلى جانب عالم الكليات، يجعل من الضروري أن يستعين محللوا النظم بأية مناهج جزئية، وذلك

ضمن علاقة واضحة ومحددة بين هذه المناهج وبعضها ، وهذا ما سنوضحه عند بحـث شبكة المناهج.

٣-١-٢ معنى العملية النظمية وإطارها العام : يتضح مما سبق أن النظم تتكون نتيجـة التفاعـل المسـتمر بين مختلف المقومات أو المتغيرات المختلفة التي تشكلها وتربطها بها علاقات تأثرية معينة.

ومن ذلك ، يمكن أن يستنتج الباحـث، أهم صفـات العملية النظمية ، عـلى إعتبـار أن عمليـة تكوين النظام نفسه ، هي في حد ذاتها عملية نظمية ، وهي :

أولاً – التفاعل والتغير المستمر[١٠]، والتسليم بهذا المبدأ ، سيقود إلى القول بأن الأشياء أو النـظم لـيس لهـا بداية أو نهاية محددة تماماً، وأنه لا يمكن الفصل بين النظم وعملياتها. وأن الفصل التقليدي الـذي ينطلق من فكرة تجزئة الظواهر والنظر إليها جزءاً جزءاً، بمعزل عن علاقاتها، لم يعد صحيحاً، ولا يقدم إلا بعض المعارف الأولية والمحدودة.

ثانياً – إن أية عملية نظمية، تبقى محكومة بأستمرار بمختلف المقومات والمتغيرات التـي تـدخل في إطار النظام المعني وتشارك في تكوينه.

ثالثاً – إن عملية التفاعل والتداخل في إطار أي نظام تعتبر عمليـة ذاتيـة وحتميـة ومسـتمرة، نحـو تحقيـق هدف نهائي، وهو تحقيق التوازن العام الديناميكي داخلياً وخارجياً. وهـذا لا يعنـي ، أو لا يحـول ، دون أن يكون هناك قدر من التحكم الخارجي في سير هذه العملية، وذلك حسب طبيعـة النظام نفسه، وعلاقاته الخارجية.وهذا هو دور الإنسان في بناء الحضارة من خلال ذلك.

---

(١٠) تعتبر فكرة التغير المستمر فكرة قديمة جداً، وقد أشار إليها " هرقليدس " اليوناني في القرن الخامس قبل الميلاد بقوله، أنه لا يمكن للإنسان الواحد أن يسبح في النهر الواحد مرتين، وذلك سواء للتغير اللحظي في الإنسان، أو النهر، أو كلـيهما .أمـا أهم النظريات التي تؤكد مبدأ التفاعل والتغير، هي النظرية النسبية التي تقول : أنه لا يمكن وصف أو تحليل أي شيء أو حادث إلا في ضوء الأشياء المتصلة به ، أو العمليات التي تتم في مجاله.
لاحظ :د. جيهان أحمد رشتي ، **الإعلام ونظرياته في العصر الحديث**، (القاهرة، دار الفكر العربي، ١٩٧١) ص ٤٦،٤٧.

رابعاً - إن عملية التداخل والتفاعل ليست بالضرورة عملية سلمية أو تلقائية ، بل بالعكس ، فقد تكون ذات طابع عنفي أو ثوري. (وخاصة في حالة تبدل المراكز) أو تكون ذا طابع إرادي (وخاصة في ظل التخطيط الشامل)، وبالذات في مجال الظواهر الإنسانية.

في ظل هذا الفهم لطبيعة العملية النظامية، فإنه يصبح من المستحيل وضع إطار محدد بحدود نهائية ومطلقة ، لهذه العملية. ولكن أهداف البحث وضروراته المنهاجية، تفرض مسألة وضع ترتيب معين للعملية، بشرط أن يتضمن ذلك إقرارا من الباحث، بأنه لا يكتشف بذلك بدايات ونهايات العملية بقدر ما هو يستعين بمنهاج معين يساعد على تقديم التحليل الأكثر منطقية لفهم أبعاد النظام وعملياته، موضوع البحث. وفي ظل هذا المبدأ ، فإن بناء وتقديم إطار عام للعملية النظامية، يبقى ينبع ويتحدد بمجمل الملاحظات التالية(١١).

١- إن مفهوم العملية وهو يرتكز على مبدأ التفاعل يؤكد بأن هذا التفاعل لا يتم في فراغ . بل لا بد من وجود متغيرات مختلفة تشكل المادة الخام الأساسية واللازمة لإتمام التفاعل المشار إليه. وقد درج الباحثون في مناهج وتحليلات النظم، على تسمية مختلف هذه المتغيرات **(بالمدخلات) (Inputs)**. وبالتالي ، فإنه يمكن إعتبار هذه المدخلات - تجاوزا - كنقطة بداية العملية(١٢).

---

(١١) يلاحظ أن كثير من الدارسين للنظم والعملية النظمية يخلطون بين المفهومين، ونجدهم عندما يعرفون النظام يقولون بأنه تعبير عن المدخلات والمخرجات والتفاعلات التي تحدث .. الخ. وهذا خلط كبير لا يجوز حدوثه ويجب التمييز بين النظام والعملية النظمية.

(١٢) يعتبر " ديفيد أيستون" رائدا في هذا المجال، وقد استعمل الإصطلاح للتعبير عن مختلف المتغيرات النابعة من البيئة الكلية للنظام، داخلية أو خارجية، وذلك حتى يمكن للباحثين الإمساك بهذه المتغيرات والتعبير عنها بصورة مبسطة. وكما يلاحظ، فإن إستعمال هذا الإصطلاح ، ذو فائدة منهاجية أكثر منها موضوعية، حيث أن فهم عملية التفاعل الحقيقية لكشف الظاهرة موضوع البحث ، أو لمتابعة عملياتها ، يفرض وبالضرورة العودة إلى تحليل هذه المدخلات لعناصرها الأولية، وفهمها من خلال ذلك .

لاحظ Easton , david , OP.Cit

٢- إن عملية التفاعل والتداخل بين المدخلات، تعتبر عملية تلقائية ومستمرة، إلا ان ذلك لا يلغي

إمكانيات تنظيم هذه العملية، وخاصة في ظل النظم الإجتماعية المعاصرة، حيث يلاحظ أن درجة

التلقائية تبدأ في التقلص كلما إنتقل الباحث من مجال الظاهرة الطبيعية وأحكام النواميس

الطبيعية، التي تعمل بصورة تلقائية غالباً، وإتجه نحو الظواهر الإنسانية، حيث تبرز تكوينات معينة

كالأسرة أو المنظمة أو الدولة ، وغيرها من القوى الأخرى التي فرضت وجودها بحجة التنظيم الفعال

لعملية التفاعل، وترشيدها، والتسارع في تقريب الأفراد والجماعات من غاياتها [١٣].

وبالطبع ، فإن هناك فروقاً بين النظم الإجتماعية المختلفة من حيث درجة تلقائيتها، وذلك تبعاً

لدرجة تحررها من سيطرة السلوك الطبيعي. وأنه يمكن تمثيل هذه الوضعية على مسطرة القياس التالية :

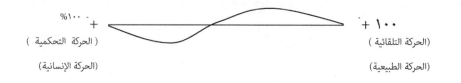

شكل رقم (٨)

حول درجة التلقائية والتحكمية للنظم المختلفة

يمكن إعتبار مثل هذه القوى، بمثابة معامل التكرير، أو أجهزة التحويل(سلطة النظام أو الـ

Processor)، التي تقوم بالتعامل مع المتغيرات المختلفة، وتنسيقها

(١٣) لاحظ :

Mithcell, Joyce & Mitchell, William, **Political Analysis and Public Policy** –(Chicago: Rand McNally & Co., ١٩٦٩)pp.٦٧،٦٩.

وتنظيمها وضبطها ، وهذا ما إصطلح عليه منهاجياً " **بمرحلة أو عملية، "التحول" أو " التشغيل"** (Processing).

٣- إن ما تقوم به القوى الصانعة أو المحولة في مواجهة هذه المتغيرات المختلفة، يمكن تسميته عند إصداره في صورته النهائية (**بالمخرجات**) (**Outputs**).

٤- إن عملية توصيل أو وصول المتغيرات المختلفة لمرحلة التحويل، النهائية، قد يتم من خلال الإتصال المباشر بين أجهزة التحويل وبين المدخلات، حيث تفرض إلحاحاً معيناً، وقد يكون الإتصال غير مباشر، حيث تقوم قوى أخرى بعملية التوصيل. مثل هذه القوى، يمكن تسميتها " **بقنوات الإتصال" أو " ديناميات النظام"**.

٥- إن إصدار المخرجات في شكلها النهائي ، يفترض بالضرورة، إنسياب هذه المخرجات نحو موضوعها حتى تعطي آثارها المطلوبة، التي هي أساس إنبثاقها وإخراجها. وبالطبع فإن هنالك أثرين لهذه المخرجات هما :

أ- آثاراً مباشرة تتعلق بالآثار التي تعود إلى الموضوع أو المتغيرات المقصودةفعلاً والمستهدفة أصلاً (المدخلات).

ب- اثاراً غير مباشرة، وهي التي تعود على بقية المتغيرات الأخرى وأجزاء النظام الباقية ، وعلى النظام ككل.

وإن عملية الإرتداد هذه تسمى **بالتغذية العكسية، أو التغذية الإسترجاعية، ... الخ، (Feedback)**.

٦- إن مبدأ عدم فصل المخرجات عن موضوعها وهدفها ، يفترض ثلاث عمليات لاحقة وجوهرية، وهي :

أ- عملية تنفيذ المخرجات، وما يترتب على ذلك من نتائج نهائية تمثل في الواقع أهم المؤشرات على فعالية العملية والنظام، وقد إصطلح على تسمية نتائج التنفيذ **بالمخرجات النهائية المتحصلة (Out Comes)** .

ب- عملية المتابعة والتقويم ، وذلك كأساس لضبط العملية ونتائجها .

ج- جميع وتخزين التجربة حتى تصبح أساساً لعملية الضبط والتنبؤ.

وهكذا ، فإنه يمكن تمثيل هذا الإطار العام للعملية النظمية. في شكل مبسط للغاية، في الشكل التالي :

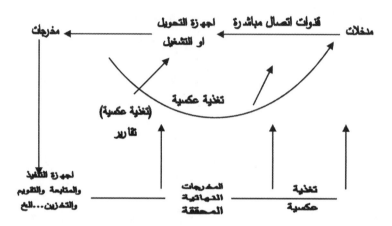

شكل رقم (٩) العملية النظمية

٣-١-٣ تحليل النظم :

إن طبيعة النظام وتركيبته الكلية، وطبيعة البيئة العامة النظمية التي يعيش في إطارها، تفرض على المحلل في مجال الظاهرة المعنية، وخاصة بالنسبة للظاهرة الإنسانية، مشكلة مزدوجة :

جانبها الأول:يفترض حتمية التعامل مع متسويين للتحليل:الأول جزئي والثاني كلي.

جانبها الثاني : ويتحدد وينبع من الجانب الأول أساساً، ومن إطار العملية أيضاً، ويقضي بضرورة أن يبني المحلل نموذجاً للتفاعلات التي تتم بين القوى المشاركة وبعضها، في كل مرحلة من مراحل العملية التي يوضحها الإطار السابق، وكذلك نموذجاً ، للعلاقات بين القوى المختلفة عبر هذه المراحل وبينها.

بالنسبة للجانب الأول : لا بد بداية من الإعتراف بالتداخل والتكامل بين المستويين الكلي والجزئي ، وذلك قبل محاولات الفصل ، خدمة للوضوح المنهاجي. وتبرز ظاهرة

التفاعل والإندماج بين مستويي التحليل بملاحظة إمكانية وضرورة إستخدام المتغيرات الكلية في التحليل الجزئي، أو إستخدام المتغيرات الجزئية في التحليل الكلي. فمثلاً قد يركز الباحث في تحليله الجزئي على سلوك الفرد كوحدة للتحليل، وفي نفس الوقت يستخدم المتغيرات الكلية كمؤشرات، كبيان أثر البيئة مثلاً على الحالة موضوع الدراسة. كما أن المحلل عند المستوى الكلي قد يقوم بتكوين فرضيات عن مكونات السلوك الفردي، حتى يتمكن من فهم طبيعة التفاعلات والعلاقات بين المتغيرات الفاعلة على هذا المستوى.

صحيح أن آثار المتغيرات الجزئية قد لا تظهر مباشرة، وبوضوح، في إطار النظرية الكلية عندما تصل شكلها النهائي، إلا أن استخدامها يبقى مفيداً، وربما اساسياً، حيث أنه لا يمكن فصل أي نمط من أنماط السلوك لأي ظاهرة إنسانية مثلاً عن دراسة أنماط الشخصية الإنسانية .. وما يتعلق بها من تفاعلات(١٤).

إزاء هذا الوضع ، فإن عملية تحليل النظم تصبح بالغة التعقيد، وخاصة إذا تعدى الأمر مجرد النظم البسيطة، ليتم التعامل مع النظم المركبة التي تعبر عن مسلسل من الأنظمة الرئيسية والفرعية الأخرى. أوإذا كان موضوع البحث لا يقتصر على عملية التحليل لنظام معين فحسب، ويمتد ليتركز في مقارنة بين عدد من النظم الأخرى الموازية. وفي هذه الحالات فإن عملية التحليل قد تتم بأحد أسلوبين:

١- **الأسلوب العامودي :** ويقوم بتناول كل نظام على حدة، ثم يتم تحليله بالبدء في تحديد نظمه الجزئية والثانوية عبر التسلسل النظمي في داخله، ثم تناول كل

---

(١٤) لاحظ :د. حامد ربيع، **مقدمة في العلوم السلوكية** ، (محاضرات، الجزء الثاني ، جامعة القاهرة)، كلية الإقتصاد والعلوم السياسية (القاهرة مكتبة القاهرة الحديثة، ١٩٧١)، ص٤، ٨.

يشير : "جورج هامانر" إلى هذه العلاقات، فيقول أن هنالك قضايا نفسية هامة يجب أن لا يغفلها أي محلل للسلوك الإنساني إذا اراد أن يدعي لتحليله قدراً معقولاً من التكامل والإنتظام، حيث أن هذه المتغيرات تساعد على وصل وربط المتغيرات الكلية.

لاحظ : د. علي عبد القادر، **مقدمة في النظرية السياسية** ، (القاهرة : شق ليناري للنشر والتوزيع ، القاهرة، ١٩٧٤) ص ١٣٧.

مستوى (بدءاً بالمستوى الأصغر) بالتحليل، مع الأخذ في الإعتبار مسألة أن النظم في المستوى الأدنى هي التي تشكل المستوى الأعلى منها، وهكذا حتى النظام الأكبر. وإذا كان المطلوب هو مقارنة النظام الكلي الذي يتم تحليله مع نظام كلي آخر مواز له، لا بد من تحليل النظام الآخر بنفس الطريقة ، ومن ثم تتم المقارنة بين النتائج النهائية في التحليل .

فمثلاً إذا كان هنالك نظامين كليين هما ، أ، ب، يتكون كل منهما من نظم جزئية هي (ن، ص، ع)، ($ن_1$، $ص_1$، $ع_1$) على التوالي . وكل من هذه النظم الجزئية يتضمن نظماً فرعية أخرى هي ("جـ د، هـ")،(و، ز، ح، ط، ى) و ("جـ١/،د١/، هـ١/)، (و١/، ز١ /، ج١/، ط١/، ى١/") على التوالي، فإن عملية التحليل تتم بدراسة كل من النظم الفرعية النهائية في النظامين وذلك لفهمها أولاً، والإنتقال من خلالها لفهم كل من النظم الجزئية فيهما، وبالتالي لفهم كل من النظامين الكليين والمقارنة بينهما.

٢- **الأسلوب الأفقي :** ويقوم عل اساس تحديد الأجزاء أو النظم الفرعية النهائية في النظام الكلي، ومن خلالها ينتقل لفهم النظام الكلي دونما مرور بالتسلسل النظمي. وفي هذه الحالة، فإن المقارنة بين النظامين الكليين، كما في المثال السابق، قد تتم من خلالها تحديد العلاقات بين النظم الفرعية وبعضها البعض مباشرة، كان تفهم العلاقة بين (جـ١،د١،هـ١) وبين (جـ١/، د١/، هـ١)، وكذلك بين (و، ز، ح،) و (و١/، ز١/،ح١/)، وبين (طـ ى) و (ط ١/، ى١/).

وكما يبدو، فإن الأسلوب الأول، يؤكد على الإطر الهيكلية أو النظامية التي تحكم الأنظمة المختلفة وتفصلها عن بعضها، وهذا ما يجعله مفيداً بالنسبة للنظم التي تسودها العلاقات النظمية المستقلة نوعاً ما، كما الحال في مجال العلاقات الدولية.

بينما يلاحظ أن الأسلوب الثاني لا يؤكد كثيراً على الاطر الهيكلية، وبالتالي فأنه يكون أكثر إمكانية في إطار النظم الداخلية أو المجتمعات الفدرالية أو غيرها ، مما يمكن من وجود علاقات بين فروع الأنظمة فيها.

بالنسبة للجانب الثاني : فإنه يدخل الباحث في زاوية أكثر عملية وواقعية، ويطالبه بتوضيح كيفية سير العمل داخل المستويات والمراحل التنظيمية العملياتية، وغيرها. وهذا ما يجعل الباحث على إتصال مباشر بالعملية السلوكية (حيث مجال البحث يتعلق بالظواهر الإنسانية) بكل تعقيداتها.

٣-١-٤ نتيجة :

يستفاد مما سبق ، أن على الباحث المعاصر أن يخرج من شرنقة البحث الجزئي والنظرة المحدودة، إذا أراد لبحثه قدراً من التكامل والواقعية أخذاً بالإعتبار مجمل التحولات والتشكلات الجزئية في داخل كل منها ، وفي البيئة من حولها.

والباحث في هذا المجال، يركز على أهمية منهج النظم ، منطلقاً من التحديد السابق لمعنى النظام، وعلى إعتبار أن النظام ليس مجرد بناء أو مقومات بنائية فحسب، بل هو شبكة من العلاقات ونسقاً من الوظائف أيضاً.وبهذه النتيجة ، يحقق الباحث قدراً من الإنسجام مع منطق (**المونـد**) الذي رفض النظرة للنظام كمجرد بناء فحسب[١٥].

٣-٢ التطورات الموضوعية، وهي التي تتعلق بمدى إرتباط المنهج وإحتكاكه أو إتصاله المباشر بموضوع الظاهرة وجوهرها، وتفاعلاتها، وإنه يمكن رصد ثلاث حلقات منهجية وهي:-

الحلقة الأولى: وتتمثل في أسلوب الملاحظة البدائية، وتعرف الملاحظة البدائية، بأنها تلك الملاحظة السـريعة التي يقوم بها الإنسان في ظروف الحياة العادية، ولا تتعدى كونها مجرد عملية حسية ، أو أسلوباً ثانوياً في التفكير، حيث أنها لا تتضمن ما يمكن تسميته بالتدخل

---

(١٥)لاحظ:جابريل المونـد،**التنمية السياسية**،(عرض سليمان دمير،الأهرام الإقتصادي،عدد ٣٨٤، ١٩٧٢،ص ٤٤-٤٥).

الإيجابي من جانب العقل، بهدف التعامل مع موضوع الملاحظة وإدراك الصلات الخفية التي قد يتضمنها. ويمكن التمثيل على ذلك، ملاحظة أن الإنسان يستنشق الهواء ويتنفس حتى يبقى على قيد الحياة، أو أنه مجذوب إلى الأرض بإستمرار ، أو أن الحروب تلحق الأذى بالحياة الإقتصادية أو الإجتماعية.. الخ. إلا أنه لا يتعدى مجرد هذه الملاحظة ليقوم ببحث العلل الحقيقية وراء هذا الوضع، كما أنه لا يستهدف تحقيق غاية نظرية أو علمية من ذلك. ويبقى يرى أن الظواهر التي يلاحظها منفصلة تماماً عما عداها من الظواهر الأخرى[١٦].وقد مثلت هذه الملاحظة الأسلوب الأول للمعرفة منذ أن خلق الإنسان على الأرض. صحيح أن الملاحظة البدائية هي أول قنوات المعرفة إلا أنهافي كثير من الأحيان تكون مصحوبة بالملاحظة العلمية وبخاصة كلما استحث الإنسان طاقته العقلية، ولما كان الإنسان يتميز بالعقلانية أساساً فأنه عمل على إستخدام ذلك في كثير من الملاحظات التي أدت به إلى اكتشافات الإنسان القديم المتواصلة. ولم تزل تلعب هذا الدور في حياة البشر بشكل عام، ولعلنا نجزم القول أنه لا يكاد يوجد إنسان مهما كان يبدو علمياً أو متعلماً إلا وتمثل الملاحظة البدائية أسلوباً فعلياً لبعض معارفه.

الحلقة الثانية : وتتمثل فيما يسمى بمرحلة التفكير الميتافيزيقية والتصورات الوجدانية، ويقوم هذا الأسلوب في التفكير، على أساس أنه يحاول تفسير الظواهر المختلفة بإعادة أسباب وجودها وتشكلها الأولى، إلى عوامل وظورف تصورية تخيلية غالباً، سواء كانت هذه الأسباب لاهوتية ، أي إعادة أسباب الظواهر وحالاتها إلى قوة الآلهة، أو إلى أسباب وقوى خفية تقع خلف الكون أوالطبيعة [١٧].

---

(١٦) لاحظ في ذلك د. محمود قاسم ، **(مرجع سبق ذكره)** ص ١١٠-١٢١.

(١٧) يقدم " كونت" ما أسماه بقانون الحالات الثلاث الذي يعتبر أن إكتشافه له هو أساس إكتشافه ، حسب قوله، لعلم الإجتماع.والحالات الثلاث تمثل تعبيراً عن نظائر الحلقات المنهاجية الثلاث المقدمة. الحالة الأولى هي **حالة اللاهوتية**، حيث يتم= =تفسير الظواهر فيها على أساس إرادة الإلهة والأرواح الخفية. **والحالة الميتافيزيقية**، وهي إمتداد للحالة السابقة، وتمثل أساس هدمها، حيث استعاضت عن القوى الإلهية بالقوى الطبيعية **والحالة الوضعية**، وهي حالة التفسير العلمي الواقعي .

وكما يلاحظ ، فإن التفكير طبقاً لهذا الأسلوب يعبر عن مدخل ديني أو فلسفي، أكثر منه منهجاً علمياً أو موضوعياً. وإن الإعتراف بوجود ما يسمى بالإرادة العليا الخفية لا يتنافى مع مقتضيات التفكير العلمي، وبخاصة إذا كان يقصد بهذه الإرادة إرادة (الله) كما تتجسد في الفكر الديني الأسلامي. حيث يمكن التمييز هنا بين مسألتين هما:

أ- المشيئة، وهي التعبير الفعلي عن الإرادة الآلهية أو القضاء والقدر، وهي التي تقف وراء عملية خلق الظواهر و الحكمة منها، وهي التي تضع في كل ظاهرة قوانينها التي تحكم وجود هـذه الظواهر وحركتها.

ب- العلل أو الأسباب الأولى وهي القواعد والقوانين التي تحكم التفاعلات الموضوعية التي تتشكل الظواهر أو تتحرك على أساسها.

وبالتالي ، فإن البحث في العلل أو الأسباب الأولى يبقى بحثاً موضوعياً، ولا يتنافى مـع التسليم بوجود إرادة عليا خفية تقف بمشيئتها وراء الأسباب الأولى. وأن البحث في الأسباب الأولى، لا يشترط البحث في هذه المشيئة ولا في الإرادة العليا التي تنبثق عنها ، وأن أي عملية بحث تحاول الإنصراف إلى ذلك ستكون عملية عقيمة ولا طائل منها لأنها تتعامل مع قوة تقع فـوق العقـل أصـلاً، بـل هـي القـوى الخالقة للعقل نفسه.

الحلقة الثالثة : وهي التي تتمثل في بروز ما أسمي بمنهج البحث العلمي، وهو الذي قاد عمليـة الوصـول إلى المرحلة الحضارية المعاصرة ولم يزل يقود حركة التاريخ إلى أن يشاء الله. ويتمثل هـذا المنهج ، في ثـلاث صور تبدو في حقيقتها كبدائل أكثر منها أنواعاً متكاملة. فالمنهج العلمي لا بدّ أن يكون منهجاً واحداً لأن الحقيقة العلمية لا بد من أن تكون واحدة، وأن تعددية المناهج يلغي علميتها، أما بروزها كبدائل فهذا أمر مقبول حيث تختلف طبيعة الظواهر أو الموضوعات التي يتعامل معها الإنسان بالبحث مما قد يحول

لاحظ : د. محمود قاسم (المرجع السابق) ، ص ٤٢٣- ص٤٢٨.

دون إمكانية تطبيق أحد المناهج فيتم إستبداله بآخر أكثر قابلية للتعامل مع الظاهرة المعنية، وهكذا ... وإنه يمكن التمييز في هذا المجال بين ثلاثة مناهج هي:-

أولاً : " المنهج العقلي" " أو المنطقي " (١٨).وهو الذي يضع التفكير العقلي أو النظري، البحث في موقع الصداره، ويعتمد على الإستدلال المحض . وقد إرتبط هذا المنهج منذ بدايات تشكله بالمنطق، وقد استخدم مفهوم المنطق للتعبير عن هذا الأسلوب أكثر مما استخدم مفهوم العقل، وذلك ضمن الفهم المتواصل للمنطق بإعتباره علم قوانين الفكر، أي العلم الذي يدرس قوانين التفكير الأساسية وذلك بصرف عن النظر عن مادة هذا التفكير أو موضوعه، وهو معني بصحة الإستدلال ، وسلامة الإنتقال من المقدمات إلى النتائج، **ولا شأن له بالحكم على مدى إنطباقها أوعدم إنطباقها على الواقع التجريبي.** كما يدرس التصورات والمفاهيم ومدى إتساقها ، وإنتظامها في علاقاتها ببعضها بعضاً. نشأت بدايات هذا المنهج منذ القديم، ويستطيع الباحثون أن يجدوا لذلك مقدمات في كل العصور بإعتبار أن الإنسان يتميز بالعقل ، وأن وظيفة العقل الأولى هي التفكير والتدبر سواء كان ذلك فيما يحيط بالإنسان من ظواهر (عالمه الخارجي)، أو في عملية التفكير ذاتها.

إلا أن النشأة الفعلية الناجحة قد أبتدأت منذ القرنين الرابع والثالث قبل الميلاد على يد الفيلسوف المعلم " آرسطو" الذي قدم أفكاره تحت عنوان "تحليلات" وأسماها تلامذته " بالأورجانون " أي " أداة أو آله التفكير" ولم يستخدم مصطلح " منطق " إلا الأسكندر الأفردويسي ـ في القرن الثاني الميلادي ، وذلك لأول مرة.

---

(١٨) لاحظ في عرض هذا المنهج : د. يحيى طريف الخولي، **فلسفة العلم في القرن العشرين،** سلسلة عالم المعرفة. جون. ديكسنون: العلم والمشتغلون بالبحث العلمي .. مرجع سابق ص ٧٠-ص٨٠، عدد ٢٦٤- (الكويت ، المجلس الوطني للثقافة والفنون والآداب، ٢٠٠٠) ص ٢٦٠ -ص٢٦٦.
د. محمود قاسم ، **المنطق الحديث ومناهج البحث** ص٢٢-٤٦ ، مراجع سابقة .

لقي هذا المنهج، إهتماماً وتطويراً من الرواقيين ، كما أصبح مطروحاً بوضوح في الحضارة الإسلامية ، وأسماه بعض الفلاسفة المسلمين بعلم الميزان، أي الذي توزن به الحجج والبراهين، وقد انتقل المد العقلي إلى أوربا من خلال المسلمين حيث عمل آباء الكنسية الكاثوليكية على إعادة إكتشافه في القرن الثاني عشر الميلادي، وبدأت مرحلة جديدة من الإزدهار لهذا المنهج حتى منتصف القرن الرابع عشر، حيث ابتدأ يسود الإعتقاد بأن المنطق غير ذي نفع كبير ما دام لا يصلح لبحث الظواهر الكونية المحيطة بكامل زخمها وتعقيدها، وهذا ما أدى إل ضعف هذا المنهج وتجميد العمل به، إلى أن عاد للانبثاق من جديد في منتصف القرن التاسع عشر وذلك نتيجة للتطورات التي شهدها علم الرياضيات البحتة والرياضيات التطبيقية التي تعتمد في كثير من بناءاتها وسياقاتها على المنهج العقلي . وقد إبتدأت هذه العودة لهذا المنهج في قالب مختلف حيث ركز المفكرون على ضرورة الربط بين التفكير العقلي والواقع التجريبي، وأنه لا بد من إستخدام هذا المنهج في فهم الطبيعة ، وكما قال "روجربيكون" أنه لولا علم الرياضيات والتفكير الرياضي العقلي لاستحال علينا أن نعرف ظواهر هذا الكون معرفة صحيحة. ويلاحظ ذلك لدى " ليونارد ديفنشي" الذي يمثل أحد قادة عصر النهضة الأروبية، حيث أكدّ على ضرورة الحذر من الإرتهان كما أسماه "**بالخيال العقلي**" الذي لا يعتمد على الملاحظة والتجربة بإعتبارهما أساس الصدق الذي لا يصلنا إلى أي خديعة، وأنه ينبغي إدراك أن الطبيعة لا تكشف عن نفسها لعقولنا وإنما لحواسنا، وهذا ما أدى إلى بروز ما أسمي **" بالإتجاه الحسي أو التجريبي"**. ولم يتم التطوير الحقيقي للمنهج العقلي إلا بعد مجيء " فرانسيس بيكون" الذي رفض فصل الملاحظة والتجربة عن المعالجة العقلية، وأكد على ضرورة الجمع بين المنهج العقلي والمنهج الحسي ، لأن الملاحظة والتجربة الحسية لا تكفيان وحدهما ما لم يتدخل نشاط العقل، وقد شبه " التجريبيون " بالنمل الذي لا يفعل شيئاً سوى أن يكدس مواد الغذاء ليقوم بإستهلاكها فيما بعد، وشبه "العقليون" بالعناكب التي تستمد من نفسها مادة نسيجها . وقد مثل " جاليلو" ابرز من جسد أفكار " بيكون"

في الجمع بين المنهج العقلي والمنهج الحسي، حيث كان جاليلو يبدأ بوضع الفروض التي يتخيلها في صورة رياضية ثم يستنبط منها النتائج التي تتصل بها، ثم يتحقق من صدق هذه النتائج بطريقة تجريبية. وهذا ما أكده أيضاً "ديكارت" الذي أكد على أهمية المنهج العقلي وطالب بضرورة عدم التسليم بأي شيء إلا إذا أصبح بديهياً في نظر العقل، وأن يكون في مأمن من كل ما يدعو إلى الشك، وأكد في ذلك على أهمية الإستنباط الرياضي، واعتبر أن علم الكائنات الحية إمتداد لعلم الطبيعة، وأن علم الطبيعة إمتداد لعلم الرياضيات. وإنه إذا كان يمكن لمرء أن يكتفي في بعض العلوم بإستخدام التفكير العقلي الإستدلالي البحت دون الإستعانة بالتجرية ، كما الحال في الرياضيات والمنطق الشكلي ، إلا أنه لا بدّ من الإستعانة بالتجربة أيضاً في الحالات التي لا نستطيع التأكد من نتائجنا إلا من خلالها. وهكذا بدأ التحول نحو المنهج العلمي الحديث الذي يجمع بين المنهج العقلي الإستدلالي وبين الملاحظة والتجربة وهو ما أسمي بالمنهج التجريبي[١٩] .

ثانياً : المنهج التجريبي : وهو الأسلوب الذي يقوم على أساس التعامل المباشر والواقعي مع الظواهر المختلفة، وكما يقول " كلود برنارد" إنه المنهج الذي لا يعترف بسلطان آخر سوى سلطان الظواهر والأحداث الواقعية [٢٠]، ويقوم هذا الأسلوب على ركيزتين أساسيتين هما :

أولاً : الملاحظة بشكليها البدائي والعلمي، حيث أن الملاحظة، وخاصة البدائية منها، تقدم أولى المؤشرات التي تدلل على وجود" ظاهرة ما"تستحق مزيداً من البحث والتحليل.

---

(١٩) يقصد بالمنطق الشكلي ما يتميز به أرسطو وتابعيه والذي يقوم على القياس المستند إلى البنى والتراكيب اللغوية أكثر منها الجوانب الموضوعية أو الجوهرية ، وذلك كالقول أن : أرسطوا إنسان وكل إنسان فان ، إذن أرسطو فإن . وفي صيغة أخرى تكشف خطأ هذا الأسلوب القول مثلاً أن الأسد شجاع ، وحسام شجاع إذن حسام أسد .. ولن يكون حسام أسدًا.

(٢٠) د. محمود قاسم ، مرجع سابق ، ص ٣٩.

أما الملاحظة العلمية ، فهي كما تبين سابقاً تعتمد على تدخل العقل فيما قدمته الملاحظات البدائية، وذلك كأساس للتعامل العلمي مع ذلك. هذا بالإضافة إلى دورها الرئيسي أثناء وبعد عمليات التجربة التي تشكل الركيزة الثانية [٢١].

ثانياً - التجربة بأنواعها المختلفة المرتجل منها والعلمي، المباشر وغير المباشر [٢٢]. **المختبري Experimental** التي يتم إجراؤه في المختبرات أو **الميداني Imperical** وهي التي يتم إجراؤها في الميدان. فالتجربة على خلاف الملاحظة ، فإنها لا تنحصر في مجرد رؤية الظاهرة أو فحصها على النحو الذي تكون عليه في وضعها الطبيعي، أي الإكتفاء بالإصغاء إلى الظاهرة ومتابعة حركتها دون التدخل فيها، وإنما تتعدى ذلك إلى التدخل في الظاهرة المعنية وفي حركتها، وذلك بإخضاعها لتأثيرات مختلفة بهدف إكتشاف أية علاقات محتملة بين عناصر الظاهرة وبعضها بعضاً أو بينها وبين غيرها من الظواهر الأخرى، وذلك بهدف تحديد هذه العلاقات وفهم قواعدها وقوانينها.

ويهمنا في هذا المجال أن نشير إلى الفارق القائم بين مظاهر التطور المنهجي من الناحية الشكلية، وبين المظاهر المناظرة من الناحية الموضوعية، ويتبلور هذا الفارق في أن

(٢١) إن الملاحظة والتجربة وهما تعبران عن مرحلتين في البحث العلمي، إلا أنهما متداخلتان من الناحية العملية، فالباحث يلاحظ أولاً (وغالباً ما تكون ملاحظة بدائية)، ثم يجرب، ثم يعاود يلاحظ سير عمله ونتائجه (وهي الملاحظة العلمية بالضرورة).

(٢٢) يقصد بالتجربة المرتجلة تلك التي تقوم على أساس التدخل في ظروف الظواهر لا للتأكد من صدق فكرة علمية محددة، بل لمجرد رؤية ما يترتب على هذا التدخل من آثار، وغالباً ما يتم اللجوء إليها في المرحلة الأولى من البحث. أما التجربة العلمية فهي التي تأتي أخيراً لوضع الفرضية موضع إختبار وتأكد. أما التجربة غير المباشرة فهي تلك التي يتم إجراؤها في الحالات التي يتعذر= =التعامل المختبري المباشر، فيتم بناء نماذج مصغرة أو مشابهة أو مناظره والعمل من خلالها للوقوف على النتائج المتوقعة. كنماذج الكمبيوتر في احداث تجارب تفجيرات نووية أو نماذج تتعلق بالأجرام السماوية وتفاعلاتها ...الخ. ويستغل الباحث ذلك فيقوم بملاحظة سيرها ونشأتها ونتائجها عن كثب ، ويكون ذلك في الحالات التي يصعب إحداث تجارب عملية مباشرة في الأساس .

المرجع السابق ، (ص =د١٢٧-١٤١).

لاحظ أيضاً : د. فاخر عاقل، اسس البحث العلمي في العلوم السلوكية، (بيروت، دار العلم للملايين) ص ٨٨-٩٣،

" منهج النظم " الذي يمثل آخر حلقات التطور المنهجي من الناحية الشكلية يعتبر قابلاً للتطبيق والتعامل مع جميع الظواهر، سواء كانت ظواهر طبيعية أو ظواهر إنسانية. أما بالنسبة للمنهج التجريبي بركيزتيه (الملاحظة و التجربة) وبمحتواه الفيزيائي، فإنه يختلف عن ذلك ويبدو مقتصراً في أغلب الأحيان على التعامل مع الظواهر الطبيعية فحسب.

فإستخدام الملاحظة في التعامل مع الظواهر الإنسانية لا يعتبر أمراً يسيراً، لأن الباحث نفسه يقع في وسط الظواهر التي يسعى لملاحظتها، وكما هو معروف فإن الملاحظة لا تكون جيدة تماماً وموضوعية إلا إذا وضع الباحث نفسه خارج الظاهرة التي يلاحظها. وكما يقال عادة فإن الإنسان لا يستطيع أن يرى الغابة وهو يسير في داخلها وتقتصر رؤيته على بعض الأشجار فقط، أما إذا أراد أن يرى الغابة فعليه أن ينظر إليها من الخارج.

كذلك الأمر بالنسبة للتجربة التي يبدو الأمر فيها أكثر عسراً وتعقيداً، فعلى الرغم من أن الظواهر الإنسانية أكثر قابلية للتحليل من غيرها، إلا أنه ليس من السهل ، أو من الممكن للباحث أن يستخدم فيها اساليب التجربة العملية الحقيقية بالمعنى الفيزيائي (أي التعامل المخبري). صحيح أنه يمكن إخضاع بعض الظواهر ودارستها ميدانياً، إلا أن ذلك لا يضمن التحديد الكامل للظواهر الإنسانية، ولا التعامل المباشر منها، مثلما هو الحال في الظواهر الطبيعية.

وحتى تحقق الملاحظة والتجربة دورهما الحقيقي في بناء هذا المنهج لا بد من إلتزامهما ببعض الشروط الأساسية:

أ) **أن تلتزمان بالموضوعية،** أي الدقة التامة، بحيث لا يكون للباحث أي إهتمام أخر أثناء عملية الملاحظة والتجربة حتى لا يقع في أي أخطاء، وأن لا يتعدى دوره في علاقته بالظاهرة محل البحث مجرد المشاهد والمستمع الذي يدون ما تمليه عليه الطبيعة أو الحقيقة كما يقال . كما أن عليه التأكد من أنه أخذ جميع العناصر والمتغيرات بالإعتبار، وبخاصة أن هناك عناصر ومتغيرات قد تكون غير بارزة وتحتاج إلى التبصر

والصبر الكافيين لكشفها. وعليه أن يستخدم الأدوات الدقيقة وهـو يـدون ملاحظاتـه ويرصـد تجاربـه، وأن يكون قادراً على عزل تجاربه عن أي ظروف أو متغيرات خارجية أخرى لادخل لها بالموضوع.

ب) **أن يقيم الباحث ملاحظاته وتجاربه على قاعدة ناجحة** من الفهـم النظـري لموضـوعه ، فاليـد المـاهرة لاتقودها إلا رأسٌ مفكره، ولا بد أن تسبق الفكرة الممارسة.

جـ) **أن تلتزمان بالحيادية** والبعد عـن الهـوى أو المصـلحة أو الانفعـال، وكـما قـال " لـوريش" يجـب عـلى الباحث أن يعرف كيف يسيطر على هواه، وأن المدخل الأسـاسي لـذلك هـو ان يكـون قليـل الإعتـزاز بالنفس ومحتقراً للغرور.

د) **أن تعتمدان على فطنة الباحث** الذي قد يكتشف أشياء أخرى ليست في الحسبان، وتبرز أثناء التجربة، وحتى لا ينسى أو يهمل أي شيء قد يمر خلال ذلك، مع الحرص على عدم إدخال الخيال أو الإسـتنتاج غير الواقعي في نتائج ملاحظاته.

ثالثاً:منهج المقارنة :وقد تم التوصل إلى هذا المنهج ليكون هو المنهج العلمي المتبع في الحالات التي يتعـذر فيها تطبيق المنهج التجريبي . ويهدف هذا المنهج إلى دراسة العلاقات بين العنـاصر أو الظـواهر المختلفـة، والوصول منها إلى نتائج وتعميمات محددة تمثل في النهاية مجموعة القوانين أو المبادئ أو المعارف العلمية حول هذه الظواهر وعلاقتها، وتتم هذه المقارنة من خلال ثلاثة أشكال رئيسية هي :

أولاً – المقارنة المكانية : وهي التي تتم بـين مجتمعـين أو أكـثر، سـواء كـان هـذان المجتمعـين محليـين أو إقليميين أو دوليين.

ثانياً - المقارنة الزمانية أو التاريخية ، وهي التي تتم بين مرحلتين أو فترتين زمانيتين أو أكثر.

ثالثاً – المقارنة الموضوعية : وهي التي تتم بين ظاهرتين أو موضوعين وأكثر.

فما هي أهمية كل شكل من هذه الأشكال في عملية البحث العلمي ؟؟

وما هي طبيعة العلاقة الممكنة بين هذه الأشكال وبعضها ؟؟

إن الإجابة على هذين السؤالين تفترض مزيداً من المتابعة :

فيما يتعلق بمنهج المقارنة المكانية، فإنه رغم إعتباره شكلا من أشكال المنهج العلمي، إلا أنه قد حظي بقدر قليل جداً من التأييد، وبصورة ظلت تشكك في جدوى الإعتماد عليه في مجال البحث العلمي. ويعود ذلك إلى كون المقارنة التي ظلت تتم على أساسه لا تتعدى في نتائجها حدود وظيفتين أو أحدهما ، وهما :

أولاً - التعرف على بعض التجارب ذات الصلة بموضوع البحث المعني في بعض البلدان أو المناطق ، وذلك بالتركيز على مزايا وعيوب هذه التجارب، ومدى إمكانية الإستفادة منها في مناطق أخرى.

ثانياً - التعرف على بعض التجارب، بهدف معرفة وتحديد أوجه الشبه والإختلاف فيما بينها، وذلك لتحديد ظروف الظاهرة محل البحث في كل منها .

وكما يلاحظ من فهم هاتين الوظيفتين فإن المقارنة تبقى ضعيفة وعاجزه عن متابعة حركة الظاهرة التي هي محل البحث، وفهم قوانينها. كما أنها لا تكشف ولا تميز بين الصفات والعوامل الأساسية، وبين الصفات والعوامل الثانوية، المتعلقة بوجود الظواهر وحركتها. وبالتالي فإنها تبقى عاجزة كما يعتقد عن تقديم تأصيلات نظرية مجردة .

ولكن، ألا يمكن أن يتطور إستعمال هذا الشكل، حتى نتمكن من الإنتقال به من التعامل (السكوني) أو (الإستاتيكي) مع الظواهر ، ليصبح قادراً على متابعة حركة الظواهر وعلاقتها المختلفة مكانياً (أي تعامل ديناميكي) بهدف الوصول إلى تجريدات وتأصيلات معينة ؟؟

إن الإجابة على هذا التساؤل تفيد بإمكانية ذلك، وأن هذا الشكل يمكن أن يمارس هذه الوظيفة إذا ما توافرت فيه الشروط التالية.:

أ- أن تتعدد التجارب التي يتم أخذها كعينة للدراسة ، فكلما زادت مفردات، العينة وتعددت التجارب ، كلما أمكن الإطمئنان إلى إمكانية التوصل إلى تجريدات أكثر عمومية.

ب- أن يتم رصد الفوارق البيئة التي توجد بين مفردات العينة، ومحاولة تحليل الآثار الناجمة عنها، وعلاقتها بحركة الظاهرة موضوع الدراسة، وذلك حتى لا يتم إهمال أي من المتغيرات التي قد تكون ذات أهمية أساسية في تشكل وجود الظاهرة المعنية أو في حركتها.

جـ عدم اللجوء لأسلوب بحث المزايا والعيوب، أو بحث أوجه الشبه والإختلاف وحسب، والإنتقال إلى بحث العلاقات بين جزئيات الظاهرة المعنية، أو العلاقات التي تنسجها هذه الظاهرة مع غيرها ، ومتابعة حركة هذه العلاقات في إطار كل مفردة من مفردات العينة، ورصد هذه الحركة في صورة تجريدية يمكن أن تكون بمثابة قاعدة أو أساس نظري قابل للتعميم.

د- عدم الإعتماد على مجرد هذا الشكل من المقارنة، ومحاولة الإستعانة بالأشكال الأخرى، كضرورة تكاملية تحقق مزيداً من الضبط والبرهنة للنتائج.

أما منهج المقارنة الزمانية، فإنه يتمتع بمنزلة مرموقة، ويعتبره الرواد والتابعون في هذا المجال بمثابة الشكل المنهجي الذي يقدم الطريقة المثلى في البحث العلمي، وذلك على إعتبار أنه يمكن من متابعة حركة الظاهرة موضوع البحث خلال فترة زمنية ملائمة، وبصورة تمكن الباحث من وضع قواعد عامة لشكل هذه الحركة ووتيرتها. وأنه يمكن بإتباع هذا المنهج أن يتخطى الباحث معظم المحاذير التي ترتبط بالشكل السابق.

وهنالك في هذا المجال نظريات وإختلافات يمكن أن نوجزها في المتابعة التالية(٢٣):

(٢٣) راجع في ذلك : د. محمود قاسم ، **المنطق الحديث ومناهج البحث، مرجع سابق** ، (ص ٤٥٤-٤٦٢).
أيضاً : د. فاخر عاقل، **أسس البحث العلمي** ، (بيروت ، دار العلم للملايين، ١٩٧٩) ص ١٢٣- ص ١٢٨.

١- **فمن ناحية أولى:** نجد " دوركايم" متأثراً " بأوجست كونت" يتحدث عن هذا المنهج التاريخي معتمداً على ما اسماه بطريقة التغير النسبي في التحليل والمتابعة، حيث أعتبرها بأنها أفضل الطرق في البرهنة على وجود علاقة ترابطية بين الظواهر، وعلى وجود قانون يحكم حركة هذه العلاقة. ويقول في ذلك، أنه يكفي العالم أو الباحث أن يلاحظ ظاهرتين تتغيران تغيراً نسبياً في عدة حالات عبر فترة زمنية معينة، حتى يجزم بأنه يقف أمام أحد القوانين الإجتماعية. وأهم صفات هذه الطريقة:

أ- أنها تقتصر على دراسة التغيرات النسبية التي تطرأ على ظاهرتين معنيتين بصورة مطردة، وذلك كأساس كاف لتحديد القانون الذي يحكم هذه العلاقة

ب- أنها تمكن من إجراء الدراسة دون الحاجة إلى عدد كبير من المفردات التي يفترض إستخراجها في حالة المقارنة المكانية.

ورغم أهمية ما جاء به " دوركايم" إلا انه لم يتمكن من إكتشاف العيوب المرتطبة بهذه الطريقة، وظن أنها تمتاز بالصفات المشار إليها. ومن أهم ما أخذ على هذه الطريقة قول أحد تلامذته ويدعى (موس) أن هذه الطريقة قد تؤدي إلى التعميم السريع الذي يعتمد على ملاحظات قليلة، كذلك إهمال هذه الطريقة إلى العلاقات الأخرى التي توجد بين الظاهرتين اللتين تكونان محلاً للبحث وبين غيرهما من الظواهر، رغم أهمية وأساسية هذه العلاقات أحياناً.

فالظواهر الإنسانية لا تتطور ولا تتحرك في صورة إثنينيات كما تراءى " لدوركايم" بل هي عمليات معقدة ومتشابكة . وعلى هذا الأساس أصبح من الضروري عدم الإكتفاء بهذه الطريقة في إطار المقارنة الزمانية. ولا بد من طريقة أكثر إتساعاً وأكثر حذراً .

٢- **ومن ناحية ثانية:** نجد (موس) يقدم بدلاً عن ذلك ما أسماه (بطريقة البواقي) وهي الطريقة التي تحاول البحث فيما اسماه العناصر الثابتة أو الجوهرية، أو العناصر الدائمة، التي تعبر عن حقيقة الظواهر محل الدراسة، وذلك بدلاً من البحث عن العناصر

المشتركة كما الحال في طريقة التغير النسبي. ويقول " موس"، أن العناصر المشتركة هي العناصر المبتذلة، بينما العناصر الأخرى هي العناصر المميزة التي يمكّن تحليلها من الإهتداء إلى معرفة قوانين تلك الظواهر الأساسية.

وكما يلاحظ فإن هذه الطريقة قد تبدو أكثر تأنياً ودقة من الطريقة الأولى، إلا أنها لم تقم على أنقاضها بقدر ما مثلت نقداً لها وتصحيحاً لمسارها. وفي إعتقادي أنه يمكن إعتماد الطريقتين معاً لتبقى كل منهما بمثابة الضابط لحركة الأخرى، ولتبقيان معاً كمحور لعملية المقارنة التاريخية الأكثر تكاملاً، ويكون ذلك بإتباع منهج " موس" في التركيز على العناصر الجوهرية ، وإتباع طريقة " دوركايم" لتحديد العناصر المشتركة مع مزيد من التوسع والتركيز لبحث هذه العناصر وكشف قوانين وجودها وحركتها.

وأخيراً ما يتعلق بمنهج المقارنة الموضوعية : ويقوم هذا المنهج على أساس نقد منهج المقارنة الزمانية، وذلك بحجة أن هذا المنهج التاريخي يجعل نتائج البحث أقرب إلى التأريخ منها إلى الدراسة العلمية، حيث غالباً ما تتم المقارنات بين عناصر الظواهر دون الإلتفات إلى المتغيرات والعناصر الأخرى التي تدور في بيئة النظام الكلي.

وأن أهم ما يطرحه هذا الشكل، طريقة جديدة في البحث تقترب في صفاتها الشكلية مع ما أوضحناه في إطار الحديث عن منهج النظم، حيث يقدم ما أسماه بطريقة (الميكروسكوب الإجتماعي) أو طريقة الوثائق الشخصية (للأفراد والجماعات) ، وتعني ضرورة النظر إلى الظواهر في صورتها المكبرة، أي التي توضح جميع متغيراتها البيئية، التي تتأثر بها وتؤثر فيها، ومحاولة الوقوف على تفاصيلها كاملة، ومن ثم محاولة إخضاع هذه المتغيرات لعمليات مقارنة بين بعضها البعض لمعرفة علاقاتها التبادلية، ودرجة أهمية كل منها في خلق وتشكيل الظاهرة المعنية.

أما من حيث أهمية هذه الطريقة فإنها من الزاوية الموضوعية، تتعرض لنقد اساسي وهام مفاده، أنها تنحصر في تقديم وصف عام للظواهر، وتحديدها وتبيان أسسها الأساسية دون أن تقدم طريقة للتعامل معها بهدف كشف قوانين وجودها وحركتها، الأمر الذي

يبرزها وكأنها مجرد مرحلة أولى من مراحل البحث وليست طريقة متكاملة. وتنحصر وظيفتها في وصف الظواهر وتحديدها والكشف عن التفصيلات الموضوعية الخاصة بها، وتبقى تمثل في نتيجتها نقطة بدء جديدة لدراسة جديدة مقارنة زمانياً ومكانياً، حتى يتم الكشف عن قوانينها. وبخاصة فيما يتعلق بالظواهر الإنسانية. وكما يلاحظ فإن هذه الطريقة تجمع بين العناصر الأساسية والثانوية، وتفترض الإهتمام بجميع هذه العناصر، وملاحظة أن الأهمية النسبية لأي منها تختلف حسب ظروف الموقف العام.

إزاء ذلك، فإنه يمكن القول أن هذه الطريقة وهي تقدم ملاحظاتها حول الطرق السابقة، وتقدم إضافاتها المهمة والجديدة، لا تمثل في إعتقادي هدماً لأسلوبي المقارنة السابقين بقدر ما تقدم عوامل موضوعية جيدة تخدم تكامل المنهج العلمي في إطار العلوم الإجتماعية. هذا المنهج الذي أسمي بالمنهج المقارن، والذي يفترض أن يتبع الأشكال الثلاثة في مقارناته، متجاوزاً أوجه النقد التي توجه إليها ما أمكن، وذلك ضمن رؤية متكاملة للأشكال الثلاثة معاً. وفي جميع هذه الحالات ، فإنه لا بد من الإستعانة بأدوات متطورة، وذلك كضمانة لتحقيق شرط التكامل من جهة، ولتحقيق شرط الدقة من جهة أخرى.

٤- منظومة المناهج العلمية (شبكة المناهج)

لقد بدا واضحاً أن الفكر الإنساني وعلم المناهج قد إستقر على حقيقة أن المنهج العلمي هو المنهج التجريبي الذي يجمع بين دور " العقل " ودور الملاحظة والتجربة في عملية تكاملية لا إنفصام فيها، وأنه لا يمكن أن ينشأ أي علم طبيعي إلا على اساس هذا الجمع **الذي يضمن المزاوجة بين الفكرة والواقعة** .ولكن عندما يتعذر تطبيق هذا المنهج وبخاصة في كثير من مجالات البحث في الظواهر الإنسانية، فإن المنهج العلمي الممكن عندئذ يكون هو المنهج المقارن بجميع صوره.

وبرغم أهمية هذا التحديد الذي قطع لأجله الإنسان مراحل طويلة مليئة بالجدل والعنت حتى أمكن الوصول إليه، إلا أن إستكمال العمل المنهجي يفترض إعادة التنظيم لمحصلة ما تم التوصل إليه عبر هذه المراحل ووضع ذلك في صورة نسق أو نظام منهجي

متكامل يستطيع الباحث إستيعابها ومعرفة ترابطات مفرداتها والعمل على تطبيقها بإقتدار .

وللوصول إلى هذا المطلب لا بد لنا من متابعة الإجابة على عدد من التساؤلات الهامة التالية :

السؤال الأول : أين ؟؟ ونقصد بذلك ، أين يتم التعامل أو التركيز عندما نرغب في إجراء دراسة تجريبية أو مقارنة على أي ظاهرة من الظواهر ؟؟

هل على هذه الظاهرة كتركيبات إثنينية، أو بإعتبارها جمع لعدد من العناصر أو المكونات، أم كنظام كلي متكامل ؟؟

وقد لاحظنا فيما سبق وأجبنا عليه في عرضنا لمنهج دراسة النظم، حيث لا بد أن يتم التعامل مع أي ظاهرة **على أنها ظاهرة نظمية**، ومع أي حركة على أنها **حركة نظمية** مصدرها تفاعلات النظام التي تتشكل في صورة **عملية نظمية** ... أما إذا إستهدفت عملية البحث التركيز على أحد عناصر أو متغيرات الظاهرة فإن ذلك أمر طبيعي ، **شريطة أن تجري عملية البحث التجريبية أو المقارنة المتعلقة بهذا العنصر أو المتغير بغير معزل عن علاقاته مع بقية العناصر أو المتغيرات التي تكون في محصلة تفاعلاتها وترابطاتها النظام الكلي للظاهرة المعنية، ومع الإدراك لدورة في تشكيل هذا النظام.**

وبمعنى آخر، فإن عملية البحث إما **أن تكون عملية كلية نظمية** تأخذ جميع مفردات الظاهرة ونظامها بالإعتبار، **أو عملية جزئية ولكنها تتم في إطار كلي (نظمي)**. وهنا ينبغي التحذير من مغبة أن يجهل الباحثون هذا المطلب أو يتجاهلوه، وإذا فعلوا ذلك فإنهم يحكمون على نتائجهم بالقصور والعجز عن فهم الحقيقة، كل الحقيقة.

السؤال الثاني : لماذا ؟؟ أي ما هو الهدف الذي نسعى إلى تحقيقه ونحن نقوم بدراساتنا وأبحاثنا التجريبية أو المقارنة ؟؟وهنا، فإننا نجد أنفسنا ونحن نعمل على الإجابة عن هذا السؤال أمام ثلاثة أهداف رئيسية وهامة، وأن تحقيق أي هدف منها يفترض إستعانة الباحث العلمي بمنهج فرعي يسانده ، وهذه الأهداف هي :

الهدف الأول : وصف الظواهر المعنية أو الحدث المعني، والإكتفاء بمجرد الوصف. وهنا **يكون منهجناً وصفياً**، ولكنه وصف علمي واقعي قائم على الملاحظة والتجربة العلمية (المنهج التجريبي) أو على المقارنة (المنهج المقارن). يمثل الوصف أولى إهتمامات الباحثين ، والقناة الأولى التي يتم إستخدامها للتعامل مع الظواهر المختلفة، والحلقة الأساسية في تكوين التصورات المعرفية الوصفية. أكد "كارل بيرسون" على أهمية الوظيفة الوصفية للبحث العلمي ، وبخاصة في مجال الظواهر الإنسانية، **لأنها تستهدف التعرف على المكونات أو العناصر الأساسية للظواهر المختلفة وأنماطها السلوكية**، ووضع الإفتراضات الأولية حولها، مما يمهد أمام الباحثين للسير قدماً في خطوات بحثية أخرى أكثر عمقاً وعلمية، وأنه لا يمكنهم ذلك إذا لم يتم بناء المعرفة الوصفية اللازمة أولاً . يقول د. " فاخر عاقل" أنه لا بدّ للباحث الذي يرغب في الوصول إلى نتائج علمية موثوقة أن يحرص على الحصول على أوصاف دقيقة للظواهر أو الأحداث التي يرغب بدراستها، وهذا ما جعل المنهج الوصفي منهجاً أساسياً من مناهج البحث العلمي"[٢٤].

وأن الباحث الكفوء لا يكون مجرد جامع للمعلومات أو مصنف لها، بل أنه دارس يهدف إلى تكوين صور دقيقة جزئية وكلية حول الموضوع الذي يدرس، ويستخدم في ذلك الأوصاف الكمية والكيفية، (النوعية) الملائمة. وكلما أمكنه أن يعبر عن نتائجه بشكل كمي كلما كانت الأوصاف أكثر دقة وتحديداً، شريطة أن لا يقوم بإقحام الأرقام إقحاماً وإنشائها على أسس تقديرية، بل لا بدّ أن يكون الرقم معبراً عن عملية وصفية قائمة على أصول القياس المباشر . كذلك الأمر بالنسبة للأوصاف الكيفية التي يفترض أن يدقق فيها الباحث قدر الإمكان وأن يستخدم التعابير التي لا تجعل هناك أكثر من معنى.

قد يقوم الباحث الوصفي بالإكتفاء بالملاحظة العلمية وتسجيل ما تسفر عنه، وأنه لا يمكن إلا أن تسبق الملاحظة اية ممارسات يقوم بها. ولضمان أن تكون النتائج دقيقة

---

(٢٤) د. فاخر عاقل ، **أسس البحث العلمي في العلوم السلوكية** . (بيروت .دار العلم للملايين، ١٩٧٩ ،ص ١١٤).

لا بدّ من " تهذيب الملاحظة وتدقيقها، وذلك عن طريق إعادتها والتيقن المستمر من أن ما تتم ملاحظته هو ما يحدث فعلاً أو الموجود حقيقة، حيث قد تتداخل الصور لدى الباحث أحياناً، وتتشوه الملاحظة لأسباب عديدة، قد تكون في شخصية الباحث في لحظات الملاحظة، أو في متغيرات الموقف الذي يعمل خلاله. وقد يتابع الباحث دراساته الوصفية مستعيناً بالتجارب التي يقوم بإجرائها أو التي يقوم بملاحظتها لدى الآخرين أثناء قيامهم بها.

الهدف الثاني : أن نحلل الظواهر المعنية، أو الحدث المعني ، ويكون منهجنا في ذلك هو " **المنهج** **التحليلي**" Analaytical" [٢٥] ويمثل التحليل الحلقة الثانية في التعامل مع الظواهر أو الأحداث، وفي بناء المعرفة العلمية المعقدة.

تستند عملية التحليل على النتائج الأساسية التي يتم التواصل إليها عن طريق الوصف لتنتقل من عملية بحث بعض خصائص الظواهر الأساسية وعناصرها أو مكوناتها وتكوين فروض أولية حولها، إلى بحث العلاقات الترابطية بين هذه المكونات وبين الظواهر وبعضها بعضاً. والتعمق في فهم هذه العلاقات والإفتراضات المكونة حولها للوصول إلى النتائج شبه النهائية التي يمكن تسميتها من وجهة نظرنا (مشاريع قوانين أو قواعد أو مبادئ علمية). ومما لا شك فيه أن عملية البحث التحليلي هي عملية متميزة بالتعقيد والصعوبة، وتزداد تعقيداً وصعوبة كلما كانت الظاهرة محل البحث متعددة المتغيرات أو العناصر حيث يتضاعف عدد العلاقات التي يضطر الباحث إلى التعامل معها.

وهكذا يختلف التحليل عن التجزئة، فالتحليل هوالذي يحاول أن يصل إلى العناصر أو المتغيرات الأساسية التي تتشكل بتفاعلها وترابطها الظاهرة المعنية، أو الحدث

---

(٢٥) يخلط كثير من الدارسين بين عملية التحليل وعملية التفسير بل أنهم يطلقون مصطلح منهج تفسيري بدلاً من مصطلح منهج تحليلي، وقد لاحظنا أن هذا الخلط يتشكل نتيجة الخلط بين المداخل والمناهج في عملية البحث وإننا ندعو إلى ضرورة الإهتمام بهذا الأمر وعدم الوقوع فيه، فالتحليل تعامل مع وقائع ومنهجيات علمية تهدف إلى التحقق منها بينما يكتفي التفسير بتشكيل وجهات نظر قد تكون شخصية حول موضوعات البحث.

المعنى، فهو يركز على الكيفية التي تتشكل بها الظواهر، أما التجزئة فتركز على الكمية غالباً، وتحاول تقسيم الظواهر إلى مقادير أو أجزاء، وبغض النظر عن طبيعة ترابطاتها. فتحليل الماء مثلاً يعيده إلى عناصره الأصلية، الأكسجين والهيدروجين، أما تجزئة الماء فيمكن تقسيم كمية الماء الموجودة إلى عدة أجزاء، وكل جزء منها يحتفظ بجميع العناصر التكوينية له، وهكذا. كما أن التحليل يستغرق في بحث العلاقات الترابطية بين العناصر أو المتغيرات التكوينية كما لاحظنا بينما لا تنصرف التجزئة إلى هذا الأمر.

قد تكون الظاهرة التي يحللها الباحث شيئاً مادياً وقد تكون فكرة مجردة، أو حادثة تاريخية، فإذا كانت شيئاً مادياً فإنه يسهل على الباحث التفريق بين عناصرها ومعرفة خصائص كل عنصر، وعلى دوره في تشكيل الظاهرة الكلية، وعلى علاقاته الترابطية مع غيره من العناصر. أما إذا كانت حادثة تاريخية فإن المؤرخ أو المحلل يلجأ إلى التمييز بين المتغيرات الرئيسية والمتغيرات الثانوية التي تحكم الحدث أو تؤثر فيه، وإلى بحث العلاقة بين هذه المتغيرات. وكذلك في حالة إذا كانت الظاهرة متمثلة في فكرة مجردة، فإن المحلل يسعى إلى تجريد المعاني أو الابعاد الجزئية المتعلقة بها وكيف تتشابك وتتفاعل هذه المعاني لتشكل الفكرة الكلية ... وهكذا.

وتختلف منهجية التحليل بحسب طبيعة الموضوع المراد بحثه، فقد يتم الاستناد إلى المنهج العقلي، وتكون عملية التحليل برمتها عملية عقلية، وبخاصة في مجال علوم الرياضيات والهندسة وبعض العلوم الطبيعية الأخرى التي يمثل الاستدلال العقلي أهم طرق التحليل فيها. وقد يتم التحليل بالاستناد إلى المنهج التجريبي أو المنهج المقارن الذين يربطان بين الاستدلال العقلي والاستدلال التجريبي أو المقارن (حسب ظروف كل حالة).

الهدف الثالث : أن نجرد الظواهر التي نتعامل معها، ويكون منهجنا في ذلك هو "**المنهج التجريدي**" ويمثل الجهد المبذول وفق هذا المنهج الحلقة النهائية في عمليات البحث والوصول إلى أعقد وأهم أشكال المعرفة.

تستند عمليات التجريد إلى النتائج التحليلية التي يتم التواصل إليها بالمنهج التحليلي ، وتعمل على إخضاع هذه النتائج لمزيد من البحث والتدقيق والإختبار وتجريدها أوتنقيتها من أية شوائب أو معلومات أو ملاحظات غير يقينية تماماً، بحيث يتم الإنتهاء إلى الحقائق الناصعة التي يمكن تسميتها **قواعد أو قوانين أو مبادئ علمية**، وكما يلاحظ فإن الأبحاث الوصفية أو التحليلية تشكل مجالاً لجميع الباحثين الذين يحالون التعرف على الظواهر أو الأحداث لتشكيل معارف أو تصورات أو قرارات دقيقة حولها، وهذا ما يمكن أن يكون محل إهتمام القادة السياسيين والإداريين أو الإقتصاديين ... الخ.

أما الأبحاث والمعالجات التجريدية فهي محل إهتمام العلماء بالدرجة الأولى. هذا وتزداد أهمية هذا المنهج في مجال الأبحاث الإنسانية حيث يتعذر إخضاعها كما لاحظنا للتجارب المختبرية أو الميدانية المباشرة مما يجعل نتائج البحث غير دقيقة في معظم الأحيان ولا بد من إخضاعها لمزيد من التبصر والتجريد للوصول إلى أعلى نسب التطبيق العلمي.

السؤال الثالث : كيف ؟؟ ويتصل هذا السؤال بالسؤال السابق ، أي كيف ستتم تطبيقات المناهج الوصفية أو التحليلية أو التجريدية وهي تحاول أن تتعامل مع الظواهروالأحداث المختلفة لوصفها أو تحليلها أو تجريدها ؟؟

وللإجابة على هذا السؤال ، نجد أن الفكر المنهجي قد أكد على ضرورة أن يتم التعامل في تطبيق تلك المناهج بصورة منهجية ايضاً، وهنا فإن الباحث العلمي يجد نفسه أمام منهجين مساندين هما :

أولاً : المنهج الإستقرائي، ولفهم الإستقراء لا بدّ من النظر للمفهوم من زاويتين أساسيتين هما :

الزاوية الأولى : هي التي تنسجم مع المدلول اللغوي للمفهوم، والإستقراء في اللغة هو التتبع، ومن استقرأ أمراً تتبعه للتعرف عليه وكشف أحواله. وبناء عليه يصبح المنهج الإستقرائي هو المنهج الذي يتعامل مع الظواهر أو الأحداث ليقوم بوصفها أو تحليلها أو تجريدها بصورة منهجية (أي منظمة) تقوم على فكرة الإنتقال من الجزء إلى الكل ، أو من

العام إلى الخاص. فمثلاً إذا أردنا أن نتعرف على أحد المؤلفات بهدف تقييمه فإننا نجد أنفسنا محتاجين إلى البدء من الجزئيات إلى الكليات. وإنه يكون من الصعب أن نبدأ بعكس ذلك. وكذلك الأمر إذا ما أردنا مثلاً تحديد الإنتاج المحلي لدولة ما ، او ربحية شركة ما ، فإنه لا بدّ من الإنتقال وفق هذه المنهجية حيث يتم إحتساب الإنتاج المحلي على مستوى الأفراد ومن ثم القطاعات ليتم الإنتهاء على المستوى المحلي، وكذلك يتم إحتساب ربحية كل نشاط أو فرع من أنشطة الشركة المعنية وفروعها ليتم في النهاية إحتساب ربحيتها الإجمالية .. وهكذا .

وربما إذا كان الحديث عن أحداث أو ظواهر تاريخية، يتم إجراء عمليات الوصف أو التحليل بالإنتقال من الأقدم إلى الأحدث، وإذا كان الحديث عن هياكل وأنظمة بنائية (كالهرم الإداري والسياسي أو الإقتصادي في المجتمعات أو المنظمات) فإنه يتم إجراء عمليات الوصف أو التحليل الإستقرائية بالإنتقال من أسفل إلى أعلى .... وهكذا .

الزاوية الثانية: وهي التي تتصل بأصول التفكير الفلسفي وبخاصة ما يتعلق منها بفلسفة العلم، ويعرف بأنه عملية إستدلال عقلية تقوم على إصدار أحكام على الكلي بالإستناد إلى ثبوت هذه الأحكام في الجزئي، فمثلاً إذا وجدنا أن القطعة (أ) من الحديد تتمدد بالحرارة ، وكذلك القطعة (ب) وكذلك القطعة (حـ) فإنه يمكننا أن نخرج بتعميم كلي مفاده أن الحديد يتمدد بالحرارة ... وهكذا ....، أو إصدار أحكام وتعميمات على المستوى العام بالإستناد إلى ثبوتها على المستوى الخاص، فمثلاً إذا ثبت أن تناول أحد الأعشاب قد أدى إلى شفاء أحد الأمراض في منطقة ما، فإنه يمكننا أن نعمم أن هذه الأعشاب سوف تشفي مثل هذا المرض في أي مكان آخر .. **وهكذا يوصف الإستقراء بأنه عملية إستدلال صاعدة يبدأ من الخصائص والقواعد والقوانين الجزئية ليصعد منها إلى صيغ كلية على هيئة قانون عام يحكم جميع الحالات المتماثلة.**

لقد أعتنى الفلاسفة والباحثون بالإستقراء بالنظر إليه من زاويته الثانية لإنها أكثر إثارة للجدل، فمنذ أن تحدث أرسطو عن هذا المنهج وحتى الآن لم تزل عمليات الجدل

قائمة وتشكك في جدوى هذا المنهج وعلميته لأنه في أحيان كثيرة لا يمكن إثبات أن صدق الجزئي وصحته يدل على صدق وصحة الكلي. ولذلك أصبح الإتجاه المعاصر في فلسفة العلوم يميز بين الإستقراء العلمي وغيره من اشكال الإستقراء الأخرى[٢٦].وذلك بالإستناد إلى أن الإستقراء الصحيح الذي يستحق أن يكون ضمن منظومة المناهج العلمية هو الإستقراء العلمي الذي يقوم على أسس واضحة وممارسات دقيقة عمادها الملاحظة العلمية والتجربة العلمية أو المقارنة العلمية، والذي يسعى إلى الكشف عن القواعد والقوانين العلمية التي تتيح له القيام بالتطبيقات العلمية المناسبة، كما يمكنه من بناء تنبؤات لها طبيعة علمية أيضاً.

ثانياً : المنهج الإستنباطي، والإستنباط في اللغة معناه الإستخراج بإجتهاد ومعاناة فكرية، وأصله الفعل " نبط" بمعنى أظهر وأبرز، ويبدو في معانيه ومراميه على أنه المقابل المعكوس لمفهوم الإستقراء، وبذلك فإن تحديده يفترض النظر إليه من زاويتين ايضاً وهما :

الزاوية الأولى : وهي التي تنسجم مع المدلول اللغوي، ويعني الإستنباط وفقاً لها أنه هو المنهج الذي يعمل على دراسة الظواهر وصفاً وتحليلاً بالتعامل معها من الكل إلى الجزء ومن العام إلى الخاص... وربما من الأحدث نحو الأقدم في الدراسات التاريخية أو من الأعلى إلى الأسفل في الدراسات البنائية أو المكانية ..

الزاوية الثانية : وهي التي تستند إلى أصول فلسفية ومنطقية، وهي التي يبدأ الباحث خلالها من مقدمات وأحكام كلية، أو عامة، ليهبط منها إلى نتائج وأحكام جزئية.

---

(٢٦) من أهم هذه الأشكال (١) الإستقراء الشكلي الذي تحدث عنه أرسطو وأعتمد بالدرجة الأساسية على التراكيب اللغوية والمنطقية أكثر منه التحليل الموضوعي ومثال آرسطو المشهور في هذا المجال قوله : أن الإنسان والحصان يعيشان مدة طويلة من الزمن، والإنسان والحصان لا وجود للمراره لديهما، إذن طول الحياة صفة للحيوانات التي لا مرارة لديها. وعلى الرغم من النقد الذي وجه إليه إلا أن هذا قد يؤكد على أهميته ويدعو إلى عدم الحكم عليه بالتفاهة أو الإزدراء، وأن كثيراً من العلوم تستخدمه بطريقة شائعة، (٢)الإستقراء الفطري الذي يمارسه العامة عادة في حياتهم اليومية، وغالباً ما يلجأ الأنسان العادي إلى التعميم = =الإستقرائي بالإستناد إلى مثال واحد أو عدد محدود من الأمثلة، كالحكم الذي يطلقه أحدنا على أخلاق جميع أبناء مجتمع ما من خلال ملاحظته لسلوك بضعة أشخاص منهم .وهكذا.

وقد إقترن الحديث في هذا المنهج بالحديث عن الإستقراء وهما وجهان مختلفان لعملة واحدة، وقد يقوم الباحث به بإستخدامهما حسب الظروف، ودرجة ملاءمتها لكـل مـنهما مـع التوكيـد علـى أن تطبيـق هـذا المنهج يحتاج إلى التمييز بين أشكال الإستنباط غير العلمية، والإستنباط العلمي، الذي يفترض الإعتماد علـى الملاحظة العلمية والتجربة العلمية أو المقارنة العلمية، حتى نتمكن من إدارجـه ضـمن منظومـة المنـاهج العلمية .

١-٤ نتيجة نهائية : نخلص من كل الإستعراضات السابقة لمناهج البحث وتطوراتها إلى النموذج التالي الذي يمثل شبكات المناهج بصورة متكاملة :

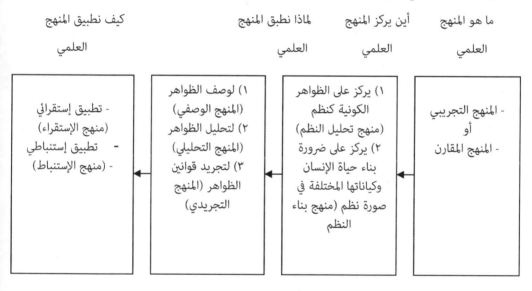

كيف نطبيق المنهج العلمي	لماذا نطبق المنهج العلمي	أين يركز المنهج العلمي	ما هو المنهج العلمي
- تطبيق إستقرائي (منهج الإستقراء) - تطبيق إستنباطي (منهج الإستنباط)	١) لوصف الظواهر (المنهج الوصفي) ٢) لتحليل الظواهر (المنهج التحليلي) ٣) لتجريد قوانين الظواهر (المنهج التجريدي)	١) يركز على الظواهر الكونية كنظم (منهج تحليل النظم) ٢) يركز على ضرورة بناء حياة الإنسان وكياناتها المختلفة في صورة نظم (منهج بناء النظم	- المنهج التجريبي أو - المنهج المقارن

شكل رقم (١٠) شبكة المناهج

القسم الثاني

عملية البحث العلمي

مقدمة

تعرف " عملية " البحث العلمي بأنها تعبر عـن جميع التفاعلات التي تحـدث بـين الباحـث والوسط الذي يعيش فيه، أو بينه وبين أي فكرة أو ظاهرة محددة، أو حدث محدد، وذلك **بهـدف تكـوين منظومة معرفية يقينية** حول ذلك ، وكلما كانت المعارف التـي يتوصل إليها يقينية يكون بحثه علمياً، والعكس بالعكس. **وقد تتم عملية التفاعل بصورة تلقائية** وذلك مثلما يحدث مع الإنسان منـذ السنوات الأولى من عمره، حيث نجد الطفل منذ حوالي السنة الرابعة يبدي أثناء نموه قـدرة متزايـدة عـلى الإنتقـال من الخاص إلى العام، ومن التعرف على ظاهرة ما وكشفها، وتكوين صـورة أوليـة حولهـا، إلى معرفة تلـك الظاهرة، والتوصل إلى معارف أكثر عمقاً ودقة وشمولية، ومن بناء الصور المختلفة إلى العمل على تصـنيف هذه الصور ... **وقد تتم عملية التفاعل ضمن عملية بحث منهجية**، مبرمجة تتحدد بداياتها ونهاياتها طبقـاً لمراحل وخطوات محددة، وهذا هو ما يعنينا بالدرجة الأساسية، في هذا السياق، حيث تتركـز مهمة هـذا الفصل من الدارسة حول المراحل المختلفة التي تخضع لها عملية البحث العلمي.

يقول "د. غرايبه وزملاؤه" أنه لا يوجد تسلسل محـدد، أو نظـام ثابـت ومتفـق عليـه لخطـوات البحث العلمي، لإنها خطوات متشابكة، ولا تخضع لتراتب زمني محدد بحيث تبدأ كل خطوة بعد الإنتهـاء من الخطوة السابقة عليها مباشرة، ويصورون الباحث بالفنان الذي يتناول موضوعه كوحدة كلية متكاملة، وإذا وجد أي تحديد في هذا المجال فإنه يتم بالخطوة العريضة دون الإستغراق في أي تفاصيل، مـع النظـر إلى هذه الخطوط على أنها خطوط إرشادية تساعد الباحث على ضبط وتنظيم مسـارات بحثه وسياقاته دون إعتبارها كقوانين ثابتة [1].

---

(١) فوزي غرايبه وزملاؤه، **أساليب البحث العلمي في العلوم الإجتماعية والإنسانية**، (الطبعة الثانية ، عمان ١٩٨١) ص١٩.

حاول بعض الباحثين تصنيف مراحل البحث العلمي بصورة إجرائية فصنفها " أيلسون " فيما يلي[2]: -

١- تحديد الموضوع، ويتضمن توضيح مجال البحث بدقة .

٢- إختيار المشكلة وتحديد أهميتها ومجالها.

٣- تحديد خطوات العمل وخطوات البحث والبيانات المطلوبة، والحصول على البيانات ومعالجتها مـع توضيح الفروض التي يفترضها.

٤- تحديد النتائج الإفتراضية التي قد تتوصل إليها نتيجة البحث، وما قد يترتب على هذه النتائج.

٥- تلخيص البحوث السابقة، والتي سبق إجراؤها وترتبط بالموضوع.

كما أن "ماينتز وزملاؤه" قد صنفوا مراحل البحث على أساس أن هناك مراحل أساسية متتابعـة يمكن تمييزها على النحو التالي [3]:

المرحلة الأولى : التجهيز النظري : صياغة التصور الخاص بموضوع البحث والذي يكون بمثابة الإطار النظري

Theoritical Fram Work

المرحلة الثانية : تحديد خطة البحث ومنهجه : حيث يتم في هذه المرحلة إختيار أسلوب البحث ومناهجه ووسائله، ويتضمن ذلك تحديد المفاهيم الرئيسية، وتحديد الإفتراضات والتساؤلات الأساسية، والمـؤشرات والمقاييس المتعلقة بذلك.

المرحلة الثالثة : جمع البيانات وتطبيق منهج البحث وأدواته وأسلوبه عملياً على موضوع الدراسة بجميـع وحداته.

المرحلة الرابعة : الإعداد والتحليل للبيانات، ومحاولة الإجابة على أسئلة البحث.

---

(2)Myntz R. S Others , **Introduction To Emperical Socioligy** , (Britain , Penguin, 1976) P.25.

(3)Manynt & Others, **Op.Cit.** P.25.

الوحدة الخامسة : الإستخلاصات النظرية، وصياغة التعميمات الممكنة التي يتم التوصل إليها.

ويحددها (**Gay & Diehl**) في الخطوات التالية [٤]:

١. تحديد وتعريف المشكلة.

٢. تكوين الإفتراضات .

٣. جمع المعلومات.

٤. تحليل المعلومات.

٥. رصد النتائج التي تؤكد أو تدحض الإفتراضات.

وبمطالعة معظم الدراسات التي تتحدث عن عملية البحث العلمي يستطيع المتتبع أن يجد في كل منها تصنيفاً لهذه المراحل أو الخطوات، وبالتبصر فيها يمكن أن نكتشف أنه لا يوجد إختلافات جذرية بينها، وأن كل ما هناك هو أن **بعض الباحثين يميل إلى الإجمال** فيقول مثلاً أن عملية البحث العلمي هي ثلاث مراحل ، وتتمثل في تحديد المشكلة والإفتراضات المتعلقة بها ثم فحص المشكلة أو إختبارها للتحقق من هذه الإفتراضات، وهناك **من يميل إلى التفصيل** فيتحدث عن تفاصيل كل مرحلة من هذه المراحل الثلاث، وقد يستعمل مفردات أو مصطلحات لغوية لها إختلافاتها الشكلية، وقد تعتبر من وجهة نظره ذات دلالات تبدو أكثر دقة أو تعبيراً .. وهكذا....

ونحن إذ نقدر جميع هذه الجهود وأي جهود أخرى مبذولة في هذا المجال . إلا أننا نعتقد بأن المدخل التفصيلي يعتبر مدخلاً أكثر أهمية، وبخاصة إذا كان الهدف من التحديد هو هدف تعليمي، وموجه للطلبة والدراسين لمثل هذا الموضوع، لأن ذلك يساهم في إثراء معارفهم وتصوراتهم حول تفاصيل عملية البحث، أما إذا كان الهدف هو تنظيري وحسب، فإنه يمكن الإكتفاء بالإجمال. وإنسجاماً مع هدفنا في هذا المؤلف التعليمي فإننا

---

(4)L. R Gay & L Diehl **Research Methods For Bussiness and Management** , (Macmillan Bublishing co New York, 1992) P.6.

سنأخذ بالمنحى التفصيلي الذي يهدف إلى مزيد من التنظيم والتحديد ، الـذين يضـمنا لعمليـة البحث أكبر قدرمن الوضوح والإتقان، وإنه يمكننا أن نحدد هذه العملية في المراحل الرئسية التالية :

المرحلة الأولى : مرحلة الإستعداد والتهيئة والتنظيم

المرحلة الثانية : مرحلة جمع المعلومات ومعالجتها.

المرحلة الثالثة : مرحلة التحليل والتجريد.

المرحلة الرابعة : مرحلة كتابة البحث وإخراجه

وإنه سيتم تناول كل مرحلة منها في فصل خاص بها.

الفصل الأول

التهيئة والاستعداد وعملية البحث العلمي

الفصل الأول

التهيئة (الإستعداد) وعملية البحث العلمي

تعرف مرحلة الإستعداد والتهيئة بأنها المرحلة التي تميز عادة بين الإنسان العادي والإنسان العلمي، **حيث نجد أن الإنسان العادي** يستغرق في حياته اليومية بكل ما فيها من أحداث وقضايا، ويتعامل مع كل ما حوله من ظواهر، ويكون سلوكه في معظم الأحيان والحالات سلوكاً عاماً وسطحياً ، مما يجعل إستجاباته تبدو عفوية وتلقائية ومحددة بحدود وعيه الأوّلي، ومصلحته المباشرة، وملاحظاته البدائية، ويكون تفاعله مع الوسط الذي يكون فيه تفاعلاً سلبياً بإعتباره متغيراً تابعاً وإنساناً تكييفياً لا تزيد مساحة تفاعله وإهتمامه عن مجرد التعامل مع الظواهر والأحداث كما هي وقبولها كمسلمات غالباً .

أما الإنسان العلمي فهو الذي يعيش بإستمرار في وسط دافق بالحيوية، وموسوم بالتعقيد، ومليء بالألغاز ، وأنه مطالب بالعمل على فهم ذلك، لذلك نجده يزرع طريقه بعدد لا حصر له من علامات الإستفهام التي من أبرزها كيف، ولماذا ؟؟ إنه في حالة تفكر وتفاعل مستمر مع هذا الوسط، وبصورة إيجابية تمكنه أن يكون هو المتغير المستقل الذي يحرص على أن يكون إنساناً تكييفياً وليس تكيفياً فقط، ولا يأخذ ما يجري حوله كمسلمات بل يصبح أسير الملاحظات العلمية التي تجعله حريصاً على معرفة أسباب ذلك وعلله، وأهدافه، وحدوده، وكيفية الإستفادة القصوى منه .. الخ. وأنه يمكننا أن نعتبر أن هذا التفاعل والتفكر، هو الذي يؤدي إلى تحفيز الإنسان ليلعب دوره الحقيقي الذي أراده الله له. فيبدأ بالتعبير عن طاقاته وإمكاناته العقلية وشحذها بصورة أكثر تحفزاً وعمقاً ، وبالإستعداد النفسي-والعضوي للتعامل مع الظواهر والمتغيرات التي تحيط به بصورة واقعية ومنهجية. وأنه يمكن تجسيد هذه الحالة في عدد من الخطوات التالية:

الخطوة الأولى مرحلة البزوغ، أو مرحلة نشوء الفكرة والإحساس بالمشكلة:

وتعتبر هذه الخطوة نقطة التحول في عملية التفاعل بين الإنسان والوسط الذي يحيط به ، حيث يعبر العقل البشري خلالها عن حقيقته الجوهرية بإعتباره مركز الإبداع، وتتحدد ماهية الإبداع الأولى في أنه تعبير عن ولادة فكرة ما مهمة، وقد تكون هذه الفكرة ذات طبيعة عظيمة ولها أبعاد وخصائص ثورية أو إنقلابية، وقد تكون فكرة محدودة الأهمية، ولكنها في جميع الحالات تكون فكرة غير عادية، فالأفكار التي إتصلت بكل منابع ومجالات المعرفة العلمية في مجالات علوم المواد أو علوم الحياة، كانت كلها أفكاراً هامة، إلا أنها لم تكن جميعاً ذات طبيعة إنقلابية قادرة على إحداث تحولات ثورية في بناءات المعرفة العلمية، وسياقات وأدوات تطبيقها. وكذلك الأمر في مجالات العلوم الإنسانية . فالأفكار المتعلقة بظاهرة الجاذبية وبظاهرة المغناطيسية أو الكهربائية أو بنية الذرة أو المعدلات الجينية (الهندسة الجينية) ... تختلف عظمتها وقوتها التعبيرية عن الأفكار المتعلقة بتحليل الماء او صهر المعادن أو حراثة التربة، أو إستخلاص بعض الأدوية من الأعشاب البرية .. وكذلك الأمر؛ فإن الأفكار المتعلقة بفلسفة التاريخ أو بفهم العقائد ونظميتها أو بالجودة الشاملة .. تختلف في قيمتها عن الأفكار المتعلقة بأساس بعض العادات أو التقاليد الإجتماعية أو عن مشكلة الكساد لسلعة ما، أو عن كيفية إختصار تكاليف إستخدام القرطاسية في شركة معينة ..الخ.

كذلك قد تكون الفكرة جديدة في طبيعتها ونشأتها، وقد تكون جديدة فقط في مجالات أو أساليب تطبيقها وحسب ، وقد لا تقل أهمية الأفكار ذات الطبيعة التطبيقية عن الأفكار الأساسية ،وهذا ما يميز بين الأفكار الإبداعية والأفكار الإبتكارية في تقديرنا، وجعلها كعملة واحدة ذات وجهين متكاملين.

فالإبداع تعبير عن الطاقة العقلية في الدماغ، والإبتكار تعبير عن الطاقة الفنية فيه، وأنه لا يمكن تلمس عظمة أي فكرة وتحقيق الوظيفة الحضارية منها، إذا بقيت معزولة عن

سياقاتها التطبيقية، كما أنه لا يمكن الإعتزاز بأي عمل تطبيقي إذا كان معزولاً عـن سياقاتـه المعرفية.

كذلك قد تكون الفكرة مشتقة من فكرة أخرى هامة تم بحثها، إلا أن الباحث الجديد قد يملك نظرة جديدة لهذه الفكرة ، فيعمل على إشتقاق مشكلة أخرى منها، وقد يجد أن عمليات البحث السـابقة قد ركزت على بعض الجوانب وأنه يرغب في بحث الجوانب الأخرى..وهكذا..

إن بزوغ الفكرة في لحظة ما هو في حد ذاته تعبير عن نمو الإحساس بوجود مشكلة ما، فالفكرة لا تتصل بفراغ، ولا بد لها من موضوع تتركز حوله، وهذا الموضوع في حقيقيته هو موضوع المشكلة التـي تتجسد عادة في صورة تساؤل معين، ويحتاج إلى إجابة عنه.

تمثل الملاحظة نقطة البداية الأساسية التي تبتدئ مـن عنـدها عمليـة التفاعـل بـين الإنسـان والظواهر المختلفة المتجسدة فيه، أو في كل الكون من حوله، وإنه يمكن التمييز في هذا المجال بـين نـوعين من الملاحظة هما :

أولاً:الملاحظة البدائية"أوالفجة،"أوالعامة"،ويطلق هذا المفهوم على كل ما يترتب على المشاهدات السريعة التي يمارسها الإنسان العادي في ظروف حياته العادية ، فمثلاً يلاحظ الإنسان العادي الأطوار التي يمـر بهـا القمر فيرى أنه يبدأ هلالاً ثم يكبر شيئاً فشيئاً حتى يصبح بـدراً، ثـم يبـدأ في التنـاقص حتـى يصبح هلالاً ومحاقاً ... وهكذا ، إلا أنه بذلك لا يتطرق إلى التساؤل عن أسباب هذا التحول. وهكذا في علاقات الإنسـان ببقية الظواهر، حيث لا يحاول الشروع في وصف الظواهر وتحليلها بالإعتماد على التفكير المعمق المجرد عن المصلحة الشخصية السريعة، وبذلك فإن الملاحظ البـدائي أو العـادي لا يحـاول الـربط بـين ملاحظاتـه المتعدده، والمختلفة، مما لا يسمح له بتكوين ما يمكن تسميتها بالعلاقات الترابطية التي تفضي- إلى تكوين الصور الكلية أو النظمية عن الظواهر أو الموضوعات التي يقوم بملاحظتها في حياته اليومية.

ثانياً:الملاحظة العلمية،وتعرف بأنها المشاهدة أو المتابعة الدقيقة لأية ظاهرة من الظواهر مع الإستعانة بأساليب أو مناهج البحث المتلائمة مع طبيعة الظاهرة التي يطبقها الباحث بصبر ودقة وتبصر-وهنا فإن الملاحظة تبرز كخطوة مهمة في عملية البحث،وتتداخل الملاحظة مع المنهج العلمي في التعامل مع الظواهر،وبخاصة التعامل الوصفي الذي يجسد منهج البحث الأولي،فالملاحظ العلمي لا يكتفي بمجرد مشاهدة الظواهر أو حركتها،بل نجده أثناء عملية الملاحظة يقوم برصد أية صفات أو خصائص يستطيع تلمسها أو التثبت منها،ومحاولة تكوين صورة كلية حولها،وبذلك لا تكون الملاحظة مجرد عملية حسية،أو اسلوب ثانوي في التفكير،بل تتضمن تدخلاً إيجابياً من جانب العقل الذي يلعب دوره وبصورة إرداية غالباً ليحاول التعرف على المزيد.

وهكذا، فإن الملاحظة العلمية ترتبط بغرض علمي واضح يهدف إلى الكشف عن بعض الحقائق (خصائص،صفات...) بحيث يمكن إستثمارها للإنتقال إلى مرحلة بحثية أرقى وأعمق بهدف الوصول إلى معارف أكثر جدة وتكاملاً، ولا تستطيع الملاحظة أن تكون جزءاً جوهرياً وخطوة مهمة في عملية البحث إلا إذا جمعت بين **إستخدام الحواس والعقل**، وهذا ما يحدث لدى الباحث العلمي وبصورة تلقائية غالباً، لأنه وإن أمكن الحديث عن العملية العقلية والعملية الحسية بمعزل عن بعضها نظرياً ، إلا أنه قد يتعذر الفصل بينهما لدى هذا الباحث عملياً.

فالإنسان العلمي إذا لاحظ ظاهرة ما، فإننا نجد عقله سرعان ما يتدخل في هذه الملاحظة تدخلاً كلياً، وبعدد كبير من علامات الإستفهام ، حتى يعمل بقدر المستطاع على فهم عناصر الظاهرة التي تم التوصل إليها حسياً، وتنسيقها ووضعها في سياقها النظمي بدلاً من أن تبقى مجرد عناصر مبعثرة ومنفصلة عن بعضها، ولا يستطيع الإنسان العادي أن يشكل صوراً معرفية كلية بالنظر إليها.

وهكذا تتميز الملاحظة العلمية عن الملاحظة البدائية الفجة في أنها تتميز بالدقة والوضوح في الهدف الذي يريد تحقيقه، وتكتفي الملاحظة البدائية بمجرد تسجيل

الملاحظات وتكديسها دون أن تنصرف إلى تسجيل أي صلات بينها ، بينما تتركز الملاحظة العلمية حول هدف يسعى إلى التعرف على الملاحظات المختلفة، وبحث ترابطاتها، والقواعد التي يمكن أن تحكمها، والعمل على وضعها في صورة نظام عام (نسق عام) يعبر عنها.

وعلى الرغم من هذا الفارق الجوهري الكبير إلا أنه لا يوجد تضاد اساسي بين النوعين، بل أنه يمكن اعتبار الملاحظة العلمية بمثابة إمتداد للملاحظة البدائية، وكثيراً ما كانت الملاحظات البدائية سبباً في التوصل إلى بعض الملاحظات والكشوف العظيمة، هذا مع التركيز على حقيقة أن هذا النوع من الملاحظات لا يكفي لتكون الأساس في نشأة العلوم أو في تقدمها، ولو يكتفي الباحث بالمعرفة التي يتوصل إليها من خلال ذلك لصارت معرفته تافهه، ولن يستطيع خلالها أن يشكل صوراً كلية منظمة، ولا الإهتداء لأية قوانين علمية.

إن ولادة الأفكار أو المشكلات التي تستحق أن تكون محلاً للبحث والتبصر والتجسيد لا تحدث لدى الأشخاص العاديين، فالعقل البشري لا يعبر عن طاقاته إلا إلا إذا عمل الإنسان على حثها وإستفزازها ووضعها في الماهية التي تقربها من حالات الولادة، وعندئذ تصبح الولادة حتمية، إلا أنه يصعب التكهن بمواقيتها، أو بطبيعة المولود . وهذه عملية تحتاج إلى خصوصية لا يتميز بها إلا الأشخاص فوق العاديين. ومن أهم المستحثات التي يمكن الإشارة إليها في هذا السياق :

أ) **التبصر والتفكر والملاحظة العلمية**، وهذه خصيصة ذاتية من الخصائص التي يتفاوت فيها البشر، ويمكن إعتبارها من الحكم الألهية في الخلق. فقد نجد أشخاصاً كثيرين لا يعنيهم ما يحيط بهم من أحداث أو ظواهر معينة، أو لا يجدون لديهم الإستعداد للتفاعل معها لأي سبب من الأسباب، بينما نجد إن ذلك يمثل الشغل الشاغل أو الهم الآسر، لدى أشخاص آخرين. وهنا لا نستطيع أن نتوقع من الأشخاص الأولين أن يولدوا افكاراً هامة حول ذلك ، بينما العكس صحيح بالنسبة للأشخاص الآخرين، ولا بد أن

نثق في أن التبصر والتفكر والملاحظة هي القنوات الأولى والأساس للمعرفة. فالشاعر أو الكاتب الذي ينشغل بالبحث عن أفكار أوتعبيرات قد لا يصل إلى تعبيراته ، أو إلهاماته، في اللحظة التي يريد، وبالكيفية التي يريد، إلا أنه سيصل إليها وسينتهي إلى بناء قصيدة ما أو قصة أو رواية ما ... الخ. لأن إنشغاله يمثل في الحقيقة المدخلات الأساسية للدماغ الذي يصبح في حالة تفاعل لا بد أن تنتهي إلى مخرجات ما، ولو لم يحدث هذا الإنشغال لما حدثت أي مخرجات البته.

ب) **إستجماع الخبرات الشخصية وخبرات الآخرين،** فالخبرة هي التعبير عن الرصد المعرفي المتحقق لدى الأشخاص المعنيين نتيجة تفاعلهم الواعي مع متغيرات الوسط الذي يحيط بهم، وأنه يمكن النظر إلى رصيد الخبرة بأنه كمنجم الفحم الذي قد يكشف الباحث فيه عن أكثر من معدن ثمين . أما إذا لم يكن التفاعل واعياً فلن تتشكل الخبرة الكافية، وإذا تشكلت ستكون خبرة غشيمة وغير قادرة أن تعمل عمل المستحثات العلمية.

حـ) **مطالعة البحوث والدراسات السابقة** التي تمثل بدورها معيناً لا ينضب من الأفكار التي عرض إليها الباحثون السابقون عرضاً سريعاً، أو التي وردت في ثنايا تناولهم وتحليلهم لموضوعات أو أفكار أخرى، ولم تستوقفهم الوقفات اللازمة، وقد تمثل بالنسبة للقاريء الجديد المتبصر ـ مصدراً مهماً لتساؤلات كثيرة، وبالتالي لأفكار ومشكلات جديدة، أو في حاجة للتجديد والتعميق.

د- **متابعة أعمال المؤتمرات والندوات والمحاضرات والحوارات المختلفة،** سواء بحضورها مباشرة، أو من خلال قراءة أعمالها أو ملخصات ذلك، أو بالمتابعة عبر وسائل الإتصال المختلفة، حيث تمثل هذه الأعمال مصدراً مهماً للحصول على مزيد من المعلومات والأفكار الجديدة، والتي تمثل بدورها لدى المتبصر العلمي مستحثاً له مكانته المعترف بها وقد تكشف عن اية أفكار لم يتم التطرق إليها أو بحثها بحثاً وافياً، وتستحق مزيداً من البحث والتحليل.

هـ-الدراسات المسحية المباشرة التي يقوم بها الباحثون أنفسهم ، وتمثل أهم المصادر والمستحثات، وإن كانت أعقدها وأكثرها كلفة وجهداً.

الخطوة الثانية : تحديد المشكلة وصياغتها:

تمثل هذه الخطوة نقطة التحول الأولى في الانتقال من الوضع التصوري إلى العملي، أو من الفكرة إلى الواقعة.

ليس من السهل على الباحث أن يصوغ مشكلته بصورة واضحة ودقيقة وكاملة، فبزوغ فكرة ما لديه لا يعني أن الفكرة أصبحت محددة، وأنه يحتاج إلى عملية تبصر معمقة، وإعادة الملاحظة للظاهرة التي تتصل بها الفكرة مرات ومرات، إن أمكنه ذلك، حتى يشكل صورة واضحة ووافية حول فكرته، وعندها يمكنه أن ينتقل لتحديد هذه الفكرة، ووضعها في صورة مشكلة ما واضحة ومحددة، وعندها فإنه يستطيع القول بأنه قد بدأ يمتلك المفتاح الذي يمكنه من متابعة خطواته البحثية الأخرى. فصياغة المشكلة صياغة صحيحة وواضحة ودقيقة هي الخطوة الأهم من خطوات عملية البحث العلمي، وأنه يمكن القطع بالقول، أن إنجاز هذه الخطوة بالشكل المأمول يكشف بذاته عن الجزء الأكبر من الإفتراضات والحلول المتعلقة بذلك.

تتعدد أنواع المشكلات التي يمكن للباحثين الإهتمام بها، وبخاصة فيما يتعلق بالظواهر الإنسانية التي تبرز على مستوى المجتمعات أو على مستوى المنظمات في داخل هذه المجتمعات ، سواء كانت منظمات صغيرة أو كبيرة، وأنه يمكن تصنيفها إلى ثلاثة أنواع هي :

النوع الأول : المشكلات الحاضره أو الحالية، وهي التي توجد فعلاً في نقطة الزمان والمكان الحاضره، وقد تعلن هذه المشكلات عن نفسها ، وقد تحتاج إلى جهود عقلية وبحثية مكثفة وحثيثة حتى يتم التعرف عليها وتحديدها، فإنتشار ظاهرة الجريمة مثلاً، أو الزيادة في حوادث العمل، أو إرتفاع نسبة المصابين بالسرطان أو ... الخ، هي مشكلات سلبية تعلن عن نفسها حال حدوثها، وكذلك الأمر فيما يتعلق بإرتفاع نسبة الملتحقين

ببرامج الدراسات العليا في الطب أو الهندسة أو الإدارة .. أو في تراجع معدلات البطالة .. هي مشكلات إيجابية وتعلن عن نفسها : أيضاً .. أما الحديث مثلاً عن علاقة الإستقرار السياسي بمعدلات الجريمة ، أو آثار النظام الديمقراطي على التنمية، أو اثر التدخين على توزان الشخصية... الخ. فهي تبدو موضوعات مهمة إلا أنها تحتاج لمزيد من التبصر والتدقيق حتى يتم صياغتها في صورة مشكلة بحثية محددة وواضحة ... .

النوع الثاني : المشكلات المستقبلية، وهي التي لا توجد في الواقع الحاضر، ولكنها مشكلات متوقعة ، وقد يتم حدوثها، وأنه لا بد من تحديدها وبحثها حتى يتم التحوط لها، وتسهل السيطرة عليها وإحتواؤها **ومعالجتها قبل وقوعها إن أمكن ذلك، أو حال وقوعها إذا كانت مشكلة ذات طبيعة سلبية وحتى يمكن السيطرة عليها وإستثمارها والاستفادة منها في تجربة ريادية ما، إذا كانت ذات طبيعة إيجابية** . فمثلاً نستطيع أن نتحدث هذه الأيام في ظل تحولات معظم دولنا نحو ما يسمى بالخصخصة عن آثار ذلك المتوقعة على البطالة، أو على الجريمة الإقتصادية، أو على مستقبل التنمية المستقلة أو ... أما أن يتم التحول بصورة دراماتيكية دونما دراسات مسبقة لما يتصل بذلك من مشكلات مستقبلية فإن ذلك يعتبر أهم مظاهر التخلف والتعسف في استخدام السلطة، التعسف الذي يقع هذه المرة على مستقبل الأمة وليس على بضعة من أفرادها أو على حاضرها وحسب .وكذلك الأمر فيما يتعلق بالمشكلات التي تتحدث عن مستقبل أثر التلوث على الثروات الطبيعية ، أو الوضع الحضاري في الدول البترولية بعد نفاد الإحتياطي، أو في حالة استخدام مواد بديلة، أو في حالة إستمرار التراجع في المخزون المائي ... الخ.

النوع الثالث :المشكلات الخاصة،أو مشكلات المشكلات،كما أرغب في تسميتها، وهي **التي لا تتعلق فعلياً بأي قضية أو ظاهرة حالية أو مستقبلية بل هي المتعلقة بالعمليات والتحديات الإبداعية والإبتكارية التي تواجهها المجتمعات والمنظمات أثناء سعيها للدخول نحو المستقبل.فالإبداع هو مفتاح المستقبل،** وأن المشكلات الإبداعية هي اهم المشكلات التي يجب أن يلتفت إليها المسئولون والباحثون في أي مجتمع أو منظمة

لتكون هناك ضمانات بإستمرار الوجود في المستقبل،أو بتحقيق مزيد من النهوض عند الوصول إليه.وبعد؛فإنه ينبغي الإهتمام بعدد من الملاحظات أو المطالب الأساسية عند البدء في بلورة المشكلة وتحديدها، وهي:

أولاً : ضرورة حصر جميع الأعراض أو المؤشرات التي تتعلق بالمشكلة التي هي محل الإهتمام ، وأن عدم إكتشاف أحد الأعراض أو إهماله لعدم أهميته التي تبدو محدودة للوهلة الأولى، قد يحول دون التحديد الصحيح، وقد يكون لذلك أثره السلبي والحاسم على سير عملية البحث برمتها . فالطبيب الذي يشخص حالة ما بالإستناد إلى الأعراض البارزة أو المباشرة قد يكون أفشل الأطباء على الإطلاق، وبخاصة في حالات المرض المستعصية .

ثانياً : ضرورة إدراك أن عدد المشاكل التي تتعلق بمجتمع أو بمنظمة أو بظاهرة ما، لا يساوي عدد الأعراض التي يتم تحديدها أو كشفها، وإن كان التناسب بين الحالتين له طبيعة طردية إلى حد ما. ولا تعود هذه الملاحظة فقط إلى احتمال وجود أعراض ما لم يتم كشفها بعد، بقدر ما تعود إلى إحتمال وجود أكثر من عرض، وربما سلسلة من الأعراض لمشكلة واحدة فقط .وبالتالي فإن مهمة الباحث في هذا المجال تصبح متركزه في البداية من أجل فرز الأعراض، وتحديد ترابطاتها، وتكوين صور كلية عن المشكلات التي تتصل بها.

والسؤال الذي يطرح نفسه بعد ذلك هو، كيف تتم الصياغة المثلى للمشكلة ؟؟

تفترض الإجابة عن هذا السؤال : أن يحدد الباحث هدفه في بحثه للمشكلة التي يهتم بها، وتختلف صياغة المشكلة باختلاف الهدف ، وهنا يمكن التمييز بين عدة صياغات هي:

(١) **الصياغة الوصفية** (المشكلة وصفية)، ويكون ذلك عندما يريد الباحث ان يكتفي بدراسة **المشكلة دراسة وصفية تمكنه من تحديد العناصر أو المتغيرات المتعلقة بالظاهرة أو الحدث الذي تتصل به المشكلة،** وعندئذ لا بد أن تكون الصياغة

النهائية للمشكلة ذات دلالات وصفية، وسيكون منهجه في البحث منهجاً وصفياً. فمثلاً يمكن أن يركز الباحث على دراسة تجربة ما أو نموذجاً ما أو ظاهرة ما ... كأن يقول مثلاً أن مشكلته هي " تجربة الإصلاح الإداري في المملكة المتحدة " أو" التجربة الصينية في التنمية الصناعية" أو "النموذج الياباني في الإدارة" أو خصائص التربة في القشرة الأرضية في الأردن " أو الثروة الحيوانية في إستراليا أو " الثروة السمكية في بحر العرب " ...الخ. وقد لاحظنا عند عرضنا لمناهج البحث، أن الدراسات الوصفية تمثل مرحلة أساسية من مراحل البحث العلمي، وأنه يتعذر الإنطلاق إلى المراحل الأخرى الأكثر عمقاً إلا بعد القيام بمثل هذه الدراسات [٥].

(٢) **الصياغة التحليلية**(المشكلة التحليلية)،ويكون ذلك عندما يرغب الباحث في ان ينتقل إلى بحث العلاقات الترابطية بين بعض العناصر أو المتغيرات(أو ما يسميها بعض الباحثين بالمتحولات)المتعلقة بظاهرة معينة أو بحدث محدد أو بحالة محدده،وعندئذ لابد

---

(٥) يلاحظ أن معظم أساتذة الجامعات الجدد، وبخاصة خريجي الجامعات الأمريكية، يهملون هذه الدراسات، ولا يعتبرون أي موضوع بحثي فيها مشكلة بحثية، ويعود ذلك إلى أن زخم وعراقة عملية البحث في الولايات المتحدة ، قد غطى في المراحل السابقة معظم الدراسات والمجالات الوصفية، مما أصبح يطالب الباحثين هناك بالتركيز على الأبحاث التحليلية والتجريدية التي تبحث في العلاقات الترابطية بين المتغيرات، وإستخدام الأدوات الإحصائية المناسبة في ذلك . وتقليداً أعمى لذلك يجيء هؤلاء ليبدأوا في توجيه الطلبة لبحث مثل هذه الموضوعات في مجتمعاتنا وإعتبار أن أي بحث لا يطبق الأدوات الإحصائية على أنه ليس بحثاً علمياً، وهذا هو أحد أسرار تخلف عملية البحث في مجتمعاتنا، التي لم تزل الدراسات الوصفية فيها محدودة جداً، ولم تستطيع بناء المساحة المعرفية اللازمة للتوسع في الدراسات التحليلية . ودعوتي هنا لا تعني إهمال الدراسات التحليلية بل لا بد أن تقوم على التوسع في الدراسات الوصفية، وحبذا لو تم الربط بين المنهجين في الدراسة الواحدة ما أمكن ذلك.

هذا، مع إستمرار التحذير من إستخدام النماذج التي طبقها الباحثون الغربيون في مجتمعاتهم على دراسة المشكلات المتعلقة بمجتمعاتنا، حيث يلاحظ أن معظم عمليات البحث أصبحت تتركز حول موضوعات محددة، كموضوع الرضى الوظيفي في الإدارة مثلاً، مع إستخدام نموذج (س) أو ص أو (ع) في ذلك وتطبيقه على مؤسسات هنا أو مؤسسات هناك .. وكفى المؤمنين شر القتال .. إننا في حاجة ماسة إلى الأبحاث والدراسات الوصفية الجادة والشاملة قدر إحتياجنا للدراسات التحليلية المتعلقة بالدراسات الوصفية التي تكون قادرة على التجديد وليس التقليد.

أن تأتي الصياغة النهائية للمشكلة معبرة عن هذا الهدف، وتكون ذات دلالة تحليلية. ويمكن التمثيل على ذلك كما يلي:

- العلاقة بين الرضا الوظيفي ومستويات الإنتاجية في شركة (س).
- الإستقرار السياسي والتنمية في دولة (ص).
- معدلات الجريمة ومستويات البطالة في المجتمع (ع).
- الحوافز المادية والمعنوية وإنجاز العاملين في شركة (هـ).
- مناخ الحوار داخل الصفوف والمستوى الثقافي للطلاب.

وهكذا ...

يشير كثير من الباحثين إلى أن مشكلة البحث يجب أن تعبر عن علاقة بين متغيرين أو أكثر دونما تمييز بين الأبحاث الوصفية والأبحاث التحليلية، وإنني أستهجن هذا الأمر، وبخاصة في مجتمعاتنا العربية التي لم تزل عمليات البحث فيها متخلفة، والمجال الوصفي مفتوح على مصراعيه (لاحظ الملاحظة الهامشية السابقة) .

كما يشيرون إلى ضرورة أن تكون صياغة المشكلة في صورة سؤال ، فإذا كان البحث وصفياً ويتعلق بدراسة " التجربة الصناعية في الصين " فإن المشكلة تصبح هي " ما هي ابعاد التجربة الصناعية في الصين " أو ما هي خصائص النموذج الإداري الياباني، أو ما هي مشكلات الثروة السمكية في بحر العرب " . أما إذا كان البحث تحليلياً والمشكلة تحليلية فتصبح الصياغة مثلاً " ما هو أثر الرضى الوظيفي على مستويات الإنتاجية " " ما العلاقة بين الإستقرار السياسي والتنمية، أو ما العلاقة بين معدلات الجريمة ومستويات البطالة " وهكذا ... .

ونحن إذ لا نرغب في الوقوف أمام هذا الموضوع، ولا نجد أي غضاضة في أن تتم صياغة المشكلات في صورة تساؤلات ، فإننا لا نجد أي غضاضة أيضاً في صياغة المشكلة في صورة عبارة محددة، طالما أن كلا الصياغتين تصبان في النهاية في هدف واحد .. **ونؤكد الدعوة للأكاديميين في مجتمعاتنا بضرورة عدم الوقوف عند هذه التفاهات،**

ولتكن رسالتنا بإستمرار هي الاثراء والنهوض الموضوعي وعدم محاصرة أنفسنا بالشكليات.

وأخيراً، فإنه ينبغي الإهتمام عند تحديد المشكلة وصياغتها بأن تكون المشكلة قابلة للتعامل المنهجي العلمي، سواء كان ذلك تعاملاً تجريبياً فيما يتعلق بالظواهر أو المشكلات القابلة للتعامل التجريبي، أو تعاملاً مقارناً بالنسبة للظواهر والمشكلات التي يتعذر بحثها بحثاً تجريبياً. وهنا أيضاً ينبغي التنبيه إلى مغبة ما يثيره كثير من الباحثين الذين يقولون بأن المشكلة المبحوثة لا بد أن تكون قابلة للتعامل التجريبي وبدون ذلك فإنها لا تكون مشكلة علمية بحال من الأحوال ، وأنه لا بد أن تكون متغيراتها من النوع الذي يمكن قياسه بصورة كمية [٦]، **ونجدد الدعوة إلى ضرورة إدراك أن المنهج التجريبي هو المنهج الأول والأهم إلا أنه ليس المنهج الأخير، وأن معظم الظواهر الإنسانية وترابطاتها متعذرة على التعامل التجريبي** ، وهذا ما أفسح مساحة مهمة للبحث المقارن، وتطبيقات منهج المقارنة الذي أشرنا إليه، كما نجدد الدعوة إلى ضرورة الإهتمام بالقياسات الكمية طالما أن المشكلات المبحوثة ذات دلالات كمية، أما في الحالات التي يتعذر فيها القياس الكمي المباشر فإنه يمكن إتباع أساليب البحث الكمي المتعارف عليها، للأغراض العلمية النظرية فقط، ولكنه لا يجوز الإعتداد بنتائجها للأغراض التطبيقية، وذلك لأن مثل هذه الدراسات تعتمد على قياسات غير مباشرة، وعلى مقاييس ومعايير ذات طبيعة إجتهادية غالباً، ومهما كان الإدعاء بأنه قد تم فحصها والتأكد من مشروعيتها كما يفعل معظم الباحثين في هذه المجالات.

---

(٦) لاحظ : فاخر عاقل ، مرجع سبق ذكره ص ٤٦.

الخطوة الثالثة : تحديد أهمية البحث (أهدافه وغرضه)[٧]:

ليس ثمة شك في ان عملية التحديد الواضحة والدقيقة، والصياغة المحددة لمشكلة البحث، تكشف بدرجة عالية عن هدف البحث فيها، إلا انه قد يتعذر إدراك الغرض الكامن وراء الهدف من قبل القاريء أو المتتبع، وبذلك فإنه قد لا يتلمس بوضوح الأهمية العامة للبحث. لذلك فإننا نرى أن عملية البحث تفترض تحديد الهدف بصورة نهائية، وعدم الإكتفاء بما يمكن أن يتوصل اليه القاريء من دلالات عن طريق تعرفه على المشكلة.

اما الغرض، فقد لا يتم تحديده، وذلك إما لأن الباحث لا يريد الإعلان عن غرضه الذي قد يكون حساساً، وقد يلحق الأذى به لو قام بالإفصاح عنه، وبخاصة في الأبحاث ذات الطبيعة السياسية أو الثقافية، أو لأن الباحث قد يستقطب للقيام ببعض الأبحاث إستقطاباً، أو قد يكلف ببحث موضوع ما تكليفاً، ولا يستطيع أن يتعرف على الأغراض الفعلية التي تريدها الجهة التي استقطبته أو كلفته ، و قد يكون موضوع بحثه ومشكلته ذات دلالات بريئة، في الوقت الذي قد يتم إستثمار نتائج البحث وتحقيقه لأهدافه إستثمارات غير بريئة، **وهذا ما يمكن ملاحظته في الأبحاث التي تمولها مراكز المعلومات الأجنبية في مجتمعاتنا العربية، وينخدع كثير من الباحثين بالعائد المادي، وبأن الموضوعات المبحوثة لا غضاضة حولها...**

وبذلك، فإنه لا يمكن تحديد الأهمية تحديداً واضحاً وكاملاً إلا إذا كان البحث بمبادرة من الباحث ، وكان الباحث راغباً في الإفصاح عن أهدافه وأغراضه معاً. وبدون ذلك فإنه يكون بمقدور الباحث الحديث عن أهداف البحث وحسب.

---

(٧) يتميز هدف البحث بأنه يحاول الإجابة على السؤال (ماذا) ، أما غرض البحث فيحتاج إلى الإجابة عن السؤال (لماذا)، فقد يكون الهدف هو دراسة العلاقة بين النموذج الديمقراطي والإستقرار السياسي، أما الغرض فقد يكون هو التحريض على النضال من أجل بناء الديمقراطية ...

ولعلنا في هذا المجال ،ننبه إلى أن تحديد أهداف البحث وأهميته قد لا يتم من الناحية الشكلية بتفريد عنوان مستقل له، ويمكن عرض ذلك في ثنايا المقدمة العامة، وإنني لاستعجب من بعض الأكاديميين في هذه الأيام، الذين يقومون بمهمة تقييم بعض البحوث محاصرين أنفسهم والآخرين ببعض الشكليات التافهة. وقد لاحظ الكاتب بالمعايشة المباشرة أن هؤلاء قد يرفضون نشر بحث بمجرد أن الباحث لم يخصص عنواناً لأهداف البحث أو لأهمية البحث ... أو غير ذلك ... وهذا ما ينطبق أيضاً على الحديث السابق عن مشكلة البحث وغيره من الموضوعات التي تشملها مقدمة البحوث عادة ، ونؤكد الدعوة باستمرار **على أنه ينبغي تحقيق هذه المطالب إلا انه لا يفترض تفريد عناوين مستقلة بكل منها،** وبخاصة بالنسبة للأبحاث الصغيرة، أو الأبحاث التي تريد أن تاخذ طريقها للنشر على صفحات بعض المجلات التي قد تشترط أن لا يزيد عدد صفحات البحث عن كم محدود سيتم استنزافه لو تم وضع هذه العناوين بشكل منفصل، وقام الباحث بالاجتهاد للتعبير عنها في تحليلات خاصة.

الخطوة الرابعة : رصد ومطالعة الدراسات والأبحاث السابقة بصورة أولية :

تبدأ هذه الخطوة نظرياً من حيث تنتهي المرحلة السابقة، إلا أنها من الناحية الفعلية تتوازى وتتشابك في كثير من مستلزماتها وتفاعلاتها معها. وتبدو أهمية هذه الخطوة، لأنها تمكن الباحث العلمي من التعرف على النتائج التي توصل إليها الباحثون السابقون، وسياقات تطبيقاتهم المنهجية، وأدواتهم البحثية وغيرها، مما يساعده أن يتجنب أي تكرارات أساسية قد تفشل أو تضعف قيمة بحثه وتبطل أهميته ، وحتى يهتدي بالنماذج والأدوات التي إستخدموها، ويستطيع أن يحدد مسارات بحثه بما يضمن أن يضع بصماته الخاصة ومساهماته المميزة. فإذا كان موضوع بحثه قد تم طرقه في كثير من الأبحاث السابقة ويبدو من الناحية النظرية مكرراً، فإنه يمكن للباحث أن يجري التطبيقات الجديدة، ويجعل لبحثه قيمة علمية وعملية مقبولة. وفي هذه الحالات فإنه يستطيع أن يستغني عن مراجعة وإستعراض كثير من هذه المساهمات في مقدمة بحثه، حيث لو عمل على حصرها

ومراجعتها وعرضها في بحثه لاحتلت مساحة كبيرة، وكانت عبارة عن تكرارات نظرية لا قيمة لكثير منها بحكم تكرارها[8]. ويستطيع أن يكتفي بمجرد الإشارة لعناوين أحدثها وحسب، أو بالأبحاث الأصلية منها. حتى في الحالات التي تكون الدراسات السابقة فيها محدودة فإننا نعتقد بأن إستعراض هذه الدراسات تحت عنوان مستقل يعتبر بدعة لا قيمة لها، ونجد بأن الباحث يستطيع الاكتفاء بالتنويه بوجود دراسات سابقة في الحالات التي تكون تلك الدراسات ذات قيمة علمية مميزه دون الدخول في إستعراضاتها، وبخاصة أنه سيشير إلى كل ما سيحصل عليه من دراسات في إطار إقتباساته وملاحظاته الهامشية التي يعتمد فيها على هذه الدراسات التي تمثل بشكل طبيعي مصادره الأولى والرئيسية ... **فالحكمة الأساسية في البحث العلمي** هي تمكين الباحث من أن يستشعر حريته، وأن يعبر عن طاقاته وإبداعاته، وعدم تقييده بأية قيود شكلية قد تستنزف وقته دون أن تكون لها أي قيمة إضافية. وهنا فإننا نرغب في التوكيد على الدعوة إلى تجاوز هذه البدعة في عصر يتميز بالتسارع الهائل في التعامل مع المعلومة، وعلينا التشبث بالجوانب الموضوعية والجوهرية في عملية البحث، وما يتصل بها من تراتيب شكلية أساسية وحسب، والانصراف عن أي قيود شكلية أخرى لا تقدم ولا تؤخر في جوهر الموضوع.

وخلاصة القول، إننا ندعو الباحثين إلى ضرورة مطالعة ما يجدونه مناسباً من البحوث والدراسات السابقة، **وذلك ليس بهدف إستعراضها في ابحاثهم، وإنما لأهميتها**

(٨) من أبرز الطرائف التي عايشتها أنني كنت أستشار بشكل شخصي من أحد الزملاء الذي كان يحضر لرسالة الدكتوراه في موضوع إدارة الجودة الشاملة ويعمل على دراسة تطبيقاتها في بعض المنظمات الأردنية، وطلب منه مشرفه أن يدرج الدراسات السابقة في المشروع الذي عليه تقديمه للموافقة على موضوعه بصورة نهائية، ووجدته مستغرقاً في متابعة هذه الدراسات على شبكة الإنترنت وخلافها، ورغم سعادته أنه وجد نفسه أمام آلاف العناوين وحرصه على حصرها، إلا أنني حذرته من الدخول في هذه المتاهة التي سوف تستنفد كل وقته وطاقته، وإذا كان بحث الدكتوراه يفترض الإشارة للدراسات في السابقة حسب رغبة المشرف فإنه عليه الإكتفاء بالعدد المحدد والذي يمثل المساهمات الأصلية في هذا المجال، ولحرصه على إرضاء مشرفه حتى يتمكن من التسجيل لم يزل منذ ذلك الوقت جالساً أمام شبكة الإنترنت، أعانه الله على مشرفه وعلى ما هو فيه.

في تشكيل تصوراتهم الذهنية اللازمة حول الموضوع الذي يفكرون في بحثه ، ومن أهم ما يميز الباحث المتمرس أنه يملك مهارة خاصة يستطيع من خلالها فرز مراجعه ومصادره، وإختيار أفضلها، وإخضاعه للمراجعة والتبصر، كما انه يستطيع أن يعرف متى يمكنه الإنتهاء من هذه الخطوة والبدء في الإنتقال إلى خطوات أخرى، وبدون هذه المهارة فإنه يكون باحثاً مستحقاً للشفقة.

الخطوة الخامسة وضع الإفتراضات الأساسية:

تعرف كلمة " الإفتراض " حسب أصلها اليوناني بأنها تعبير عن المبادئ الأولية التي يسلم العقل بصحتها ، ولا يستطيع البرهنة عليها بصورة مباشرة لشدة عموميتها ولم تزل العلوم الرياضية تستعمل هذا الفهم حتى الآن.

وقد استخدام أفلاطون هذا المعنى، وقد عرف أرسطو الإفتراض بانه المنبع الأول لكل معرفة نكتسبها ، وأنه نقطة البدء في كل برهنه ، أي أنه المبدأ العام الذي يستخدم كإحدى مقدمات القياس عنده [٩]. **ولكن الفهم الحديث للفرض فإنه يعني الحدس أو التكهن بحقائق الأشياء أو الظواهر .. أو بمعنى أخر هو تعبير عن الصياغة الحدسية أو الذهنية (عقلية) التي تبزغ لدى الباحث العلمي بالإستدلال الإستقرائي أو الإستنباطي" ، أثناء ملاحظته ظاهرة ما أو تبصره في فكرة ما، أو إنشغاله في موضوع ما.**

وكما يتبين لنا فإن الفرضية تتصل إتصالاً وثيقاً بموضوع المشكلة وعملية تحديدها التي تبزغ لدى الباحث، ويصبح مشغولاً بالتعرف عليها ، بل أن هذه الفروض لا تعدو أن تكون صوراً ذهنية أو حدسية جزئية أو كلية تتكون لدى الباحث عن المشكلة التي يستغرق فيها، ويطرحها عادة في صيغة " مشروعات قوانين" أو مشروعات قواعد " إن جاز التعبير، لتكون محل عملية بحث علمية لاحقة للتحقق منها أو دحضها.

---

(٩) د. محمود قاسم، مرجع سابق ، ص ١٥٤- ص١٥٥.

وهكذا ، فإن توليد الإفتراضات يعتمد على طاقة الحدس العقلي، أو الخيال العلمي لدى الباحثين العلميين، وهو الخيال المستند إلى نتائج الملاحظة العلمية المتبصرة، لأنه يرتبط بالظواهر أو الأحداث أو الأفكار المتصلة بالواقع (الواقعية) بداية ونهاية. وكلما **كانت هذه الطاقة عالية ومثابرة كلما أمكن الباحثون من تحقيق إنجازات كبيرة، والعكس بالعكس، وكما يقول " رينيه الوريسش" "إن قوانين الفكر واحده، ولا يستطيع الباحث إبداع شيء ما إلا إذا خلع على بحثه جزءاً من نفسه، وهذا الجزء الذي يقتطعه هو الخيال الذي يزيد ثروة الكون، وكما أن للعقل وقته فإن للخيال وقته أيضاً "[10] وكما يقول " كلود برنارد" إن طاقة الحدس والتخيل العلمي هي " أصل الإبداع" وأنه يستحيل منهجتها وصناعتها" فليس هناك شروطاً صارمة ومحددة للخيال على خلاف الحال بالنسبة للملاحظة والتجربة، وكل ما يحتاجه الأمر أن يكون الباحث حراً جسوراً في تتبع أفكاره وأرائه، وأن لا يخشى- أي مناقضة للنظريات السابقة، وأن يكون صبوراً مثابراً ومنشغلاً بإستمرار بالموضوع الذي يركز عليه إهتمامه، ومن ثم يثق في أن طاقة العقل وآلياته سوف تدخله دائرة التخيل بشكل أو بآخر، بفكره أو بأخرى ، ولا يشترط، أن تكون النتائج دائماً إبداعية.** فالإبداع فكرة حدسية تظهر كخطف البرق كما لو كانت وحياً مفاجئاً، وتبرز كالبذرة التي تحتاج وقتها للعمل المنهجي الذي يرعاها ويمدها بشروط نموها وإزدهارها. وإن الرجال الذين يحدسون بالحقائق قلة نادرة، أما بقية الباحثين فقد يقومون بتنمية ما تتوصل إليه القلة من أفكار .[٣]

وتنقسم هذه الفروض إلى ثلاثة أنواع هي : النوع الأول : وهو الذي تتركز فيه الإفتراضات حول بنية الظاهرة أو الحدث أو الفكرة وعناصرها أو متغيراتها **(أي**

---

(١٠) **المرجع نفسه**، ص ١٥٠ ويشير الكاتب إلى قول " إسحق نيوتن" في وصفه للكيفية التي تتشكل فيها حالته الحدسية الإبداعية حيث يقول، إنني أجعل الموضوع (المشكلة) نصب عيني، (أي ينشغل فكرياً بها)، حتى تبدو الأشعة الأولى، وتسطع شيئاً فشيئاً في ذهني ، حتى تنقلب وتتحول إلى ضوء مفعم وكامل (ص ١٥٢).

الصور الوصفية) ، وبذلك تكون الإفتراضات المتصلة بها إفتراضات وصفية، من الأمثلة على ذلك الإفتراضات التالية :

- إن العاملين في المنظمة (س) يعانون من الإجهاد النفسي.

- إن تجربة الإصلاح الإداري في المنظمة (س) لم تحقق أهدافها المرجوه.

- إن فجوة طبقة الأوزون في حالة تزايد مستمر.

- إن الأحزاب السياسية في دولة (س) غير قادرة عل القيام بدورها في تنظيم السلطة.

- يزداد التلوث في الخليج العربي بصورة مطردة .

بدأ الإهتمام بهذا النوع من الفروض منذ أكد " كارل بيرسون" على الوظيفة الوصفية للعلم والبحث العلمي، **ومما لا شك فيه،أن هذه الفروض هي القاعدة الأولى أو القناة الأولى للتفاعل بين الإنسان وبين الموضوعات التي ينشغل ببحثها (ظواهر أو أحداث أو أفكار)**، وتبرز كما اشير في حديثنا عن المنهج الوصفي كمقدمات ضرورية تمكن الباحثين المثابرين من الإنتقال إلى مراحل البحث الأخرى، وهذا هو أساس العمليات التحليلية أو التجريدية، وهذا ما يمثل أبرز الأسباب وليس السبب الوحيد الذي يعطيها أهميتها. ولذلك فإن الإفتراضات الوصفية تعتبر إفتراضات قابلة للتطوير، وهذا ما دفع " بجوبال" إلى تسميتها **"الإفتراضات الخام "** التي يتمكن الباحث بالإستناد إليها من تجميع معلومات هامة حول موضوعه، إلا أنها لا تمكنه من التعرف على القوانين أو القواعد المتصلة بهذا الموضوع.

النوع الثاني، وهو الذي تتركز فيه الإفتراضات حول العلاقات الترابطية بين المتغيرات أو العناصر المتعلقة بموضوع البحث، وبذلك تكون الصور الإفتراضية التي تتشكل في ذهن الباحث ذات طبيعة تحليلية، **وتكون الإفتراضات المتصلة بها تحليلية،** وكما يلاحظ فإن هذه الإفتراضات لا تقوم إلا على اساس ما تم إنجازه من خلال الإفتراضات الوصفية. وهنا ينبغي التمييز بين شكلين من الإفتراضات:

الشكل الأول : الإفتراضات البسيطة وهي التي تقتصر على بحث العلاقات الترابطية بين متغيرين فقط، ولا نقصد بوصفنا لهذه الإفتراضات بالبساطة أنها سهلة البحث أو أنها غير مهمة، أو غير ذلك مما قد يدور في ذهن القاريء. بل هو وصف يتصل بعدد المتغيرات، وقد تحتاج عملية البحث في مثل هذه الإفتراضات إلى دراسات غاية في التعقيد والأهمية، وقد تستنزف وقتاً وجهداً وموارد مالية وتجهيزية تفوق ما يمكن أن يخطر على بال أي متتبع عادي. وقد تكون **عملية بحثها عادية ولا تحتاج إلى جهود أو إمكانات كبيرة،** وذلك حسب طبيعة الموضوع محل البحث. ومن الأمثلة على ذلك:

- تتناسب درجة الإستقرار السياسي في المجتمع طردياً مع مستويات التقدم التنموي.
- يترابط الفساد الإداري مع الفساد السياسي طردياً.
- إن العلاقة بين التدخين والإصابة بمرض السرطان علاقة طردية.
- إن للدواء (س) أثراً عكسياً على وظيفة البنكرياس.

الشكل الثاني : الإفتراضات المركبة ، وهي التي تبحث في العلاقات الترابطية بين أكثر من متغيرين مما يفرض تعقيداً رئيسياً في سير عملية البحث، وذلك بغض النظر عن درجة الأهمية المتعلقة بالموضوع محل الدراسة. وينقسم هذا الشكل إلى نمطين من العلاقات :

النمط الأول : العلاقات الترابطية الجزئية، وهي التي تبحث في علاقة متغير واحد مع عدد آخر من المتغيرات مثال العلاقة بين الإستقرار السياسي من ناحية، وبين تعددية القوى السياسية، ومستوى الفساد السياسي أو الإداري والإنقسامات الإثنينية في المجتمع ... الخ.من ناحية أخرى.

النمط الثاني : العلاقات الترابطية المتعددة، وهي التي تبحث في العلاقات بين مجاميع المتغيرات بغض النظر عن العدد في داخل كل مجموعة. وذلك مثال بحث العلاقة بين بعض المتغيرات السياسية، كمتغير فعالية السلطة السياسية، وفعالية الأحزاب السياسية، وفعالية القوى الضاغطة مع بعض المتغيرات الإجتماعية، كمتغير الإندماج الإجتماعي ، ومتغير القيم الإجتماعية ... الخ.

القيم الإجتماعية ... الخ.

النوع الثالث : وهو الذي تتركز فيه الإفتراضات حول الصور "المجردة" أو " الصورية" التي تتصل بعمليات الاستدلال الرياضي أو الهندسي، أو بغير ذلك من الموضوعات المتعلقة بالظواهر النفسية والاجتماعية التي تقتصر عملية بحثها على العمل العقلي التجريدي وحسب. ومما يميز هذا النوع من الإفتراضات عن النوعين السابقين أنه لا يكون قابلاً للتحقق التجريبي الملموس والمباشر ويظل التعامل معه عقلياً، بينما تعتمد الافتراضات الأخرى على ذلك.

وبرغم أنه يتم التوصل إلى هذه الإفتراضات بمعزل عن الخبرة العملية أو التجريبية إلا أنها تعتبر ذات قيمة هامة وعنصر أساسي في فهم الواقع وما يتصل به من قواعد وقوانين علمية. ومن أهم الأمثلة على ذلك إفتراضنا أن أي نظام (System) يتألف من تفاعل مقومات هيكلية ومقومات وظيفية ومقومات علائقية، أو القول بأن " بقاء أي نظام إجتماعي أو إداري، يعتمد على مدى توازنه الديناميكي"، أو أن " سعادة الإنسان تعتمد على توازنه النفسي ... الخ. وكذلك الإفتراضات التي تقول مثلاً بأن الخطين المتوازيين لا يلتقيان، أو أن أقصر خط يصل بين نقطتين توجدان على سطح واحد هو الخط المستقيم.

وتختلف صياغة الفرضية بحسب طبيعة العلاقة المحتملة بين متغيراتها ، وإنه يمكن رصد ثلاثة طرق رئيسية هي : (١١)

الطريقة الأولى: طريقة الإثبات الطردية، وهي التي تصاغ بأسلوب يؤكد وجود علاقة إيجابية وطردية بين المتغيرات التي تتكون منها، وذلك مثال القول " أن هنالك علاقة إيجابية وطردية بين الإستقرار السياسي والتنمية الاقتصادية ".

---

(١١) ظاهرة الكلالده، محفوظ جودة ، **مرجع سابق** ، ص ٨٤- ٨٦.

الطريقة الثانية:طريقة الإثبات العكسية،وهـي التـي تكـون العلاقـة بـين متغـيرات الفرضيـة ذات طبيعـة عكسية،وذلك كالعلاقة بين العرض والطلب، أو العلاقة بين التنمية والفساد السياسي في المجتمع.

الطريقة الثالثة: طريقة صياغة النفـي، وهـي التـي تعـبر صيغتها عـن عـدم وجـود علاقـة بـين متغـيرات الفرضية، ويسمى هذا النوع من الفرضيات بالفرضيات الصفرية، ومثال ذلك القول " لا توجـد علاقـة ذات دلالة بين مستوى التحصيل العلمي والمستوى الاقتصادي ".

وبعد ، فإنه ينبغي التنويه بأن هناك بعض الفلاسفة الذين حاربوا فكرة إعتبار وضع الإفتراضـات خطوة أساسية في عملية البحث، ومن أهم الحجـج التـي اقـاموا آراءهـم عليهـا، أنهـا **تقـوم عـلى الحـدس والخيال**، وبذلك فإنها تفقـد صـلتها الفعليـة بـالواقع وتبتعـد بالباحـث عـن الحقـائق الخارجيـة، وينبغـي الاكتفاء بالملاحظة والتجربة ليتمكن الباحث من الكشف عن الحقـائق والقـوانين التـي يسـعى إليهـا ، وفي هذا يقول " توماس رد" بأنه ما من فرض كان سبباً في الكشوف التشريـحية والعضـوية، بـل أنهـا ترجـع إلى الملاحظات الوئيدة، وإلى التجارب الدقيقـة، التـي أثبتـت كـذب وبطـلان كثـير مـن الفرضيات والنظريـات السابقة التي وضعها كبار الباحثين والتي كانت سبباً في ضلال العالم لمدة طويله، وأنـه يجـب إحتقـار مثـل هذه الفروض شأنها شأن كل محاولة عابثة وهمية تزعم أنها تنفذ إلى أسرار الطبيعة والحياة بقوة العقـل والخيال"وهذا ما أكده"روسو"بقوله أنني أعلـم أن الحقيقـة توجـد في الأشـياء"الظـواهر"لا في عقـلي الـذي يصدر أحكامه عليها، وكلما قلّ مقدار ما أخلعه من نفسي على هذه الأحكام زدت يقيناً بأنني سأكون أشـد قرباً من الحقيقة[١٢].

وبرغم هذا التيار الذي بقي جارفاً فترة طويلة إلا انه أصبح ينحسر بقوة أمـام ظهـور عـدد مـن المفكرين **الذين أكدوا على وظيفة العقل، ورفع القيود عن الخيال العلمي، شريطـة أن تكـون الحقـائق " النتائج التجريبية " هي القول الفصل في القيمة**

(١٢) محمود قاسم ، **مرجع سابق** ، ص ١٦٤.

العلمية لذلك. فكل فرض مباح في ذاته إلى أن يستطيع العقل التحقق منه أو دحضه، وكما يقول " هويول" إنه من الفطنة ألا يتسرع الباحث في رفض إفتراض لا يستطيع التحقق منه في الوقت الحاضر، فالعلم في حالة تطور دائم، وما لا يمكن بحثه اليوم قد نستطيع بحثه غداً [١٣] ويؤكد على ذلك " كلود برنارد" بقوله صحيح أنه من الواجب الإعتماد على الملاحظة والتجربة، وتسجيل نتائجهما دونما التقيد بفروض مسبقة ، ولكن من واجب الباحث أن يحذر الإبتعاد عن الفروض، وعلى المرء أن يطلق لخياله العنان، فالفكرة، هي أصل كل استدلال واختراع، ولا يجوز وأدها، وإنما يجب تنظيمها وتدقيقها بصورة موضوعية مجردة عن الهوى ،ولولاها لتحولت مهمة الباحثين إلى مجرد تكديس ملاحظاتهم حول الموضوعات التي يدرسونها.

ويقول ، إنه لا علم بدون فروض ، وان الفروض حتى لو كانت فاسده فإن بحثها قد يرشدنا إلى إكتشافات أخرى[١٤]. وأنه ينبغي التمييز بين مرحلة التخيل وبناء الفرض ومرحلة التدقيق والفحص: **فالمرحلة الأولى** تعطي الباحث كل الحرية في التخيل والإنطلاق، **وفي المرحلة الثانية** يصبح أسير الوقائع الفعلية. ونحن إذ نتفق مع ما انتهى إليه هؤلاء المفكرون، فإننا أيضاً ننبه إلى ضرورة التزام الباحثين،عند وضع إفتراضاتهم، بعدد من الشروط الأساسية التي تحفظ لافتراضاتهم قيمتها ووظيفتها العلمية، وأهمها :[١٥]

أولاً : أن تكون قابلة للتعامل المنهجي العلمي وذلك للتحقق من صدقها أو دحضها . فالفرضية ليست تعبيراً عن خيال جامح في عالم المجهول بلا قيود ولا حدود، ولا بدّ أن نستند إما إلى ملاحظة متبصرة وواقعية، أو لمحاولة تجريبية، أو تأتي كنتيجة

---

(١٣) **المرجع نفسه،** ص ١٧٤.

(١٤) لاحظ د. يمنى الخولى ، **مرجع سابق** . ص ١٥٠.

(١٥) لاحظ : L.R.Gay & P.L .Diehl, **Research Methods For Business and Management** (Macmillan Publishing Co .New York , 1992). PP.72-76.

متممة لنظرية أو فكرة سبق التسليم بها والتثبت منها، وإنه لمن الخطأ أن يتم الإعتماد على الخيال وحده.

ثانياً : أن تكون محددة بدقة وبوضوح، وخالية في صياغتها من أي تناقضات، وهذا يفترض إستبعاد الأحكام القيمية من صياغة الفروض، وإستبعاد كل حكم مسبق يتعلق بها.

ثالثاً: أن تكون موضوعية، بمعنى ألا تتعارض مع أية حقائق أو مسلمات قررها العلم أو كشف عنها الواقع بصورة مؤكدة.

رابعاً: أن لا يتم الإستغراق في عرض الإفتراضات بصورة تؤدي إلى تعددها تعدداً كبيراً، وأن يقتصد الباحث في صياغته لهذه الإفتراضات، وذلك حتى يستطيع التعامل معها والسيطرة عليها وتنظيم عملية بحثه لها. وإذا وجد الباحث نفسه أمام واقع يفرض عليه أن يبحث إفتراضات عديدة حتى يتمكن من التوصل إلى النتائج اليقينية فإن عليه أن ينظم عملية تعامله معها بحيث لا يختبر أكثر من فرض واحد في كل مره. وألا ينتقل من فرض لآخر حتى ينتهي من الذي بدأه أولاً .. وهكذا ..

خامساً: أن تكون الافتراضات معبرة عن متغيرات المشكلة، وأن تكشف في صياغة الفرضية عن طبيعة العلاقة بين هذه المتغيرات ليتحدد على ضوء ذلك أي **المتغيرات هي متغيرات مستقلة وأيها متغيرات تابعة. والمتغير المستقل** هو الذي يبرز بإعتباره السبب المتحكم في حركة أو وضعية أو طبيعة المتغير التاسع الذي يبرز كنتيجة أو تأثر للمتغير المستقل ويتغير بتغيره، وذلك بغض النظر عن طبيعة التغير الحادثة، وهل هي سلبية أم إيجابية طردية أم عكسية ... الخ.

الخطوة السادسة : تحديد منهج البحث:

لقد تعرفنا في السياقات السابقة على منظومة مناهج البحث وتطوراتها المختلفة، وقد صار واضحاً لنا أن تعددية المناهج لا يعني إختلافها أو إختلاف النتائج المترتبة عليها،

بل أنها تبدو وكبدائل يستطيع الباحثون أن يتعاملوا مع كل منها حسب طبيعة موضوعات بحثهم، ومدى قابليتها للتعامل المنهجي مع هذا المنهج أو ذاك، وبذلك فإنها في النهاية تعمل معاً في منظومة موحدة، وشبكة واحدة، ليجيب الباحث من خلال تطبيقاته على كل التساؤلات التي تتصل بموضوع بحثه. وبمراجعة منظومة المناهج التي تم رسمها سابقاً نجد ان الباحث سيعتمد إما المنهج التجريبي أو المقارن بالدرجة الأساسية، وقد يعتمد على كليهما حسب مراحل البحث، إذ قد يجد نفسه في مرحلة ما أمام بعض الإفتراضات التي يمكن إخضاعها للملاحظة والتجربة العلمية، مختبرية أو ميدانية، فينطبق علهيا المنهج التجريبي، وقد يجد نفسه في مرحلة أخرى أمام إفتراضات لا تقبل التجريب، وأن بحثها يحتاج لعملية مقارنة فيطبق عليها المنهج المقارن وهكذا...

كذلك قد يكون هدف الباحث في تعامله مع الموضوع الذي قام بإختياره، والمشكلة التي عمل على تحديدها، هو الوصول إلى نتائج وصفية فقط، فيكون منهجه في ذلك وصفياً، وقد يهدف إلى الوصول إلى نتائج تحليلية أو قواعد وقوانين علمية، وعندها فإن منهجه سيكون منهجاً تحليلياً أو تجريدياً، وذلك حسب ما يسعى إليه . وفي جميع هذه الحالات فإن الباحث يجد نفسه أمام عملية استقرائية أو استنباطية تمكنه من استخراج استدلالاته العلمية، ويكون منهجه في ذلك استقرائي أو استنباطي، وقد يقوم بالجمع بين هذين المنهجين حسب طبيعة الموضوع، ومقتضيات التحليل التي قد تجعل تطبيق منهج الاستقراء في مرحلة أسهل وأيسر، بينما تبدو تطبيقات الاستنباط أكثر يسراً في مرحلة أخرى، وهكذا يحدث التنقل بين الإستقراء والإستنباط ضمن عملية تكاملية تحكمها طبيعة الموضوعات.

وبناء على ذلك فإن على الباحث أن يقوم بتحديد منظومته المنهجية بما يتوافق مع طبيعة المشكلات أو الموضوعات التي سوف يقوم ببحثها، بما يتوافق مع الأهداف التي يتطلع إلى الوصول إليها. وقد يعمل على تحديد ذلك وإبرازه تحت عنوان مستقل في مقدمة البحث، وقد يعرض لذلك في فقرة من فقرات هذه المقدمة، ويكون في كلا

الحالتين صحيحاً ولا غضاضه على ذلك. صحيح أنه يوجد بعض الباحثين الخداج الذين تغرقهم الشكليات فيأخذون على الباحثين الآخرين عدم إفرادهم عناوين مستقلة لهذا الغرض، مثلما هو الحال، بالنسبة لعناوين مشكلة البحث أو أهميته وأهدافه... كما ذكرت سابقاً، وقد يقفون من الأبحاث موقفاً سلبياً نملك في ذلك، إلا أننا لا نملك في هذا السياق إلا أن نعبر عن حزننا وشفقتنا على هؤلاء، **ونؤكد الدعوة إلى ضرورة الخروج من هذه الشرانق، والعمل على اكتساب مهارة التنفس في الهواء الطلق.**

الخطوة السابعة: تصميم موضوعات البحث:

وتعتبر هذه الخطوة من أهم الخطوات في عملية البحث، وقد تبدو على أنها من أصعب الخطوات وقد تكون من أسهلها ، وتعتمد درجة الصعوبة أو السهولة عادة على ما مدى الإلتزام الباحثين بإنجاز الخطوات السابقة، وبخاصة ما يتعلق منها بتحديد المشكلات والأهداف والإفتراضات، ومطالعة الدراسات السابقة، فإذا أنجز ذلك بصورة واضحة وكاملة، فإنه يستطيع أن يصل جراء ذلك إلى تصور ذهني واضح وكامل حول موضوعات بحثه. **لأن القاعدة المنهجية الشكلية الأولى** التي يجب أن يستند إليها الباحث وينطلق منها، تدعوه إلى ضرورة الحفاظ على الترابطات بين موضوعات البحث وبين إفتراضاته وأهدافه ومشكلته وبالتالي نتائجه، بما يضمن بناء نسق (نظام) متميز **بالتكامل والتوازن، وبذلك تكون المشكلة والأهداف بمثابة المشتقة الأولى التي تحكم سير عملية البحث بجميع خطواتها، لتمثل الإفتراضات المشتقة الثانية ، ولتبرز الموضوعات بمثابة المشتقة الثالثة، وتظهر النتائج في صورتها النهائية بإعتبارها المشتقة الأخيره كما يوضحها الشكل رقم (١١).**

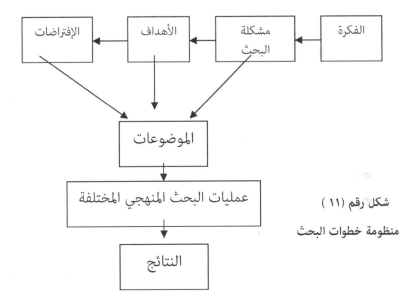

شكل رقم (١١)

منظومة خطوات البحث

ومما ينبغي إدراكه في هذا المجال، أنه يجب التمييز في هذه الخطوة بين عمليتين فرعيتين متتابعتين وهما :

أولاً : عملية تحديد وحصر الموضوعات التي لا بد من بحثها، وتمثل هذ العملية بداية العمل لإنجاز هذه الخطوة.

ثانياً: عملية تنظيم هذه الموضوعات في صورة نسق مترابط ومتكامل ومتوزان بحيث تنتهي عند معالجتها إلى جعل البناء العام للبحث يبرز في صيغة نظام متكامل ومتوازن، ويصبح كل موضوع منها يحتل موقعه الذي يجب أن يكون فيه، لا قبل ولا بعد. **فالبحث العلمي ليس حشداً للمعلومات، ولا للموضوعات ، كما يبدو في كثير من** محاولات الكتابة التي تتمثل في كثير من الكتب والأبحاث التي تزخر بها المكتبة العربية مع الأسف، بل هو عملية استراتيجية نظمية بجميع ابعادها ، الشكلية والموضوعية، ولا بد من أن يتم تحديد عناصر النظام (موضوعاته ومعلوماته) بدقة متناهية وتبصر وتصور عقلي (ذهني) منهجي وشمولي، وإن إفتقاد الرؤية المنهجية

الشاملة هو الذي يمسخ العملية التأليفية ويحولها إلى مجرد حشد فوضوي للموضوعات والمعلومات.

ومما تجدر الإشارة إليه هنا، أن عملية تحديد وحصر الموضوعات وتنظيمها في هـذا السياق لا تكون عملية نهائية، بل أن الباحث يستطيع في أثناء قيامه بالمراحل اللاحقة، وبخاصة عند جمع المعلومات وفرزها وتبويبها .. أن يغير ويعدل في بنية البحث ونظامه، أو في مسميات وعناوين موضوعاته .. وهذا أمر طبيعي ومتوقع دائم ولا حرج فيه، بل أنه دلالـة علـى مرونـة عقليـة الباحث وقدرتـه علـى التفاعل مـع المعلومات المختلفة، وإنضاج تصوراته باستمرار مع كل أفكار أو تحليلات جديـده قـد يعثـر عليهـا، أو قـد تبزغ لديه.

تتم عملية تبويب الموضوعات مـن الناحيـة الشكلية، في صور مختلفة، ولا يوجد أي شروط حتمية في ذلك، وكل ما يمكن وجوده لا يعدو أن يكون مجـرد إجتهادات رسخ بعضها ليمثـل تقليـداً تـم التعارف عليه بصورة نسبية، وننصح بالإقتـداء قـدر الإمكـان بـه، مـع الـدعوة إلى ضرورة عـدم التزمت في الرضوخ لتراتيبه. ويقوم هذا التقليد على أن تأخذ عملية التبويب الشكل التالي:

* العنوان العام (الرئيسي)

*أقسام البحث : القسم الأول ، القسم الثاني ..

*أبواب البحث : بحيث يتم تجزأة كل قسم إلى عدد من الأبواب.

*فصول البحث : بحيـث تـتم تجـزأة كـل بـاب إلى عـدد مـن الفصـول، وقـد يطلـق مسمى (وحدات) بدلاً من الفصول كما أصبح يبدو في بعض المؤلفات المعاصرة، ولاغضاضة في ذلك .

*مباحث البحث : بحيث تتم تجزأة كل فصل إلى عدد من المباحث.

*مطالب البحث : بحيث تتم تجزأة كل مبحث إلى عدد من المطالب.

وهنا ، فإنه ينبغي التنويه بأنه لا يشـترط في كـل بحـث أن يشـمل جميـع هـذه التقسـيمات والتفريعـات، ويعتمد ذلك بالدرجة الأساسية على حجم البحث وطبيعة موضوعاته والنسق (النظام) العام الـذي تنـتظم فيه. فقد يتم البدء بالاقسام والانصراف مباشرة إلى تجزأة كل قسم إلى مباحث مثلاً. فقد يتم البدء بتجزأة الموضوع الأساسي إلى أبواب وربما فصول، وربما مباحث، بصـورة مباشـرة ... وقـد يلجـأ الباحـث إلى تقسـيم المباحث إلى مطالب وقد ينصرف إلى تجزأتها إلى موضوعات فرعيـة مباشـرة دون الأخـذ بهـذه التسـمية .. وهكذا ..

وبرغم هذا الهامش الواسع من المرونة في عملية التقسيم والتجزأة، ونحن نقره ولا نجد غضاضة في ذلك، إلا أننا ننبه إلى ضرورة الحفاظ التام على الإتساق التسلسلي فلا يتم الأخذ بعكس ذلك. فمثلاً لا يجوز أن يتم تقسيم الفصول أو المباحث إلى أبواب أو اقسام ، أو تقسيم المطالب إلى مباحث أو فصول أو .. وهكذا ، حتى لا تصبح الصورة مقلوبة. صحيح أن هذا الأمر يبدو شكلياً، ولكننا رغم دعوتنـا إلى عـدم التزمت الشكلي إلا أننا لا نهمل بأية حال إكتمال شروط الشكل، وهذا أمر ينبغي مراعاتـه وفهمـه. وطالما أنه تم التعارف على شروط ما في هذا الأمر ، فإنه يفترض إحترامها.

الفصل الثاني

جمع المعلومات والبيانات ومعالجتها

الفصل الثاني

جمع المعلومات والبيانات ومعالجتها[١٦]

تتداخل هذه المرحلة في كثير من إجراءتها مع المراحل السابقة، حيث لا يتوقع من أي باحث وهو يتعامل مع موضوع مشكلته وإفتراضاته والدراسات السابقة المتصلة به، أن يرجيء جمع كل ما يتصل بذلك من معلومات حتى يصل إلى هذه المرحلة، فالأصل أن يكون الباحث عارفاً بكل ما يلزمه من أدوات ووسائل مساعده وضرورية لجمع المعلومات ومعالجتها بصورة مسبقة، وأن يعمد إلى جمع اية معلومات أو بيانات يصادفها أو يحصل عليها أثناء ذلك، ويقوم بتسجيلها وفق الأسلوب الذي يعمل به.

وإنه يمكن القطع بالقول ، أن ما يستطيع الباحث جمعه وتوثيقه من معلومات في إثناء إنجازه لمتطلبات المراحل السابقة بجميع خطواتها يمثل جزءاً مهماً من إجمال المعلومات التي سيستند إليها في كتابة بحثه، بل إنه يعتبر أكثر الأجزاء أهمية في ذلك لأنها هي المعلومات التي نظم على ضوئها تصوراته، وإنتهى إلى تحديداته التي تمثل العمود الفقري لبحثه.

وعلى الرغم من ذلك فإن على الباحث أن يستكمل حصر وجمع كل البيانات والمعلومات التي تتعلق ببحثه، وأن يقوم بكل الخطوات اللازمة لمعالجتها قبل أن ينتقل إلى المرحلة اللاحقة . ومن أهم هذه الخطوات ما يلي :-

الخطوة الأولى : تحديد مصادر المعلومات والبيانات التي سوف يعتمد عليها الباحث في بنائه لبحثه . وهنا فإنه ينبغي التنويه بملاحظة بالغة الأهمية في المرحلة المعاصره المسماه **" مرحلة ثورة المعلومات "** ومفادها ، أن هناك سيولاً عارمة من البيانات والمعلومات التي

(١٦) تتميز المعلومات بأنها مدققة وموثقة أما البيانات فتمثل نوعاً من المعلومات الخام والتي تتحول بعد تحقيقها وتوثيقها إلى معلومات.

تتعلق بكثير من الموضوعات التي تم بحثها مسبقاً ولكنها قد تمثل مثاراً أو مستحثاً لأبحاث جديده، وأن الباحث الذي يركز على أي موضوع تم تناوله في دراسات سابقة، ويرغب في تطوير وإستكمال النتائج المتعلقة به سيجد نفسه أمام مشكلة التعامل مع سيل المعلومات العارم وكيف يكون قادراً على السيطرة في تعامله مع ذلك،وهنا فإنه يمكننا أن نلفت الانتباه إلى ما يلي :

أولاً : أن لا يشعر بأنه ملزم بالعودة لكل ما كتب أو قيل في الموضوع الذي هو محل بحثه. فالقدرة على السيطرة على ذلك محدودة ، كما أن هنالك في كل الأبحاث والدراسات، وبخاصة في مجال الظواهر الأساسية، قدر كبير من التكرارات الكثيرة للأفكار والتحليلات التي يستخدمها الباحثون كشواهد لها قيمتها وأهميتها في سياقات بحوثهم، **وعلى الباحث أن يكون أمام تحدي الحصول على كل المعلومات ذات الطبيعة الأساسية والجوهرية، وعدم الإستغراق في أي تكرارات أو قضايا ذات طبيعة سطحية أو ثانوية إلا بالقدر الذي يحتاجه فقط.** صحيح أن مطالعة أي مخطوط قديم أو جديد له قيمته، وقد يثري في بعض أفكاره تصورات الباحث وثقافته ويفتح له بعض الآفاق الأخرى، إلا أن هذا الأمر قد يغرقه في أفكار فرعية أو مسارب بحثية جديدة تفقده السيطرة على سير بحثه الأصلي، وهذا ما قد يقع فيه كثير من الباحثين الذين لديهم رغبة شبقية في القراءة والمطالعة.كما قد يقع فيه بعض الباحثين الذين لا يملكون الثقة الكافية في انفسهم وقدراتهم على السيطرة على موضوع بحثهم فيظل الخوف يلاحقهم من إمكانية وجود أفكار أخرى، أو متغيرات أخرى .. لم يتم تناولها في ابحاثهم، وقد تمثل مدخلاً لتقييم هذه الأبحاث بصورة سلبية. إن الإحساس بالخوف الدافع لتقديم أبحاث متميزة بالتكامل والوضوح أمر مهم وطيب، **ولكنه الخوف غير القاتل** الذي يمكن صاحبه أن يصل إلى النتائج المتوخاه، أما إذا كان اسير الخوف الذي يدفعه إلى الإستغراق في

المعلومات التي **تفضي به إلى نهاية المعرفة**، فإنه يحكم على نفسه بالفشل، وعلى بحثه بعدم الخروج إلى النور.

فأين هي نهاية المعرفة؟ أو اين هي نهاية البحوث وفي أي موضوع من الموضوعات أو مشكلة من المشكلات؟؟ لقد أكدت تجارب البحث العلمي، أنه كلما إعتقد الإنسان أنه فتح الباب الذي يفضي به نحو نهاية المعرفة في ظاهرة ما من الظواهر الأساسية، كلما إكتشف أنه عبر من ذلك إلى دهاليز أكثر غموضاً وتعقيداً .

إن الباحث الجيد هو الذي يمتلك النظرة التقييمية ذات الطبيعة الشمولية التي تمكنه من تشكيل حكم على أي مصدر من المصادر التي يعثر عليها، وتحديد مدى أهمية العودة الكلية أو الجزئية لهذا المصدر، أو الإستغناء عنه. وأن عدم تمتع الباحثين بهذه المقدرة يمثل أهم معوق أمامهم، ومنبع أي قلق وخوف يعتريهم. **وإنه لا يمكن تقديم وصفة ملموسة لإنماء وإنضاج هذه** المقدرة، وإن كان يمكن التوصية بضرورة أن يكون الباحث قد شكل صورة ذهنية واضحة عن موضوعه وإفتراضاته، وأن يكون قد أنضج في داخله الشخصية المميزه والواثقة نتيجة المطالعات والحوارات المتبصره والموضوعية المكثفة للمعارف الإنسانية وبخاصة التي تتصل بحقل اختصاصه ، مما يساعد على إنضاج طاقاته الذهنية على التصور الشمولي، وعلى التفكير التقييمي.

ثانياً : أن يكون قادراً على التمييز بين مصادره الأساسية ومصادره الأخرى ، وأن لا يكون في ذلك أسير **أي حالة من الوهم أو الأيديولوجيا المتحيزة،** فيحكم على مصادر معينة بأنها ذات قيمة عالية، وأخرى ذات قيمة منخفضة، لأن المصادر الأولى مثلا هي لكتّاب معروفين له ، أو هي لكتاب يعرضون افكارهم ومعتقداتهم بصورة تتفق مع أفكاره ومعتقداته، بينما لا تتوافر مثل هذه الشروط في المصادر الأخرى. كذلك فإن على الباحث أن لا يكون أسير ما يمكن تسميتها في تقديرنا " **بالهالة**" التي يخضع لها معظم الباحثين في الدول العربية والنامية الأخرى في علاقتهم بالمفكرين والباحثين في الدول الأجنبية، وبخاصة الدول الغربية، **نظراً لعقدة**

التخلف وما ترتب عليها من إعتقاد بأن هؤلاء لا ينطقون عن الهوى، وأنه كلما تم تزيين البحث بـالمراجع المكتوبة بالحرف الأجنبي كلما كان هذا البحث أكثر عمقاً وأهمية. صحيح أن عملية البحث في الدول التي اجتازت الثورة الصناعية أصبح لها إحترامها وتسهيلاتها التي تمكن البـاحثين فيهـا مـن رعاية أبحاثهم بصورة أكثر علمية ومنهجية، إلا أنه لا يجوز التعميم في ذلك، وأنه يمكن للمتبصر في كثير من الكتب في المكتبة الأجنبية أن يجد أنها مليئة بالغث وبالسمين، وأن الباحث الجـاد والعلمي هو القادر على تجاوز ما هو غث والإستفادة مما هو سمين. كذلك فإنه لا بد مـن إدراك أن لدى أي باحث في الشرق أو الغرب، قدراته الخاصة التي قـد تمكنـه مـن أن يقـدم أبحاثاً لهـا قيمتها، وأن تحرر القراء والباحثين في مجتمعاتنا، وبخاصة الباحثين الناشئين، مـن " **عقدة الهالة**" هو الأساس في التعبير عن هذه القدرات، وإحداث نقلة عامة في حركة البحث العلمي على جميع المستويات الفردية أو الجماعية ، الخاصة أو العامة.

ثالثاً : أن يكون قادراً على الجمع بين المصادر القديمة التي تمثل مـا تسـمى " **بأمهات الكتب** " والمصـادر الحديثة. وعدم الإكتفاء بأي منها، فالجذور والقواعد النظرية الأساسية تؤخذ من مصادرها الأصلية في أمهات الكتب، بينما تؤخذ أي " نظريات جديده" أو تحليلات جديده من المراجع الحديثة، وأنه يمكن للباحث تحقيق نظرة تكاملية جراء ذلك. وبخاصة إذا كان قادراً على بنـاء تصوراته وأفكاره بطريقة شمولية ومنهجية.

وكذلك تجدر الإشارة إلى أنه يمكن تصنيف المراجع الحديثة إلى مراجع جيدة وهامة وتستحق أن يعود إليها الباحثون ،ومراجع رديئة وفائـدتها محـدودة جـداً وإعتمـد الكتـاب فيهـا عـلى عمليـات النقل والترجمة القائمة على اساس الإجتزاء أو ما يسمى "**بالقص واللزق**"، مع عـدم الإعتنـاء اللازم حتى بأصول الكتابة، وتزخر المكتبة العربية

بكثير من مثل هذه الكتب، وبخاصة الكتب الجامعية التي يتم وضعها وفرضها **بحكم السطوة** التي يمارسها المحاضرون على الطلبة لأغراض تجارية .

تختلف وتتنوع مصادر البيانات والمعلومات، وذلك بحسب طبيعة كل موضوع من مواضيع البحث، وأنه يمكن حصر أهم هذه المصادر فيما يلي :

أولاً : المصادر المكتبية وهي التي تتمثل في كل ما هو مكتوب بغض النظر عن المسميات، وتشمل هذه المصادر :

أ- **الكتب السماوية كالقرآن والإنجيل والتوراة وكتب السنة النبوية الشريفة** في الإسلام، وهي من أهم المصادر التي تستقى منها المعرفة في الأمور الدينية والقضايا القيمية والأخلاقية، وقضايا العبادات وما في حكمها، وكذلك في قضايا المعاملات المدنية بجميع أشكالها، وبخاصة في إطار المصادر الإسلامية التي حددت ذلك بكل دقة وشمول ووضوح. وإنه يمكن العودة إليها في أمور أخرى حسب دقة وشمولية التبصر والتفسير التي يتوصل إليها العلماء والفقهاء والباحثون.

ب- **دوائر المعارف والموسوعات** ، وهي التي يقوم على كتابتها علماء وباحثون وخبراء متخصصون. وتعتمد في تأليفها على فكرة اساسية مفادها ، الشمول والإيجاز ، بحيث تأتي شاملة في محتوياتها جميع المواضيع التي تتعلق بكل مجالات وفصول المعرفة التي تبحثها ، على أنه يكون التركيز عند بحث كل موضوع فيها على الفكرة الأساسية، وتقديم صورة واضحة ومختصرة حولها. وعادة ما يتم التعريف بالموضوعات والأشخاص والأحداث والأماكن والتواريخ .. ضمن ترتيب منهجي على أساس الحروف الهجائية للموضوعات ، وغالباً ما يتم إعادة تطويرها بين فترة وأخرى حتى تكون قادرة على متابعة أية تطورات في المجال الذي تعرف به ، وقد يتم هذا التطوير عن طريق إصدار طبعات جديدة، أو تصدير ملاحق إضافية . ومن أهم دوائر المعرفة المعاصرة دائرة المعارف البريطانية، وهي التي تتمتع بشهرة واسعة، ودائرة المعارف الأمريكية اللتان تصدران باللغة الإنجليزية . أما باللغة العربية فمن أهم الأمثلة على ذلك

" دائرة المعارف الحديثة ، ودائرة المعارف الإسلامية، وموسوعة الفقه الإسلامي ... الخ.

حـ **المعاجم أو القواميس**، وهي التي تركز على المعاني أو الأبعاد اللغوية للكلمات وإشتقاقاتها واصولها، وكيفية نطقها أو كتابتها ... الخ. أو على المصطلحات والمفاهيم، كما قد تركز على التراجم المتعلقة بالأدباء والعلماء والمشاهير .. ومن أبرز الأمثلة على ذلك "لسان العرب"، "المعجم الوسيط" و"المنجد" ، و"المورد" .. الخ.

د- **المجلدات والكتب والنشرات السنوية** التي قد تصدرها مؤسسات وطنية أو قومية أو عالمية، وقد تكون متخصصة في ميادين معينة، مثال ما تنشره المنظمات الدولية المتخصصة التابعة لهيئة الأمم المتحدة، كاليونسكو، (منظمة التربية والثقافة والعلوم)، أومنظمة العمل الدولية ...الخ. وقد تكون مجلدات ذات طبيعة إحصائية لها طبيعة الشمول، كالكتاب السنوي للأم المتحدة، أو بعض المجلدات التي تصدرها جهات أخرى، كالمجلدات التي تتحدث عن التطورات السنوية في " شمال إفريقيا والشرق الأوسط " ، أو في أوربا وشمال إفريقيا، وغيرها. وقد تكون مجلدات معنية ببحث سير الأشخاص وبخاصة المجالات السياسية والاقتصادية والعلمية والعينية، أضف إلى ذلك ما تسمى بالكتب السنوية التي تصدرها عادة المنظمات المختلفة حكومية أو خاصة لتعرف خلالها أوضاعها الإدارية المالية التي كانت عليها ذلك العام وأنشطتها التي قامت بإنجازها فيه.

هـ **المؤلفات أو الكتب العلمية في جميع مجالات العلوم الطبيعية أو الإنسانية**، وهي التي يعكف على تأليفها وكتابتها الباحثون حسب مجالات إهتماماتهم وتخصصاتهم والتي تتميز بقدر كافٍ من الشمول في تناولها لموضوعاتها ، وتحاول أن تغطي أبرز الإنجازات وأهمها، وذلك حسب مستويات محددة تعتمد في بنائها على قدرات الباحثين ورغباتهم، فقد يتم وضع كتاب بمستوى معرفي للمبتدئين، وقد يتم وضع كتاب آخر لمرحلة تعليمية عل مستوى مدرسي لطلبة الثانوية العامة، أو على مستوى طلبة المرحلة

الجامعية الأولى، أوعلى مستوى طلبة الدراسات العليا .. وقد يتم وضع الكتاب ليخدم جمهور المثقفين العاديين، وقد يوجه لخدمة الثقافة المتقدمه، ولجهود المثقفين المتميزين .. الخ. وتختلف بنية كل مؤلف من الناحية الموضوعية، وبخاصة التحليلية والتجريدية، وفق المستوى الذي يتم تقديمه له، فكلما إرتقى المستوى وعلا، كلما تميز الكتاب بالعمق والدقة والشمول، ومما لا شك فيه ان هذا المصدر يعتبر من أكثر المصادر العلمية إستخداماً من قبل الباحثين نظراً لشيوعه كمصدر اساسي للمعرفة، وسرعة تداوله عبر الأسواق المحلية والعالمية.

و- الدوريات أو المجلات العلمية، ويمثل هذا المصدر أهم المصادر الأساسية التي يعتمد عليها الباحثون، للتوصل إلى أحدث المعارف في الموضوعات أو المجالات التي يقومون ببحثها. فالأصل أن لا تنشرـ مثل هذه المجلات إلا الأبحاث التي تتميز بجدتها على المستوى النظري أو التطبيقي أو المنهجي . وقد تصدر هذه الدوريات عن مؤسسات علمية كالجامعات أو المعاهد العالية، وقد تصدر عن مؤسسات أو دور نشر متخصصة، وقد تصدر برعاية مؤسسات حكومية محلية أو قومية أو عالمية، وقد يتم إصدارها ضمن دورات قصيره ، شهرية ،أو نصف شهرية ... وقد يتم إصدارها في صورة دورية تختلف مددها حسب الظروف المحيطة، إلا انه لا يتوقع أن تزيد دورة أي منها عن السنة.

وقد يكون بعض هذه الدوريات متخصصاً فلا تنشر إلا الأبحاث التي تتعلق بمجال تخصصها، كالدوريات المتخصصة في العلوم الإدارية مثلاً، أو في مجال القانون أو في مجال التربية، أو مجال العلوم الطبية ..الخ. وقد توجد الدوريات التي تتسع لتنشر أبحاثاً متنوعة تغطي مجال العلوم الإنسانية، وأخرى تغطي مجال العلوم الطبيعية . وقد توجد دوريات ذات طبيعة شاملة لجميع المجالات. وأنه إذا كان من غير اليسير الحكم المطلق على أي دورية من خلال درجة تخصصها وحسب، إلا أنه يمكن القول بأنه كلما كانت الدورية

متخصصة أكثر كلما مثلت مرجعاً أوفر وأشمل للباحثين المهتمين والمتخصصين في مجال المعرفة الذي تتعلق به.

ز- **الأطروحات والبحوث المقدمة للحصول على درجات جامعية عليا** ، وبخاصة للحصول على درجة الدكتوراه أو الماجستير ، وتعتبر هذه المصادر في تقديرنا من أهم المصادر على الاطلاق طالما أنه تم إعدادها برعاية موضوعية، من قبل المشرفين على إعدادها، ومن قبل المؤسسات التي تمنح مثل هذه الدرجات العلمية، حيث يمكن القول عندها أن مثل هذه الأطروحات تمثل الوعاء المعرفي الذي يضمن شرطي الدقة والشمول في موضوع التخصص محل الدراسة ، لأن الأصل في مثل هذه الأبحاث أن توضع على أسس منهجية صارمة، وأن تراعي أهم الدراسات والأبحاث السابقة في مجال البحث، وأن تجمع خلاصاتها لتنطلق إلى تقديم ما هو جديد في موضوعه أو منهجيته في مجال تطبيقه .. الخ.

ح- **القوانين والأنظمة التي تتعلق بالمشكلة محل الدراسة والبحث،** وتمثل هذه المصادر القيمة التوثيقية الرسمية الأساسية لكثير من النصوص أو الآراء التي يقدمها بعض الباحثين، وأنه من النادر أن يجد الإنسان بحثاً علمياً في مجال من مجالات العلوم الإجتماعية التطبيقية، إلا وقد تضمن إشارات مرجعية تستند إلى هذه المصادر، إلا أن إستخدامها يزداد كلما كانت الأبحاث ذات طبيعة قانونية أو تنظيمية أو سياسية .

ط- **القرارات والتعلميات والسجلات والنشرات والتقارير والأفلام .. الخ.** التي تعتمدها أو تصدرها الجهات الرسمية في أية منظمة من المنظمات ، حول أية موضوعات تتصل بنشاطها أو بحياتها .. وتمثل هذه المصادر أساساً بالنسبة للأبحاث التطبيقية ، وبخاصة في مجالات العلوم الإدارية والسياسية والإقتصادية ..

ثانياً : المصادر الميدانية ، وهي التي تمكننا من الحصول على المعلومات من منابعها الأصلية مباشرة، وهذا ما يكسبها أهمية خاصة، وذلك في الوقت الذي يميزها بأنها مصادر لا يسهل التواصل معها والحصول منها على المعلومات الكافية بسرعة وبساطة ، ولا بد أن

يمتلك الباحثون الميدانيون خصائص وقدرات مميزه، وإستعدادات كافية، حتى يتمكنوا من الحصول على المعلومات المطلوبة، ومن أهم هذه المصادر :

أ) **مواقع العمل (الميادين)**، وهذا يفترض تنظيم ما تسمى بالزيارات الميدانية التي يقوم بها الباحثون أو مساعدوهم إلى مواقع الميدان الفعلية لاستقاء المعلومات من منابعها مباشرة، وذلك مثلما يقوم به الباحثون الجيولوجيون عندما يذهبون إلى المواقع الجغرافية التي يرغبون في دراستها، أو الباحثون في أصناف الأسماك أو الطيور وعاداتها، حيث لا يجدون بدأً من الذهاب إلى مواقع تواجدها وتجوالها ودراستها في هذه المواقع، أو الباحثون الإداريون الذين يذهبون للمنظمات أو المصانع لدراسة مشكلات العمل أو التنظيم الإداري فيها .. الخ، أو الباحثون الإجتماعيون والإنثروبولوجيون الذين يذهبون إلى المراكز والتجمعات السكانية في المواقع الريفية أو الحضرية .. الخ. للقيام بالتعرف على أصول المجتمعات والجماعات وثقافاتها .. الخ.

يتم الإعتماد على هذه المصادر عادة في الحالات التي لا توجد أي دراسات سابقة للموضوعات أو الأحداث التي توجد رغبة في دراستها، وبذلك تمثل الدراسات الميدانية أهم المصادر التي تشكل النبع المعرفي الأول الذي يبني الباحثون على اساسه دراساتهم المختلفة بكل مراحلها الوصفية او التحليلية او التجريدية . كما أنه يتم الإعتماد عليها إلى جانب الإعتماد على المصادر المكتبية إذا وجدت ، مما يساعد على إثراء البيانات والمعلومات التي يتم جمعها من مصادرها المختلفة، وتعضيد وتوثيق بعضها ببعضها الآخر. وبذلك تشكل الدراسات المكتبية نقطة بدء هامة للباحثين الميدانيين، حيث تزودهم بالنتائج التي توصل إليها الباحثون السابقون، وتعرفهم بالمنهجيات والأدوات التي إستخدموها للوصول إليها، وتحثهم على توسيع وتعميق هذه النتائج وتوثيقها أكثر فأكثر حتى يتعاظم البناء المعرفي حول الموضوع الذي تتم دراسته وتزداد درجة تكامله.

ب) **الأشخاص المعنيون** بالموضوع محل الدراسة، أو الذين يتعلق الموضوع بهم بدرجة أو بأخرى، بشكل أو بآخر، فيبرزون على أنهم مصدر مهم للمعلومات

والبيانات التي يعتمد عليها الباحثون في تشكيل تصوراتهم وتحليلاتهم حول مواضيع أبحاثهم . وتختلف نوعية هؤلاء الأشخاص أو أعدادهم أو طريقة التعامل معهم بحسب طبيعة كل موضوع أو طبيعة الظروف التي يجد كل باحث نفسه يعمل في إطارها.

الخطوة الثانية: تحديد أدوات واساليب جمع المعلومات والبيانات وتنظيمها

فلا يستطيع الباحث أن يبدأ كتابة بحثه إلا بعد أن يقوم بجمع كل ما يحتاجه من معلومات، وقد أكدنا سابقاً على أهمية أن يمتلك الباحث ملكة ومهارة شخصية تمكنه من معرفة المدى الذي عليه أن يسير فيه وهو يقوم بجمع المعلومات التي يحتاجها ، أو الذي عليه أن يتوقف عنده، ونظراً لإختلاف طبيعة المشكلات التي تكون محل البحث، ونظراً لتعدد وإختلاف مصادر المعلومات ، فإنه يكون من المتوقع أن تتعدد وتختلف الاساليب التي يطبقها الباحثون أو الأدوات، التي يستعينون بها، في عملية جمع المعلومات وتنظيمهم لها. وهنا فإنه يفترض التمييز بين الأساليب والأدوات بإعتبار أن الأساليب هي التي نتعامل بها مع مصادر المعلومات ونحصل على المعلومات اللازمة من خلالها، بينما تمثل الأدوات مساعدات على تنظيم المعلومات التي يتم الحصول عليها بصورة تسهل عملية توثيقها وتخزينها وإسترجاعها وفرزها وتبويبها .. ومن أهم الأساليب التي يتم إستخدامها ما يلي:

أولاً : أسلوب المسح التاريخي ، وللتعريف بهذا الأسلوب بشكل دقيق ينبغي التمييز بين أمرين هامين هما :

الأمر الأول : الدراسات التاريخية التي يقوم بها المؤرخون عادة، والتي تهدف بالدرجة الأساسية إلى التعرف على الأحداث والوقائع والتطورات التي حدثت في أي ظاهرة من الظواهر الفردية أو الاجتماعية، أو الطبيعية، وتدوين المعلومات المتعلقة بذلك، ووضعها في سياقاتها التاريخية الملائمة، وتقع أهمية هذه الدراسات في صلب ما أسميناه بالمنهج الوصفي، إلا أن التركيز في هذه الحالة ينصرف إلى وصف الظواهر والأحداث كما حدثت في الماضي بدلاً من وصفها كما هي في الحاضر، وبذلك يصبح الوصف تاريخياً ، والمسوحات

التي يقوم عليها هي مسوحات تاريخية. وهذا ما يعنينا في حديثنا عن أساليب جمع المعلومات.

الأمر الثاني : الدراسات التاريخية التي يقوم بها الباحثون الإجتماعيون، أو الأنثروبولوجيون، أو الطبيعيون، بهدف رصد الأحداث والوقائع والتطورات التي وقعت في الماضي بالنسبة لظاهرة من الظواهر، وذلك للكشف عن اية علاقات ترابطية بين المتغيرات التي تحكم وجود هذه الظواهر أو تحكم حركتها، وتحليل المعلومات المتعلقة بكل ذلك، وتجريدها وصولاً إلى القواعد والقوانين التي تمثل هذه العلاقات أو الترابطات .. وهذا ما يتفق مع المنهج العلمي المقارن في **صورة " المقارنة الزمانية "** وهو ما عرضنا له في السياقات السابقة . وإننا نفضل تضمين أية دراسات تاريخية من هذا القبيل في إطار منهج المقارنه **والعدول عن تسمية ذلك بالمنهج التاريخي** حتى لا يحدث ما هو موجود من خلط بين دراسات المؤرخين، ودراسات الباحثين في الظواهر المختلفة بالإستناد إلى المعلومات التاريخية ، وذلك مع استمرار التأكيد على أهمية ما يقوم به المؤرخون من دراسات أو مسوحات يمكن النظر إليها والتعامل معها، باعتبارها وعاءً معرفياً ومعلوماتياً هاماً وثرياً ويتم الإستناد إليه في الإنتقال إلى مراحل البحث العلمي الأكثر تقدماً من خلال تطبيقات منهج المقارنة الزمانية (التاريخية).

وبذلك فإن عملية المسح التاريخي كأسلوب للحصول على المعلومات هي التي تتناول ما قام به المؤرخون من دراسات، وجمع كل ما يتصل منها بموضوعات البحث التي تكون محل الدراسة المنهجية. وهنا فإنه ينبغي التحذير من مغبة الإعتماد على ما قدمه المؤرخون من مسوحات، أو إعتبار ذلك حقيقة فعلية تم حدوثها مثلما تم عرضها في دراساتهم، **حيث يلاحظ أن أكثر الدراسات التي شهدت تشويهاً وتحريفاً هي الدراسات التاريخية**، وذلك لعدة أسباب رئيسية أهمها :

أ) عدم موضوعية أو حيادية كثير من المؤرخين وبخاصة الذين يؤرخون للحدث السياسي، وإنه يمكن القطع بالقول أن السلطة السياسية في معظم المجتمعات تعمل

على تجنيد ما يسموا بالمؤرخين المأجورين " الذين يكلفون بدراسة التاريخ أو بإعادة دراسة التاريخ، بالاستناد إلى رؤية تتوافق مع مصالح السلطة المعنية، وتجميل القواعد والوقائع التاريخية التي تتصل مع جذورها. وبذلك فإنه يمكن لهؤلاء إجادة خلط التاريخ بإدخال أحداث أو معلومات مختلفة في إطار بعض الأحداث والوقائع البارزة والمؤكدة ضمن ما تعرف بلعبة " دسّ السم في العسل" وأن الباحث الموضوعي في هذه الحالات يكون أمام مهمة غاية في التعقيد لأنه مطالب بإعادة الفرز لأحداث التاريخ حتى يتمكن من بناء دراساته على أسس منهجية علميه.

ب) عدم ملاحظة المؤرخين للظواهر أو الحوادث التي يدرسونها ملاحظة مباشرة لأنهم يقعون فعلاً خارج زمان الحدث ومكانه، وبذلك فإنهم يضطرون للإعتماد على المعلومات التي تصل اليهم بصورة غير مباشرة، والتي تستحق أن يوضع حول مصداقيتها كثير من علامات الإستفهام، فقد يتحصلون على المعلومات من أشخاص عاشوا مرحلة الحدث، ولكنه لا يمكن الوثوق لا في مصداقية أو موضوعية مثل هؤلاء الأشخاص، **لأنه قد يكون من مصلحتهم الشخصية أو مصلحة الجماعة أو المجتمع** الذي ينتمون إليه إدخال معلومات غير واقعية، أو إجراء تحريفات في الوقائع أو انتقاص معلومات مهمة .. الخ. **وقد يحدث ذلك نتيجة النسيان العادي** فيحول دون أن تصل الحقيقة كاملة. وقد يتحصلون على المعلومات عبر الوثائق التاريخية التي قد تتمثل في صورة أدوات يتم إستخدامها في الحقبة التاريخية المعنية، أو في صورة آثار لبقايا مباني أو ملابس أو نقود أو أسلحة أو صور أو غير ذلك. وقد تتمثل في بعض المخطوطات والمنقوشات والوثائق التي دونها أشخاص عاشوا في مرحلة الحدث. وبرغم أهمية ما يمكن أن يتم الحصول عليه من إستدلالات من خلال هذه الوثائق إلا أن ذلك يبقى محكوماً بموضوعية القائمين على إعداد الإستدلالات والمسوحات وعلى دقة عملية التسجيل والتوثيق الأصلية.

وبذلك فإنه لا بد من دعوة الباحثين العلميين إلى إمتلاك النظرة الفاحصة والناقدة للوثائق التاريخية التي يتحصلون عليها لتدقيقها والحصول على المعلومات المتميزة بالمصداقية قدر الإمكان. ويميز الباحثون بين نوعين من النقد في هذا المجال هما [١٧]:-

النقد الخارجي: ويشمل مجموعة من التساؤلات الأساسية التي تحاول التحقق من اصالة البيانات والمعلومات وأهمها؛ متى ظهرت الوثيقة، ومن كشفها، ومتى كتبت، ومن هو الكاتب، وهل هو الكاتب فعلاً، وهل هذه الوثيقة هي الأصلية، أم نسخة عنها، وهل تطابق لغة الوثيقة ونوعية خطوطها واسلوب كتابتها ما هو متعارف عنه بالنسبة للكاتب أو للمرحلة التي وجد فيها .. وهل هناك أي تغييرات في الوثيقة أو حذف أو إضافة ....وهل... وهل .. ولا بد للباحث أن يكون لديه الخبرات والمعارف الكافية والمهارات الذهنية اللازمة، حتى يتمكن من الإجابة على مثل هذه الأسئلة أو غيرها .

النقد الداخلي ؛ ويتعلق بالبنية الموضوعية للوثيقة، فيركز على معنى المادة الموجودة في الوثيقة ومدى صدقها والتحقق من زمانها ومكانها، ومن ابرز الأسئلة التي يمكن إثارتها هنا ما يلي :

- ما الذي يعنيه المؤلف من الكلمات والعبارات التي يستخدمها ؟؟
- وهل يمكن الوثوق في دقتها ومصداقيتها ؟.
- هل كان كاتب الوثيقة مستنداً إلى معرفة موثقة وحقائق مؤكده ؟؟
- هل عمره وصحته الجسدية والنفسية مكنته من حسن الملاحظة ودقة التقدير؟
- هل كتب بناء على ملاحظة مباشرة أم نقل عن الآخرين ؟؟

---

(١٧) د. فاخر عاقل، **مرجع سابق**، ص ١٠٥-ص٥١٠ ، وقد أخذ ذلك عن

Van Dalen, D.B.,**Understanding "Educational Research**, (McGraw Hill, New York,1973)

ولمزيد من التفصيل في هذا الموضوع لاحظ، د. محمود قاسم، **مرجع سابق** ص ٥٠٢-ص٥٤٣ أيضاً:

L.R.Gay & P.L.Diehl, **OP.cit** 203-209

- هل كتب الوثيقة بعد الحوداث مباشرة أو خلالها، أم بعد انقضاء فترات أثرت على درجة تـذكره ؟.

- هل كان موضوعياً أم اسير تعصب أو هوى .. ؟؟

- هل البنية العامة للوثيقة تكشف عـن تنـاقض في سياقها الموضوعي مـما قـد يكشـف عـن عـدم مصداقية ما عند وضعها ؟؟

- هل تتفق الوثيقة مع وثائق أخرى وكتاب آخرين أم تتعارض مع ذلك؟

ومن هنا ،فإن " فان دالين " يقدم بعض التوجيهات التي يرى أهميتها في تشكيل صورة نقديـة جيده، وأهمها :

- لا تحكم على مؤلف ما بأنه يجهل أحداثاً معينة بالضرورة لأنـه أغفل ذكرهـا، ولا تعتقد أن تلك الحوادث لم تقع فعلاً.

- لا تقلل من قيمة مصدر ما ، أو تبالغ في قيمته، بل أعطه قيمته الحقيقية.

- لا تكتف ما أمكن بمصدر واحد ولو كان صادقاً ، بل حاول تأييده بمصادر أخرى.

- النقاط التي يتفق عليها شهود كثر وأكفياء ومباشرون تعتبر مقبولة.

- عدم الإعتماد على الشهادات الرسمية، ولا بد من تأييدها بشهادات غير رسمية.

- قد تعطي وثيقة ما دليلاً كافياً في نقطة ما، ولا تعطي مثل ذلك في نقطة أخرى.

جـ) عدم اكتفاء المؤرخين بنقل الوقائع أو الأحداث وسردها، بل يـذهب كثير منهم إلى إخضـاع ذلك لتفسيرات إجتهادية معينة، قد تفتقد كثيراً مـن الدقـة والموثوقية، وكثيراً مـا يحـدث خلط بين الوقائع وتفسيراتها في أذهان كثير من القراء أو المتتبعين، وبذلك تصبح المعلومات مفتقرة للموضوعية .

ثانيا : المسوحات الميدانية ^(١٨): تختلف المسوحات الميدانيـة عـن المسوحات التاريخيـة مـن حيـث عامـل الزمن، فالمسح التاريخي يهتم كما لاحظنا بالماضي، بينما تهتم هذه المسوحات

---

(١٨) للتعريف بهذا الأسلوب يمكن الرجوع إلى :

بالحاضر، وقد أسميناها بالمسوحات الميدانية لأنها تتم في الواقع، وتجري على الطبيعة، وليس في ظروف مخبرية. وتختلف مسمياتها بإختلاف الجهة التي سيتم إخضاعها للدراسة المسحية، فقد تكون المسوحات إجتماعية عندما يتم التركيز فيها على دراسة مجتمع ما لمعرفة كل ما يتعلق بمقومات المجتمع، أو لمعرفة بعض المعلومات المتعلقة بأمور محددة فيه، كمسوحات الرأي العام التي تتعلق بقضية ما أو ببعض القضايا المحدودة. وقد يتم التركيز على منظمة ما سواء كانت هذه المنظمة عامة أو خاصة، أو منظمة صناعية أو زراعية أو خدمية .. عسكرية أو مدنية .. وقد يتم إجراء المسح على منقطة إجتماعية محدده. أو على إدارة أو بضع إدرات في منظمة ما ..

يعرف البحث المسحي بأنه التجميع المنظم للمعلومات المتعلقة بالمجتمع محل الدراسة، وعادة ما تتميز هذه المعلومات بأنها ذات طبيعة وصفية، وأن الباحثين القائمين على إجراء هذه المسوحات مطالبين بعدم التدخل بتقديم أي تفسيرات إجتهادية في أثناء إجرائهم لعمليات المسح ، و إذا كان لديهم أي ملاحظات حول بعض النقاط فإنها لا بد ان تكون ملاحظات موضوعية ومبرره، ويتم الإشارة إليها بصورة منفصلة حتى يتم تمحيصها وتدقيقها قبل الإستعانة بها في عمليات التحليل والتجريد اللاحقة.

تختلف دراسات المسح الميداني وذلك بحسب طبيعة موضوعات الدراسة ومجالات تركيزها، والإمكانيات المتاحة لها، وأنه يمكن التمييز بين أشكال الدراسة التالية :

أ) **دراسات المسح الشامل:** وتعني أنه تتم دراسة الجهة التي نرغب ببحثها، سواء كانت جهة كلية (منظمة ما أو مجتمعاً ما .. أو حقلاً زراعياً أو غير ذلك)) أو جهة جزئية، (إدارة أو قسماً في منظمة، أو منظمة ما داخل المجتمع، أو جزءاً ما من الحقل الزراعي ..) بصورة شاملة تأخذ بالإعتبار جميع الزوايا أو المتغيرات

-D.S.Tull and D.I.Haw Kins, **Marketing Research Measurement and Method,** 5th-ed.. (New York : MaCmillan Publishing Company, 1990) pp. 137-139.

-Stephen Polgar & Shane A.Thomas, **Introduction to Research in the Health Scinces,** (NewYork: Churchill Living stone, 1998) pp.85-90.

المتعلقة بموضوع البحث. فمثلاً إذا كانت الدراسة تتعلق بإحدى منظمات الأعمال، أو المنظمات الدولية أو الوطنية الأخرى، فإن الدراسة الشاملة لهذه المنظمة تركز على جميع مقوماتها، وهذا يفترض النظر إليها من الزوايا الأساسية التالية:

(١) **الزاوية الهيكلية**، التي تشمل جميع العناصر أو المقومات التي يتكون منها البناء العام لهيكل المنظمة، وهي المقومات المادية التي تشمل العناصر المالية والطبيعية والتجهيزية، والمقومات البشرية وتشمل جميع الناس العاملين في المنظمة، والمقومات القانونية وتشمل منظومة القوانين المتعلقة بحياة المنظمة، والمقومات المعنوية التي تشمل منظومة قيم المنظمة وثقافتها.

(٢) **الزاوية الوظيفية**، وتشمل جميع المقومات المتعلقة بالبناء الوظيفي سواء تعلق الأمر بطبيعة وظائف المنظمة، وأنواعها وتصنيفاتها .. أو بحجوم هذه الوظائف أو مستوياتها أو درجة فنيتها.

(٣) **الزاوية العلائقية**، وتشمل جميع العلاقات الداخلية والخارجية للمنظمة.

وكذلك مثلاً في حالات المسح الشامل لمعرفة الرأي العام لجمهور العاملين في منظمة ما حول قضية ما، حيث لا بد من أخذ وجهة نظر جميع هؤلاء العاملين بدون إستثناء .. وهكذا بالنسبة لأي دراسة مسحية أخرى.. حيث يتم المسح الشامل بطريقة منسجمة مع طبيعة الموضوع أو الجهة التي هي محل البحث.

ب) دراسة العينات ، وتمثل أسلوباً مهماً في عمليات البحث الميدانية، حيث لا بدّ لنجاح هذه العمليات من أن يتم بداية تحديد ما يسمى " بمجتمع الدراسة " الذي يتعلق به موضوع البحث. فإذا كان مجتمع الدراسة كبيراً ومفرداته متنوعة وواسعة، سواء كانت هذه المفردات أشخاصاً أو نباتات أو حيوانات أو أشياء أو أدوات ...الخ. فإنه قد يستحيل على الباحث العلمي أن يقوم بإجراء مسوحاته، وجمع معلوماته، عن

طريق الدراسة الشاملة لجميع هذه المفردات، نظراً لما يترتب على ذلك من تكلفة هائلة في الوقت والجهد والمال ... الخ.

فالتعرف مثلاً على إتجاهات الرأي العام نحو قضية ما لا يعني أن يتم التعرف على رأي كل فرد في المجتمع حتى يتم تكوين فكرة شاملة عن موقف الرأي العام من تلك القضية، وكذلك فإن التعرف على الأمراض التي تصيب النباتات اللوزية في منطقة ما لا يعني دراسة كل شجرة من هذه الأشجار ، وهكذا .. وإنه يمكن في مثل هذه الحالات الإستفادة من تقنيات هذه الإداة " العينات " للمساعدة على إجراء عملية البحث في حدود الإمكانات المتاحة للباحثين.

تعرف العينة بأنها عبارة عن شريحة أو جزئية مشتقة من " مجتمع الدراسة "، وتتكون من عدد محدد من المفردات التي تمثل في تركيبتها وخصائصها تركيبة المجتمع الكلي وخصائصه.

وقد يتم توسيع حجم العينة، وقد يتم تصنيفه بحسب طبيعة موضوع البحث، وبحسب المحددات التي يجد الباحثون أنفسهم أمامها. فإذا كانت مفردات مجتمع الدراسة **متماثلة**، والظاهرات التي يتم بحثها **متجانسة** ، فإنه يمكن الإكتفاء بعينة صغيرة الحجم، **وذلك على خلاف الوضع** عندما تكون مفردات مجتمع الدراسة **متنوعة**، والظاهرات التي يتم بحثها **مختلفة**، حيث يضطر الباحثون إلى توسيع حجم العينة حتى تكون عينة تمثيلية بدرجة كافية. وهنا ينبغي إدراك أنه **لا يوجد هناك أية معايير يمكن استخدامها لتحديد حجم العينة المثالية**، أو حول طريقة تحديد وإختيار مفرداتها، وكل ما يمكن قوله في هذا السياق أنه كلما أمكن زيادة حجم العينة كلما زادت درجة دقة النتائج، وزادت القدرة على تكوين تعميمات حولها، والعكس بالعكس.

تتعدد أنواع العينات التي تستخدم في عمليات جمع المعلومات، وإنه يمكن تحديد أهم هذه الأنواع كما يلي :

أ) **العينة العشوائية** ، وهي التي يتم إختيار أعضائها مـن بـين مفردات مجتمع الدراسة بطريقة عشوائية تماماً، وذلك كما يلي :-

- يتم تصنيف مفردات مجتمع الدراسة وذلك في الحالات التي تكون هذه المفردات غـير متجانسة، وذلك حسب نوعيات الفئات التي تنتظم هذه المفردات على أساسها، وذلك كأن يتم التصنيف حسب الجنس أو العمر أو التأهيل العلمي أو المستوى الوظيفي ...الخ، بالنسبة للأشـخاص، أو بحسب الوزن أو اللون أو السعر أو غير ذلك بالنسبة للمفردات الأخرى ، **وهـذا مـا يسمى بالتصنيف الطبقي.**

- يتم تحديد حجم العينـة ككـل ، ثـم تحديد حجم العينـات الجزئيـة أو التـي تسـمى العينـات الطبقية، التي سيتم أخذها من كل فئة من فئات مجتمع الدراسة الكلي حسب تصنيفاتها (في حالات تعدد هذه الفئات) .

وهنا : فإن الباحث العلمي قد يأخذ عند تحديد حجم هذه العينات **بطريقة التساوي** ويكون حجم كل عينة مساو للعينات الأخرى، وذلك بغض النظر عن حجم الفئات التي تمثلها هذه العينات، وقد يأخذ **بطريقة التناسب** بين حجم كل عينة وحجم الفئة التي تمثلها، فإذا كان عدد العاملين في الإدارة العليا (٣٠) وفي الإدارة الوسطى (٣٠٠) وفي الإدارة الدنيا (٩٠٠) فإن حجم العينة الممثلة لفئة الإدارة العليا يكون ١٠/١ حجم عينة الإدارة الوسطى و ٣٠/١ من حجم عينة الإدارة الدنيا. وكذلك يكون حجم عينـة الإدارة الوسطى ٣/١ حجم عينة الإدارة الدنيا، وهكذا ... وتطبق هذه الطريقة عندما يكون لحجـم العينـة دور مهم على نتائج الدراسة.ويتم تنظيم عملية الإختيار بعدة طرق أهمها :

١- **الطريقة المبسطة:** وقد تتم هذه الطريقة **بإستخدام أسلوب المصادفة**، حيـث يـتم أخـذ أول عـدد مـن المفردات التي تقابل الباحثين من كل فئة طبقية من فئات مجتمع الدراسة، فإذا كان عـدد العينـة الجزئية الطبقية مثلاً عشرة أشخاص (إذا كانت المفردات أشخاص) من العاملين في الإدارات الوسطى في منظمة ما، فإنه سيتم أخذ

أول عشرة أشخاص منهم ، تتم مقابلتهم أو التواصل معهم بدون أي تنظيم أو تحديد مسبق ، **وقد تتم بطريقة عرضية** حيث يتم التعامل مع عدد من المفردات التي تعترض طريق الباحث أثناء قيامه بالتعامل مع "مجتمع الدراسة" ويحدث ذلك في بعض المقابلات التلفزيونية أو الإذاعية، حيث يتعامل المذيعون مع بعض الأشخاص الذين يواجهونهم عرضاً في طريقهم، ويتحدثون معهم للتعرف على أرائهم حول قضية ما يقومون بالبحث فيها.

وقد تتم بإستخدام أسلوب القرعة، وذلك في الحالات التي يكون حجم مفردات مجتمع الدراسة ليس كبيراً جداً، ويسمح بترتيب هذه المفردات، ومن ثم إجراء شكل من أشكال القرعة عليها للوصول إلى عدد العينات الجزئية، وبالتالي العينة الكلية ... **وقد يتم الإختيار بتطبيق أسلوب الأرقام العشوائية،** حيث يتم حصر قوائم مفردات مجتمع الدراسة وترقيم مفرداتها، بصورة رقمية ومتسلسلة، ومن ثم يتم إختيار عدد من الأرقام الذي يساوي عدد مفردات العينة الكلية أو الجزئية (في حالات تعدد الفئات) وبصورة عشوائية تماماً.وكما يلاحظ فإنه يكون لكل مفردة من مفردات مجتمع الدراسة، أو لكل مفردة من مفردات كل فئة فيه، نفس الفرصة في عمليات الإختيار. فمثلاً إذا أردنا التعرف على موقف العاملين في منظمة ما من تغيير مواعيد بدء العمل، أو إنتهائه ، فإنه قد يتم إعداد قائمة بجميع العاملين في المنظمة ، ولتكن الأرقام من (١-٥٠٠) ، وعندها يتم إختيار أية أرقام عشوائية، وبالعدد الذي يتفق مع حجم العينة. وقد يتم تصنيف العاملين حسب مستوياتهم مثلاً إلى ثلاثة أو أربعة .. فئات ، ويتم إعداد قائمة بجميع العاملين في كل مستوى، وترقيم هذه القوائم .. ومن ثم إختيار مجموعة من الأرقام عشوائياً من كل فئة وبعدد يساوي عدد كل عينة طبقية (جزئية) حسب ما تم تحديده مسبقاً وهكذا ...

٢- **الطريقة المنتظمة :** وتقوم هذه الطريقة على أساس تحديد قائمة مفردات مجتمع الدراسة إذا كانت قائمة واحدة (في حالات تجانس المجتمع، أو عند عدم ضرورة

أخذ تصنيفاته وفئاته المختلفة بالإعتبار)، أو تحديد عدة قوائم حسب التصنيفات المفترض مراعاتها لفئات مجتمع الدراسة، ثم ترقيم مفردات كل منها ؛ وذلك تماماً كما هو في حالة اسلوب الأرقام العشوائية في النقطة السابقة .ولكن الإختلاف هنا أنه لا يتم إختيار أية أرقام كما اتفق، بل قد يتم وضع تنظيم لعملية الإختيار العشوائية ؛ وذلك كأن يقال مثلاً أنه سيتم أخذ الأرقام الزوجية أو الأرقام الفردية أو أخذ كل رقم يقبل القسمة على خمسة أو على ثلاث.......وعادة ما يتم تطبيق هذا الأسلوب كما يلي :-

- تحديد حجم مجتمع الدراسة في قائمة كلية (في حالة الدراسات الكلية) وليكن الحجم مثلاً
  (١٠٠٠)مفردة وترقيمها من (١-١٠٠٠)٠

- تحديد حجم العينة وليكن (١٠٠ مفردة)٠

- قسمة ١٠٠٠ على مئة ويساوي عشرة ٠

- أخذ مفردة واحدة من كل عشرة مفردات وذلك على أساس منتظم كأن تؤخذ المفردة التي تنتهي بصفر من القائمة الكلية أو أي عملية إختيار أخرى شريطة الإنتظام في طبيعة الرقم الذي تحمله كل مفردة من المفردات التي يتم إختيارها .

وهكذا ينطبق نفس الوضع في حالة تعدد فئات مجتمع الدراسة، وتعدد قوائمها الجزئية وعيناتها الجزئية. ويتم التعامل مع كل قائمة وكل عينة متعلقة بها بنفس الطريقة .

٢- العينات غير العشوائية أو المخططة :- وهي العينة التي يقوم الباحث فيها بانتقاء مفردات عينته من بين مفردات مجتمع الدراسة، وبالشكل الذي يشعر أنه يساعده في تحقيق أهداف دراسته بصورة أفضل، ومثال ذلك العينة التي تركز على رأي أساتذة الجامعات، أو رأي القيادات الحزبية في المجتمع أو.......حول قضية معينة .

وبعد، فأنه ينبغي التحذير من مغبة الإعتماد الكامل على هذه الأداة في الحصول على المعلومات، وفي بناء التحليلات أو التعميمات على ضوء معطياتها، ذلك لأن الإعتماد على دراسة العينة هو اعتماد على دراسة جزئية، ومهما

كان حجم العينة كبيراً، ومهما كانت تبدو عينة تمثيلية، وتم اختيارها بصورة دقيقة وممتازة . إلا أن الفرق دائماً واضح بين أن تأخذ كل الحقيقة، وتشكل على أساسها رؤية كلية، وبين أن تأخذ بعض الحقيقة وتعتمد في تشكيل الرؤية الكلية على أساسها. أضف لذلك أن هناك بعض المشكلات التي لا يمكن تلافيها عند الإستعانة بهذه الأداة، وأنه من المهم إدراكها، وفهم أبعادها، عند عملية جمع المعلومات وأهمها :-

(١) عدم دقة التمثيل ؛ لأن حصر مجتمع الدراسة، وتحديد العينة التي تمثله، ليس بتلك البساطة من الناحية العملية، وغالباً ما تعاني جميع الدراسات التي استعانت بذلك من مشكلة عدم الدقة في التمثيل الكامل، ومن هنا فأنه لا يسهل تعميم النتائج التي يتم التوصل إليها بالإعتماد على المعلومات التي تم جمعها عن هذا الطريق .

(٢) عدم دقة الإستجابة التي يقدمها أفراد العينة، وبخاصة في حالة الدراسات المتعلقة بالبشر، لأن هناك تفاوتات واختلافات في فهم الأشخاص، وفي إدراكاتهم، واستجاباتهم، وجديتهم، وموضوعيتهم، ....مما ينعكس سلباً، بدرجة أو بأخرى، على دقة المعلومات التي يدلون بها، وعلى النتائج المترتبة عليها .

ج) دراسة الحالة :- تعرف الحالة بأنها تعبير عن ظاهرة، أو حدث، أو موضوع محدد بذاته زماناً ومكاناً، وقد تتعلق بالأشخاص أو الأفراد أو الجماعات، أو بالمنظمات أو بالمجتمعات أو بالأشياء أو بالأساليب...... الخ . وتوجد هناك رغبة أو ضرورة للتعرف عليها بصورة كاملة ومنهجية، وذلك لحكمة أساسية موجودة لدى الباحث أو الجهة التي تسعى لبحث هذه الحالة ودراستها . ويركز أسلوب دراسة الحالة على عملية جمع المعلومات التي تعرّف بطبيعة الحالة بجميع جوانبها ومتغيراتها وأسبابها وأثارها ..... وغير ذلك من الوقائع المتعلقة بها، وبذلك تعتبر دراسات الحالة نوعاً من الدراسات المسحية المحدودة جداً، لأنها تقتصر على حدث بعينه، أو قضية بعينها، على

خلاف الدراسات المسحية الأخرى التي تتميز بقدر واسع من الشمول، وتتناول بالبحث جميع الحالات، أو الأحداث المتعلقة بالمجال المسوح .

كما تعتبر كما يقول بعض الباحثين نوعاً من الدراسات الوصفية التي يصعب الإعتماد عليها في تطوير عملية البحث، والإنتقال منها للعمليات التحليلية والتجريدية التي تنتهي عادة إلى تقديم تعميمات في صورة قواعد أو قوانين عامة ؛ وذلك لأن لكل حالة ظروفها ومتغيراتها الخاصة والمتفردة.

ومن هنا فإنه يلاحظ عدم التوسع في هذا الأسلوب لأغراض البحث العلمي التجريدي، الذي يهدف إلى الوصول لتعميمات أو قوانين علمية معينة، واقتصار ذلك على الدراسات التشخيصية المتعلقة بموضوع الحالة نفسها .وعلى الرغم من ذلك فإن هناك من يعتقد أنه يمكن إستخدام دراسة الحالة لأغراض البحوث العلمية التي تنتهي إلى تجريدات عامة، وذلك إذا قام الباحثون بدراسة عدد مقبول من الحالات المشابهة، وإجراء دراسات مقارنة عليها. ونحن إذ نتفق مع هذا القول ؛ إلا أنه ينبغي الإهتمام عندئذ بتوسيع مساحة المقارنات بحيث تشمل عدداً كبيراً من الحالات، وقد يتم التركيز في دراسة هذه الحالات على عدد معين من المتغيرات أو العلاقات، حتى يتم التوصل إلى بحثها بحثاً وافياً، والتوصل إلى القواعد الأساسية التي تحكم وجودها أو حركتها، وقد يتم التركيز على كل حالة تركيزاً كلياً بتحديد جميع عناصرها ومتغيراتها، ومن ثم إجراء مقارنة موضوعية بين جميع الحالات على هذا الأساس .

د) **دراسات تحليل المضمون أو المحتوى**، وتعرف بإنها أحد الأساليب التي تمكن الباحث من التعامل مع المواد المكتوبة أو المسجلة (على إحدى التقنيات التسجيلية للمعلومات) المتعلقة بظاهرة أو حدث وموضوع ما، وذلك للتعرف عليه بصورة منظمة وموضوعية وكميه قدر الإمكان.

تعتمد عملية تطبيق هذا الأسلوب على قيام الباحث بتحديد الموضوع الذي يرغب في بحثه بدقه، ثم يقوم بالتركيز على بعض الكلمات أو الأفكار أو الأسماء التي

ترتبط بهذا الموضوع ، أو قد يركز على طبيعة تكرارها في ثنايا المادة المكتوبة أو المسجلة ويكون لتكرارها قيمة ترابطية مع الموضوع الأصلي، أو أحد الأفكار الجوهرية المتعلقة به، ومن ثم يقوم الباحث بتحديد المادة المكتوبة التي يرغب في إجراء مسح لمضمونها، وقد تكون كتاباً أو مقالاً أو وثيقه أو .. أكثر من ذلك. وعندها ينتقل لمتابعة الكلمة أو الفكرة أو الأسم الذي يتصل بفكرة بحثه أو موضوعه، ليتعرف على عدد تكرارات ذلك، وطبيعة التكرار (سلبي ، أو إيجابي) (مسانداً أو معارض) ... الخ، لينتهي إلى تشكيل فكرة أو نتيجة عامة حول موضوعة.

فمثلاً ، قد يكون الباحث بصدد دراسة مدى إهتمام السلطة السياسية بتجسيد العقيدة الإسلامية أو القيم الإسلامية في المجتمع. فيقوم الباحث عندها بتحديد أهم الوثائق التي تصدرها الدولة، كالمواثيق الوطنية، وربما مناهج التربية والتعليم أو غير ذلك ... وقد يلجأ إلى دراسة المقالات والتعليقات الصحفية في وسائل الإعلام الأخرى التي تتعلق بهذا الأمر، ... الخ، وذلك حسب ما هو متاح ، ومن ثم يبدأ بتحديد بعض الكلمات أو العبارات التي تبدو للباحث ذات علاقة مهمة بموضوعة، فيصير إلى بحث تكراراتها في ثنايا ذلك، وقد ينتهي إلى وضع مقاييس إجتهادية حول هذه التكرارات. كأن يقول مثلاً إن التكرار أكثر من (س) مرة، يعني إهتمام عالي جداً، وأن التكرار من (ص-س) يعني إهتماماً عالياً وهكذا ... وقد يكتفي بالإشارة إلى عدد التكرارات، وتكوين رأي عام حولها، كأن يقول ، لقد تكرر إستخدام كلمة (كذا) مئة وخمس وعشرين مرة من إجمالي كلمات الوثيقة، وفي هذا دلالة على مدى الإهتمام الكبير بهذا الموضوع، وقد يشكل الباحث نسباً مئوية توضح نسبة تكرار كلمة ما مقارنة مع إجمالي كلمات الوثيقة المعنية، وربما يضع مقاييس إجتهادية خاصة بذلك. كأن يقول إن الكلمة قد تكررت مئتي مرة من إجمالي كلمات الوثيقة التي تبلغ (٤٠٠٠) كلمة، وبذلك تكون النسبة التي إحتلتها هذه الكلمة حوالي ٥% من مساحة الوثيقة، وهذه نسبة عالية أو عالية جداً أو ... حسب ما يضعه من مقياس لهذه النسب،وهكذا يقوم بإجراء مسح لأية كلمات أو أفكار أخرى،

وبنفس الأسلوب، ليجري مقارنة بين الأفكار التي درسها، وإستخلاص نتائج مقارنة بالإستناد إليها.

أما من حيث الأدوات التي يتم استخدامها في عملية تنظيم المعلومات، فهي :

أولاً: بطاقات البحث، وتعتبر في تقديرنا من أهم الأدوات على الاطلاق، وبطاقة البحث هي عبارة عن قطعة من الورق المقوى والمسطر وتختلف في مقاساتها ، فقد تكون صغيرة وتبلغ أبعادها حوالي ٥×١٠سم ، وقد تكون متوسطة وتبلغ حوالي ١٢×٢٠كم، وقد تكون كبيرة وتبلغ حوالي ٢٠×٣٠سم ، وهكذا ... وإنه لا يوجد أي مقياس محدد يمكن اعتباره مقياساً مثالياً، وإن كان يعتبر المقياس المتوسط من وجهة نظرنا مقياساً نموذجياً إلى حد كبير، ويعتمد الأمر في أوله وآخره حسب مزاج الباحث والشكل الذي يرتاح إليه . هذا ، وإنه يمكن للباحث حتى استخدام الورق العادي إلا أننا لا نوصي بذلك أبداً نظراً لأن الورق العادي لا يسهل عملية التخزين والفرز والتبويب مثلما هو حال بطاقات البحث، ناهيك أنه عرضة للتلف والتمزق السريع . وهذا ما يرجح أهمية استخدام البطاقات ذات المواصفات الفنية، وبخاصة إذا أدرك الباحثون أن عليهم أن يحتفظوا ببطاقات معلوماتهم باستمرار ضمن ما يمكن تسميته " ببنك معلومات مصغر" لديهم ، حيث يمكنه ذلك من العودة لهذه البطاقات إذا استشعر أهمية بعض المعلومات المدونة عليها في عمليات بحث لاحقة، وعلى أي مدى زمني كان . بل إنه يستطيع أن يعير هذه البطاقات لمساعدة باحثين آخرين أو حتى قد يورثها، وتظل محتفظة بلياقتها ووظيفتها، وبخاصة إذا أدركنا بأن المعرفة لا تموت بالتقادم. كذلك فإنه من المهم أن نعلم بأن قيمة أسلوب البطاقات لا تنبع من شكلها ولا نوعية ورقها أو غير ذلك، بقدر ما تنبع من وظيفتها وطريقة استعمالها، حيث إذا استطاع الباحث أن يستخدمها جيداً ، فإنها ستقدم له خدمات مهمة في انجاز هذه الخطوة والعكس بالعكس .وإنه يمكن عرض الارشادات المثلى للاستخدام بغرض جمع المعلومات كما يلي :

١- عندما يرغب الباحث في تدوين أي معلومات من أي مصدر من المصادر المكتبية أو الميدانية، فإنه يستعمل السطر الأول من رأس البطاقة لتوثيق المصدر حسب الأصول المرعية في هذا المجال، وحسب الطريقة التي يرغب في تطبيقها الباحث ، أو ترغب الجهة المكلفة له فيها ... وسوف يتم التعرف على طرق التوثيق لاحقاً.

٢- يتم تحديد عنوان للمعلومات التي سيتم تخزينها على البطاقة، مع الاهتمام أن يكون العنوان ذو صلة بأحد الموضوعات الرئيسية أو الفرعية التي يتكون منها البحث، والتي يكون قد تم تحديدها كما تبين في المرحلة الثانية من عملية البحث. ويتم تسجيل العنوان في صدر (وسط) السطر الثاني من البطاقة وبصورة بارزة، وإنه ينصح باستعمال لون مميز (أحمر أو أخضر ...) لكتابة العناوين .

وهنا ينبغي التذكير بأن على الباحث أن لا يدون على البطاقة إلا فكرة أساسية واحدة، ولا يغريه أن سطح البطاقة ما زال يتسع لكتابة المزيد. **والقاعدة الأساسية هنا، أن المعلومات التي تدون على البطاقة الواحدة تركز على فكرة واحدة، وذات صلة بموضوع واحد ومحدد من موضوعات البحث.**

٣- يتم ترك مساحة هامش صغير على يمين البطاقة ليتم تسجيل رقم صفحة المصدر الذي يتم أخذ المعلومات منه، ومن المهم تسجيل أرقام الصفحات أولاً بأول، وبصورة واضحة.

٤- يقوم الباحث بتحديد أسلوب ما لتدوين أي معلومات أو أفكار تنبثق لديه عندما يقوم بتسجيل المعلومات المأخوذة من المصدر، ويجد أنها مهمة لعمليات التحليل اللاحقة، ويعتمد الباحث بينه وبين نفسه هذا الأسلوب بإستمرار. فمثلاً، إذا قام بتسجيل المعلومات المأخوذة عن المصدر، ورغب في تدوين ملاحظات خاصة به على ذلك، فإنه قد يصطلح لنفسه على أن يضع مثلاً كل ما يصل إليه من ملاحظات خاصة بين قوسين دائريين " (   ) " أو قوسين نصفي مستطيل " [   ]" أو غير ذلك. وهذا ما يمكنه في نهاية عملية جمع المعلومات التي قد تأخذ منه وقتاً

طويلاً، وبخاصة في الأبحاث المتعلقة بأطروحات الدكتوراه أو الماجستير ... من أن يتعرف على أفكاره وتحليلاته، ويفصل بينها وبين المعلومات المشتقة من المصادر المختلفة.

٥- يفضل أن لا يستخدم الباحث إلا وجهاً واحداً من البطاقة، أما في الحالات التي يضطر إلى تسجيل معلومات متصلة بفكرة ما، وتستحق هذه المعلومات أن تخزن جميعها، ولا يتسع لها الوجه الأول من البطاقة، فإنه يستطيع أن يستخدم الوجه الآخر، مع الإشارة في نهاية الوجه الأول بسهم أو بعلامة ما تذكره بأن بقية الفكرة موجودة على ظهر البطاقة.

٦- ينصح الباحث بأن لا يقوم بتدوين المعلومات المشتقة من مصادرها تدويناً حرفياً، وبخاصة فيما يتعلق بالمصادر المكتبية، وعلى الباحث **أن يعود نفسه على تسجيل الأفكار، وعرضها بلغته**، مع الإستعانة بالمفاهيم الأساسية المستخدمة في المصدر، ولا بد أن يراعي في هذا الأمر الفروقات بين أنواع المعلومات، فإذا كانت نصوصاً قانونية،أو تعريفات مجرده، أو ما ماثل ذلك من نصوص لها طبيعتها المميزة، فإن عليه أن يعمل على تسجيلها بصورة حرفية، وأن يضع ذلك بين قوسين مميزين، ويفضل أن يستعمل الأقواس المتعارف عليها عند تسجيل الإقتباسـات الحرفية كما يلي " ".

٧- يقوم الباحث بإستخدام بطاقة أخرى لتسجيل أي فكرة أخرى، أو لتسجيل معلومات تتصل بأي أفكار تم تخصيص بطاقات لها، طالما أنها مستمدة من مصدر آخر. أما إذا صادف أن أخذ الباحث معلومات أخرى من نفس المصدر، وكانت متصلة بأحد الأفكار المسجلة لديه على إحدى البطاقات. فإنه لا مانع أن يدون هذه المعلومات على البطاقة السابقة ، مع عدم نسيان تسجيل رقم الصحفة التي أخذت عنها المعلومات .

وعندما ينتقل الباحث من أجل العمل على تنظيم المعلومات، فرزاً و تبويباً ، فإنه ينصح بإتباع الإرشادات التالية، حتى يتم إستخدام البطاقات بصورتها الفعالة:

(١) أن يقوم الباحث بمراجعة قائمة الموضوعات الأساسية، و التفصيلية، التي سوف يتم تغطيتها خلال بحثه، وأن ينتهي إلى تحديد نهائي حولها. وإذا حدث أن عمل على تغيير مسميات بعض العناوين أو الموضوعات ، فإنه مطالب بتذكر ذلك جيداً حتى يتم إجراء عملية الفرز بدقة. فطالما أن عناوين الأفكار على البطاقات، تكون مستمدة من العناوين الأصلية فإنه لا بد من التذكر لفرز مثل هذه البطاقات ووضع إشارات عليها أو عناوين إضافية حتى يتم إدراجها ضمن قائمة الموضوعات بعناوينها الجديدة.

(٢) يقوم الباحث بفرز البطاقات بحسب الموضوعات الرئيسية التي يتكون منها بحثه، ويعتمد الباحث في ذلك على العناوين التي تحملها البطاقات كما أوضحناه سابقاً، وعلى عناوين الموضوعات الرئيسية المحددة بصورة مسبقة أيضاً. ولعل إستخدام البطاقات المتعارف عليها في هذه الخطوة يكشف عن قيمتها ووظيفتها الفعلية، حيث يتمكن الباحث من فرزها بسرعة كبيرة، على خلاف الحال لو تم استخدام بطاقات من الورق العادي، حيث سيجد الباحث في هذه الحالة كثيراً من الصعوبات أثناء عملية الفرز، أوالإستخدام، نظراً لأن مساحة المكتب الذي يستخدم قد لا تساعد على ذلك، وكذلك إمكانية تطاير الأوراق العادية، وعدم ثباتها مثلما هو حال البطاقات المخصصة لهذا الغرض.

(٣) يقوم بتجميع البطاقات المتعلقة بكل موضوع رئيسي، ليبدأ إعادة فرز كل مجموعة لكل موضوع رئيسي بحسب الموضوعات الفرعية التي يتكون منها هذا الموضوع، ثم البدء بفرز بطاقات كل موضوع فرعي بحسب الأفكار التي يتم تناولها في إطاره... وهكذا.

(٤) يتم تجميع بطاقات كل فكرة في مجموعة واحدة، وربطها معاً بلفافة قوية ثم وضعها في مغلف خاص بها، ويكتب على ظهر المغلف " بطاقات الفكرة " (س) مثلاً، وعنوان الموضوع الفرعي الذي تتصل به، وكذلك عنوان الموضوع الرئيسي. وهكذا تصبح لكل فكرة من الأفكار التي يشملها البحث بطاقاتها الخاصة والمميزة والمجملة معاً في صورة منظمة ومحددة. وإنه يمكن ربط مجموعة الأغلفة المتعلقة بجميع الأفكار لكل موضوع فرعي في مجموعة فرعية ، وكذلك تجميع المجموعات الفرعية في مجموعة كلية لكل موضوع رئيسي. وبذلك تصبح جميع المعلومات مبوبة حسب سياقها الموضوعي في البحث، وتكون بذلك جاهزة لعمليات التحليل والكتابة.

ثانياً : أجهزة الحاسوب وشبكة الإنترنت، وهنا قد ينظر إلى هذه الأجهزة على أنها أحد مصادر المعلومات الأصلية، إلا أننا لا نوافق هذه النظرة تماماً، ونعتقد أنها تعمل أساساً كأداة من الأدوات المستخدمة في جمع المعلومات ، لأن ما تقوم شبكات الإنترنت بنقله غالباً ليس إلا معلومات هي في الأساس مأخوذة عن مصادر أخرى، وأنه يتم تناقلها عبر شاشات الإنترنت تعميماً لرسالة ما تهدف إليها الجهات التي تقوم بذلك، ومما لا شك فيه أن إستخدام هذه التقنيات أصبح يقدم خدمات مهمة للباحثين ، كل بحسب مجال إهتمامه، وأنه يكن للباحث أن يجمع معلوماته مباشرة من على الشاشات، أو قد يقوم بطباعة الأجزاء التي تهمه على البطاقات الملحقة بجهاز الحاسوب المستخدم من قبله، أو بطباعة ذلك على الأقراص التي يتم إسترجاع أو طباعة المعلومات عنها على اية أجهزة أخرى، في الوقت والمكان الملائمين .

ثالثاً : الملاحظات العلمية المباشرة، لقد تعرفنا في السياقات السابقة على مفهوم الملاحظة وأنواعها وأهميتها في تحديد المشكلة وتصميم الإفتراضات، إلا أن دورها الرئيسي يتركز بالدرجة الأساسية في مجال جمع المعلومات ، سواء كان الباحث يتعامل مع المصادر المكتبية أو الميدانية.

وتعتبر الملاحظة العلمية بمثابة نقطة البدء العملية للتواصل بين العقل البشري والظواهر المختلفة، وقد فهمنا أنها تقوم على المشاهدة والمتابعة الدقيقة للحدث أو للظاهرة محل البحث، مع الإستعانة بأساليب البحث والتبصر التي تتلاءم مع طبيعة ذلك الحدث أو تلك الظاهرة. وتتداخل الملاحظة كأداة أساسية وهامة في عملية البحث مع كونها تمثل إحدى القواعد المنهجية التي يقوم عليها المنهج العلمي، فالباحث أثناء عملية الملاحظة لا يكتفي عادة بمجرد مشاهدة الظاهرة أو متابعة حركتها، بل يقوم برصد أي صفات أو حركات أو خصائص يستطيع تلمسها أو التثبت منها. وبهذا فإن الملاحظة لا تكون تعبيراً عن مجرد عملية حسية ، بل تتضمن تدخلاً إيجابياً من جانب العقل الذي يمتد في وظيفته ويطورها بصورة تلقائية، غالباً، **ليحاول التعرف على الصلات أو الصفات الخفية نسبياً**. ولا تستطيع الملاحظة أن تكون أداة أساسية من أدوات البحث إلا إذا جمعت بين استخدام العقل والحواس في توحد مستمر. وإنه إذا أمكن الحديث عن العملية العقلية والعملية الحسية بمعزل عن بعضهما من الناحية النظرية إلا أنه لا يمكن تحقيق ذلك من الناحية العملية. فالعقل الإنساني بمجرد أن تصله الملاحظة الحسية يتدخل فوراً وبصورة لحظية بالغة السرعة ليبدأ في إضفاء مميزاته الإدراكية على موضوع الملاحظة ليضعها في سياقها المعرفي المنظم بدلاً من أن تبقى مجرد عناصر مبعثرة ومنفصلة ولا تشكل أي صورة معرفية متكاملة. وحتى يمكن الاعتداد بالملاحظة كأداة مهمة في هذا المجال فإنه لا بد من مراعاتها للشروط الأساسية التالية :[١٩]

أ) أن تكون منظمة، ومضبوطة، وترتبط بموضوعات البحث وفرضياته، مما يجعل المعلومات التي يتم تحصيلها مفيدة لعملية البحث، ومعينة للباحث على تشكيل رؤية واضحة، ومتكاملة عن ذلك. وهنا فإنه يفترض في الأشخاص الذين يمارسون الملاحظة أن يكونوا عارفين بموضوعات البحث الذي يجمعون له المعلومات وعارفين كذلك بإفتراضاته، حتى يتمكنوا من رصد المعلومات ذات

(١٩) لاحظ : فاخر عاقل، **مرجع سابق**، ص٨٦-٩١ص.

الصلة بذلك فقط، وتجنب أي معلومات أخرى، ويصبح هذا المطلب أساسياً في الحالات التي يقوم الباحثون العلميون بالإستعانة بمساعدين، وتكييف المساعدين بالقيام بمتابعة الظاهرة أو الحدث محل البحث، وتسجيل ملاحظاتهم حول ما يحدث من وقائع. حيث لا يشترط أن يكون المساعدون على دراية بموضوعات البحث أصلاً. وأنه يجب إدراك أنه كلما تم خلط المعلومات المطلوبة بمعلومات أخرى غير مطلوبة كلما إزدادات عملية البحث تعقيداً، وكلما استنزفت جهداً ووقتاً إضافياً، وأن مراعاة الشرط السابق هو الضمان الأساسي لعدم الوقوع في مثل هذا الخلط.

ب) أن تكون موضوعية ومجردة من أي تحيزات أو مزاجيات، وما على الباحث إلا أن يكون أسير الوقائع والمعلومات التي يلاحظها، فيعمل على تدوينها كما هي بلا زيادة أو نقصان، وبدون أي مبالغات، وعليه أن يعمل على إعادة تشكيل رؤيته وقناعاته وفق الملاحظات الواقعية، وليس تشكيل الوقائع وفق رؤيته وقناعاته.

ت) أن تكون دقيقة سواء كانت ملاحظات كمية أو كيفية، وأن يستعمل المقاييس والأوزان الموثوقة، وأن يبتعد عن أية مقاييس إجتهادية. ولضمان الدقة وبخاصة فيما يتعلق بالملاحظات الكيفية، على الباحث أن يستعمل المفاهيم والمصطلحات الدقيقة، والمتفق على معانيها.

ث) أن يكون الملاحظ نفسه مؤهلاً للقيام بالملاحظات ومستعداً لها، وهذا يفترض فيه أن يكون ملماً بأبعاد الموضوع الذي يعمل على ملاحظته وقادراً على رصد المعلومات المناسبة، كما يفترض فيه أن يكون مرتاح النفس وهاديء البال ومستجمعاً لجميع حواسه، أثناء لحظات المتابعة للظاهرة المعنية.

ج) أن يتم تسجيل كل ما يتم التوصل إليه من ملاحظات أولاً بأول، وحال حدوثها، والتوثق من دقة ما تم رصده ، وما تم تسجيله، وأنه لا يوجد أي فجوة

عدم فهم أو عدم تعبير عن حقيقة ما حدث . وحتى تسير هذه العملية كما ينبغي لها، فإنه يجب تهيئة الملاحظ وتدريبه تدريباً كافياً للقيام بهذا الدور.

ح)   أن يتم تخطيط عملية الملاحظة بتحديد خطواتها والوسائل المساعدة عليها، إن وجدت، مع التركيز على ضرورة أن يتم وضع الخطة بما يتوافق مع طبيعة الظاهرة المراد ملاحظتها، ومن أهم الوسائل المساعدة في ذلك : الأدوات المخبرية، والمجهر والساعة، وآلات التصوير ... الخ.

رابعاً-المقابلات:تعتبر أحد أهم الأدوات التي يتم إستخدامها في الدراسات الميدانية المتعلقة بالظواهر الإنسانية.وتعرف بأنها عملية منظمة تجمع بين طرفين،الطرف الأول هو"الباحث" والطرف الثاني وهو"المبحوث"،وقد يكون الطرف الأول شخصاً واحداً،أو عدة أشخاص (لجنة)،وكذلك الأمر بالنسبة للطرف الثاني،ويعتمد إعداد كل طرف حسب طبيعة البحث، والظروف المحيطة بالمبحوثين،ونوعية المقابلة التي يتم إجراؤها وأدواتها، وفي حالة أن يتعدد أشخاص الطرف الأول فلا بد أن يكون هناك منسقاً من بينهم يدير عملية المقابلة.وتتم إدارة هذه العملية بالكيفية التي يحددها الطرف الأول،وفي حدود الزمان والمكان اللذين يختارهما، وذلك بهدف إجراء حوار مخطط مع الطرف الثاني ليستثير لديه أية معلومات أو تعبيرات لفظية أو حسية أو نفسية بما يساعد على التعرف على طبيعة شخصيته،وطريقة تفكيره وأرائه ومعتقداته وطموحاته أو قدراته الفعلية أو اللفظية،أو استعداداته وانفعالاته وأنماط إستجاباته...الخ. وذلك بما ينسجم مع طبيعة الهدف الأساسي من المقابلة، وموضوع المشكلة التي يتم جمع المعلومات من أجلها.

قد تتم عملية المقابلة في **صورة مواجهة مباشرة** بحيث يجتمع أطراف المقابلة في مكان واحد وهي ما تسمى" **بالمقابلة الشخصية**" ، وهنا قد يكون **مكان المقابلة مفتوحاً** مثال بعض اللقاءات التفلزيونية او الإذاعية أوالصحفية أو غيرها مما يتم إجراؤها مع بعض الأشخاص،سواء كان ذلك في مكاتبهم أو منظماتهم وربما في الشارع،أو في بعض الأماكن العامة. وطالما أنه يتم بث المقابلة أو تسجيلها والإعلان عنها فإنها **تعتبر مقابلة**

علنيه أيضاً.وقد يكون **مكان المقابلة مغلقاً** كأن يتم إجراؤها داخل مكاتب أو أماكن مغلقة لا تجمع إلا بين طرفي المقابلة فقط.ويحتفظ الطرف الأول لنفسه بالمعلومات التي يتحصلها،ولا يقوم بالإعلان عن نتائجها بصورة فردية،(حيث لا يتم تسمية الأطراف بمسمياتها)وتسمى المقابلة في هذه الحالة **مقابلة غير علنية.** وبالطبع فإن هذا النوع غير العلني لا يتعارض مع الإعلان عن نتائج مثل هذه المقابلات ولكن بصورة عامة(حيث لا يتم تسمية الأطراف ونتائج مقابلاتهم بمسمياتها إلا في سياقاتها العامة) فقط.

وقد تتم المقابلة بصورة غير مباشرة، حيث لا يستطيع الطرفان أن يلتقيا في مواجهة مباشرة في مكان محدد، أو قد لا تشترط عملية المقابلة مثل هذا اللقاء . وذلك كالمقابلات التي تتم عبر الهاتف أو غير ذلك من الأساليب.

تلعب الملاحظة العلمية دوراً مهماً أثناء سير عملية المقابلة، وبخاصة من قبل الباحثين العلميين أو مساعديهم، إلا أن المقابلة تختلف عن مجرد الملاحظة في انها عملية قابلة للبرمجة والتحكم بدرجة عالية، وبخاصة في حالة المقابلات التي يتم إجراؤها في الأماكن المغلقة، حيث يلعب الباحثون دوراً مهماً في وضع التراتيب المتعلقة بإجراء المقابلات وتحديدها وفق إرادتهم ، ويكون الطرف الآخر خاضعاً في معظم الأحيان لهذه التراتيب . وذلك على خلاف الوضع بالنسبة للملاحظة التي غالباً ما يكون أشخاص الطرف الأول (الباحثون) هم التابعون للظروف التي تقع فيها الظواهر أو الأحداث التي يقومون بمتابعتها، بل إن الأطراف الثانية في حالة الملاحظة قد لا تدري بأنها تخضع لمتابعة الباحثين الذين يقومون أحياناً بتسجيل ملاحظاتهم دون التدخل بأي شكل من الأشكال في سير حركة الظواهر محل الدراسة.

تتعدد أنواع المقابلات بحسب الأساس الذي يمكن تصنيفها على ضوئه، فقد تصنف حسب أهدافها وتقسم بذلك إلى : -

١- **مقابلات مسحية إستطلاعية (وصفية)**، وهي التي تهدف إلى التعرف على آراء الأشخاص المبحوثين حول قضية ما أو حدث ما .. أو سياسة ما. أو أسلوب ما

... الخ. وذلك مثلاً المقابلات التي تتم مع العاملين في المنظمة للتعرف على آرائهم حول التجهيزات الجديدة التي تنوي الإدارة إدخالها إلى المصانع، أو حول سياسات الشركة في الحوافز، أو حول أساليب إتخاذ القرارات ...الخ. وقد يتم إجراء هذه المقابلات مع جميع الأشخاص المعنيين فيكون المسح شاملاً، وقد يتم المسح بطريقة العينة.

٢- **مقابلات تشخيصية (تحليلية)**، وهي التي تتعدى في أهدافها مجرد جمع المعلومات حول موضوع البحث، لتصبح أسئلة المقابلة موجهة أيضاً للتعرف على أسباب ما يحدث، وما هي نتائجه المتوقعة .

٣- **مقابلات علاجية** ، وهي التي تذهب أبعد مما سبق ليتم التساؤل أثناء المقابلات عن رأي المبحوثين في الحلول الممكنة، أو عن رأيهم في أية حلول قد يقوم الباحثون بطرحها للحوار، وهكذا ... فإنه يتم تطوير مواقف الأطراف المبحوثين من موقع سلبي تقريباً في المقابلات الإستطلاعية إلى موقع أكثر إيجابية في المقابلات التشخيصية إلى موقع إيجابي وفعال في المقابلات العلاجية.

وقد يتم تصنيف المقابلات بحسب نوعية الأسئلة التي يتم طرحها في أثناء سير عملية المقابلة، وتصنف وفق ذلك إلى :-

١) **المقابلات المقفلة** ، وهي التي تلعب فيها الأطراف الأولى (الباحثون) الدور التام، بينما لا تلعب الأطراف الأخرى إلا دور المتلقي والمجيب على ما يطرح من أسئلة وبقدر كل سؤال ، وعادة ما يتم تصميم الأسئلة في هذا النوع من المقابلات بحيث تكون الأجوبة عليها محددة بدقة، ولا تعطي المبحوث إي مرونة أو فرصة للتدخل في سير السؤال، ولا في سير الإجابة عليه. وهذا ما يتضح عادة في الأسئلة التي تقول أجب بنعم أو لا ، أو إختر جواباً من الإجابات التالية ... وهكذا ...

يستخدم هذا النوع من المقابلات بصورة واسعة في المقابلات المصممة لأغراض البحوث الأكاديمية، لأنه يساعد الباحثين على تحديد موضوعاتهم، وصيغ أسئلتهم بما يتوافق مع الإفتراضات التي يرغبون في بحثها . كما يساعدهم على فرز الإجابات وتصنيفها ومعالجتها بصورة كمية، وبخاصة إذا تم تصميم الأسئلة بما يتفق مع مقاييس كمية ومحددة سلفاً، وهذا هو الأمر الشائع في معظم الأحيان . وبرغم أهمية هذا النوع في مثل هذه الحالات ، إلا أنه من ناحية أخرى يعاني من سلبيات لها قيمتها في تقديرنا، وتتمثل في أنها لا تمكن المبحوثين من إبداء آرائهم وتحليلاتهم فيما يتعلق بموضوعات الأسئلة المطروحة، مما قد يحرم الباحثين من ثروة مهمة من المعلومات ذات الطابع التحليلي التي قد لا تخطر على بالهم.

٢) **المقابلات المفتوحة**، وهي التي يتم تنظيمها وتصميم أسئلتها بما يعطي للمبحوثين الفرصة والمرونة الكافية لإبداء وجهات نظرهم، أو لتقديم شروحاتهم بصورة موسعة، مما يساعد على إثراء المعلومات بصورة كبيرة.ولكن مشكلة هذا النوع من المقابلات أنه يقدم معلومات غير قابلة في معظم الأحيان للتحليل والعرض الكمي، مما قد يعقد عملية التحليل، ويحول دون الوصول إلى نتائج محددة.

٣) **المقابلات المركبة** ،وهي التي تجمع في تصميمها بين نوعي الأسئلة المشار إليها سابقاً، فتتضمن أسئلة ذات طبيعة مقفلة، وكذلك أسئلة ذات طبيعة مفتوحة، بل إن نفس السؤال المقفل قد يعقبه سؤال أخر مفتوح يسمح للمبحوثين بإبداء آرائهم وشروحاتهم حول إجابتهم عن السؤال المغلق، وذلك مثال أن يكون السؤال كالتالي :-

(١)- هل تعتقد أن سياسة الحوافز المعمول بها في المنظمة حالياً هي سياسة ملائمة؟ نعم / لا . لماذا ؟؟

- **وإذا كانت إجابتك بلا فما هي مقترحاتك ....**

وكما يلاحظ فإن هذا النوع يحاول أن يجمع بين الإيجابيات المختلفة التي تترتب على النوعين السابقين، ولكنه في الوقت نفسه يجمع بين ما يؤخذ عليهما من سلبيات، وإنه لا يمكن التوصية في هذا المجال بأي نوع من هذه الأنواع ، لأن الأمر متروك لطبيعة الموضوعات التي يتم بحثها، وللهدف الأساسي من البحث ، **فإذا كان الأمر يتعلق بالبحوث الأكاديمية** فإنه يمكن التوصية بالتوسع في الأسئلة المقفلة حتى يسهل فرزها وتحليلها بصورة كمية، ولا يكون الباحث في هذه العملية **تحت وطأة المساءلة الوظيفية** بقدر ما هو تحت وطأة المساءلة المنهجية التي تعرض عليه أن يراعي بقدر الأمكان شروط المنهج العلمي في تحديد طبيعة أسئلته وفي تحديد مقاييسه وأوزانه والتأكد من مصداقيتها. **أما إذا كان الهدف يتعلق بعملية إتخاذ القرارات، ووضع الإستراتيجيات** الهامة، التي تحتاج إلى معلومات ورؤى شاملة وذات أبعاد إستراتيجية، فإنه ينصح بالتوسع في الأسئلة بنوعيها، مع التركيز على الأسئلة المفتوحة التي تشكل إجاباتها مصدراً مهماً لتكوين رؤية شاملة حول مشكلة البحث، وهنا ينبغي مطالبة الباحثين بضرورة إمتلاك القدرات التحليلية، والرؤية الشمولية الإستراتيجية، التي تمكنهم من تشكيل صورة ذهنية متكاملة حول ذلك.

وإن إمتلاك مثل هذه القدرات هو أهم عامل مميز أصلاً بين رجل القرار وغيره ، أو بين الباحث الإستراتيجي وغيره،وبالتالي فإن سلطات القرار مطالبة أن تراعي في إستعانتها بالباحثين مدى إمتلاكهم للرؤية الإستراتيجية،وكذلك أن تراعي في أشخاصها مثل ذلك، وإلا ستنقلب عمليات البحث،وعمليات إتخاذ القرار، ووضع الإستراتيجات إلى لعبة ساخرة مآلها الفشل الذريع.

هنالك من يتحدث عما تسمى **بالمقابلات الحرّة** [٢٠]، أي التي يتم إجراؤها دون التحضير المسبق لأي أسئلة محدده، ويقوم فيها الباحثون بطرح ما يخطر على بالهم من

---

(٢٠)قارن:ظاهر الكلالده ،محفوظ جوده،**أساليب البحث العلمي في ميدان العلوم الإدارية**(دار زهران للطباعة والنشر،عمان ١٩٩٩) ص ١٢٩.

أسئلة في لحظات المقابلة، كما يتمتع المبحوثون بدرجة عالية ايضاً من الحرية في الإجابة، ونحن لا نتفق مع هذا الطرح في سياق مؤلفات البحث العلمي، لأن هذا النوع لا يوجد إلا في المناسبات الصحفية أو غيرها، ولا يعمل به في عمليات البحث العلمية بغض النظر عـن أهدافها، فالأصل أن يكون البحث مصمماً لخدمة أهداف محددة، ولدراسة مشكلة محددة، وفحص فرضيات محددة. مما يفرض ضرورة التركيز على معلومات محددة وسياقات موضوعية محددة، وهـذا مـا يستوجب تنظيم المقابلات، وتصميم الأسئلة المتعلقة بها بصورة مخططة ومبرمجة حتى تصب مخرجاتها في إتجاه الأهداف المطلوبة.

تعتمد فعالية المقابلات كأداة بحثية على مجموعة من الإعتبارات الأساسية التي يمكن تصنيفها كما يلي :

أ- **الإعتبارات المتعلقة بمن يقوم بإجراء المقابلة**، سواء قام بها البـاحثون أنفسـهم أو تـم الإستعانة بأشخاص آخرين كمساعدين في هذا المجال، وذلك إما بحكم ما يتمتعون به مـن مهارات في إجراء المقابلات، أو بطبيعة حجم الأشخاص الذين سيتم إجراء المقابلات معهم، حيث كلما كـان الحجم كبيراً كلما لزمت الإستعانة بمساعدين لإجراء المقابلات اللازمة. وهنا فإنه ينبغـي تـوافر الشروط التالية :-

١- **الصحة العضوية أو الجسدية** التي تؤكد تأهيلهم العضوي (الجسـدي) سـواء مـن حيـث قدراتهم النطقية، أو التعبيرية، وصحتهم البدنية، وتوازنهم وحركاتهم، ونبراتهم الصوتية، وغير ذلك من الشروط التي تسمح بتحقيق قبـول لهـؤلاء الأشخاص مـن قبـل مـن تـتم مقابلتهم. فشرط القبول يعتبر من أهم متطلبات التفاعـل بـين أطـراف المقابلة، وبالتـالي الحصـول عـلى المعلومات المطلوبة والموثوقة إلى حد كبير.

٢- **الصحة النفسية** التي تضمن توازن شخصية من يقومـون بـإجراء المقـابلات فيكونـون قـادرين على السيطرة على انفعالاتهم ، وعلى خلق تيار من التفاعل النفسي والقبول المتبادل. وهنا فإنه يفترض أن تتوافر لدى هؤلاء الأشخاص

مهارات سلوكية كافية لخلق مثل هذا التفاعل بأسرع وقت، ومنذ لحظات المقابلة الأولى.

٣- **المعرفة والمهارة المهنية** المتعلقة بأصول إجراء المقابلات، وكذلك بطبيعة الموضوعات التي تتم المقابلات من أجل جمع المعلومات حولها. فالباحث الجيد هو الذي يكون قادراً على تعريف الأطراف التي يقابلها بطبيعة مهمته بصورة دقيقة وواضحة، وكذلك على تحفيزهم للتعاون والتفاعل معه، وبأهمية ذلك حتى يتحقق هدف البحث الذي سوف ينعكس بفوائده على الجميع. ومن هنا فإنه يفضل إختيار الأشخاص الذين لديهم خبرة كافية في إجراء مثل هذه المقابلات، ومعرفة جيدة بموضوعاتها. أضف إلى ذلك ضرورة تدريب الباحثين المعنيين على أساليب المقابلات وفنونها، والتعريف بأبعادها السلوكية والموضوعية المختلفة، وإعدادهم إعداداً جيداً قبل قيامهم بالمهام المطلوبة . ويفضل في الحالات التي تتعلق المقابلات فيها بمواضيع ذات طبيعة إستراتيجية أو هامة أن يكلف الباحثون المعنيون بإجراء مقابلات تجريبية مع بعض المعارف أو الزملاء... وذلك لتعزيز تجاربهم ومهارتهم، وللكشف عن أية أخطاء أو هفوات والتدرب على تلافي ذلك، كما يمثل ذلك نوعاً من المحاكاة الأولية التي تفيد في بناء توقعات حول ردود الأفعال والإستجابات التي يمكن حدوثها عند إجراء المقابلات الفعلية، والتحوط لذلك بصورة موضوعية.

ومن أهم ما يمكن التوصية به في هذا المجال هو التدريب على الأمور التالية :-

-مقاومة التحيزات والإنفعالات الشخصية وتنمية المقدرة على تحييد وعزل أية إعتبارات خاصة أو شخصية عن سير عملية المقابلة وشروطها وأشخاصها .

- عزل أية إنطباعات أو قناعات سابقة ، سواء تعلقت بموضوعات المقابلة أو بأشخاصها، عن سير عملية المقابلة .

- ضبط إجراءات سير المقابلة، وتنظيمها وتخطيطها من جميع جوانبها الموضوعية والمكانية والزمانية ..، والعمل على تطبيقها وفق ذلك.

- حسن إستعمال الآلات أو الأدوات أو غير ذلك مما يلزم لتنظيم الحوار وتسجيل المعلومات وتوثيقها بدقة.

- السيطرة على سير عملية المقابلة، وضمان عدم خروجها عن سياقها المخطط له.

ب) **الإعتبارات المتعلقة بسير عملية المقابلة** ، وهي التي تمثل أهم ما يحكم النجاح أو الفشل في هذه العملية ، وإنه يمكن تكثيفها فيما يلي :

١- **أن يلتزم الباحثون** بجميع التراتيب التي تم تنظيمها وتخطيطها لسير عملية المقابلة، وبخاصة ما يتعلق منها بالإسئلة التي سيتم طرحها .

٢- **أن يبدأ الباحثون مقابلاتهم** بما يسمح كما يقال بتكسير الجليد بينهم وبين الأطراف الأخرى، والعمل على خلق أجواء ودية وطيبة. ويعتمد ذلك على مهاراتهم السلوكية، وعلى الإستعداد والتحضير المسبق لطرح بعض العبارات الترحيبية والدعابية التي تسمح ببناء مثل هذه الأجواء .

٣- **أن تنظم عملية طرح الأسئلة** بحيث يتم البدء بالأسئلة ذات الطبيعة الإيجابية، أو الأسئلة السهلة والواضحة، والتي ليس لها أية أبعاد ذات طبيعة شخصية، أو ذات علاقة بأفكار أو قيم أو بمصالح الأشخاص المستجوبين، أو بمصالح وقيم زملائهم أو ذويهم ... الخ. ومن ثم يتدرج نحو أية أسئلة أخرى ، مع التأكيد على ضرورة تجنب اية أسئلة يمكن أن تؤثر عل مناخ المقابلة وتخرج المستجوبين عن موضوعيتهم أو أطوارهم. ولضمان ذلك فإنه يجب عدم تجاهل ذكائهم أو إستغفالهم ، وإذا حدث أي شيء من هذا القبيل فقد تتعطل المقابلة، أو تنحرف عن موضوعيتها، ويخسر الباحثون أهم مقومة من مقومات النجاح لأبحاثهم .

٤- **أن يتم تحديد الوقت الذي تستمر فيه المقابلة** مع الإلتزام الدقيق بذلك قدر الإمكان، وقد يتم إغفال هذا المطلب إذا كان الباحث يقوم ذلك متعمداً،

ويرغب في ان تكون المقابلة غير محددة ، بزمان . ويكون ذلك في الغالب إما لحكمة يقصدها الباحث ، وإما لطبيعة الأشخاص المستجوبين. فإذا كان الشخص مهماً أو يتولى مركزاً متقدماً، فإنه لا يتم تحديد وقت المقابلة له، بل هو الذي يستفتي حول وقت المقابلة ومدتها، وعلى الباحث أن يحترم ما يتم الإتفاق عليه، وبضبط أسئلة مقابلته على ضوء ذلك. وإذا حصل أن إنتهى وقت المقابلة دون ان تنتهي الأسئلة كاملة فإنه قد يطلب إجراء مقابلة أخرى، ولا يطلب تمديد المقابلة إلا إذا بادر هذا الشخص إلى تمديدها.

٥- **أن يلتزم الباحث بقواعد الحوار،** فلا يقوم بطرح أكثرمن سؤال في المرة الواحدة، وأن لا يطرح أي سؤال آخر إلا بعد أن يحصل على إجابة عن السؤال السابق، وهنا فإن عليه أن يتأكد عند طرح أي سؤال من أن الطرف الآخر سمع السؤال وفهمه جيداً مثلما هو يريده، كما أن عليه أن لا يتعجل الحصول على الإجابة ، ويتجنب الإيحاء بأية إجابة حول ذلك، أو أي عملية إستدراج نحو إجابة ما . **إنه يقوم بطرح السؤال ليبدأ في الإصغاء والإنتظار ومراقبة الإستجابات المختلفة،** وأن يكون كل ذلك في وضعيه الطرف الذي هو في حاجة للأخر وليس العكس، وإنه في وضعية المتلقي وليس في وضعية المعلم أو العارف... أما إذا خرج المبحوث عن سياق السؤال، ودخل في إطنابات لا قيمة لها من حيث علاقتها بموضوعات المقابلة فإن على الباحث أن يكون قادراً، وبلباقة موضوعية، على ردّ الحوار إلى سياقاته الأصلية.

جـ) الإعتبارات المتعلقة بنتائج المقابلة، وهنا فإنه من المهم مراعاة ما يلي :-

١- التنبه المستمر إلى مدى دقة أو موضوعية المعلومات التي تم الحصول عليها أثناء المقابلة. وانها هي المعلومات المقصودة فعلاً، وأن الباحث قد أخذها من المصدر مثلما هي فعلاً، ومثلما إرادها المصدر نفسه. وقد يتم ضمان تحقيق ذلك بأن يحاول الباحث القيام بتوجيه السؤال إلى المصدر في نهاية بعض الإجابات التي قد تكون

مطولة ومتداخلة في بعض تحليلاتها كأن يقول؛ " إذن فإنك ترى أن ... أليس كذلك ؟؟ " فإذا جاء الرد توكيدياً فإنه يتم إستجلاؤه تماماً، وتسجيله، أما إذا جاء تعديلياً فإنه يقوم بالتعديل ، وهكذا ...

٢- **أن يميز الباحث بين المعلومات الواقعية أو الحقائق**، وبين الإستنتاجات والأراء الشخصية، وأن يتوثق جيداً من أية بيانات رقمية بإعادة ذكرها على سماع المصدر، أو بعرضها أمامه بعد تسجيلها، أو بتفسيرها ووضعها في سياقها الواضح المحدد. فقد يقول أحدهم مثلاً أنه يقضي ثلث وقته في أعمال روتينية، وهنا على الباحث أن يوثق هذا الرقم بطريقة لبقه ليتأكد أنه لم يأت على لسان المصدر بصورة عفوية ، فيعيد ضبط الرقم بالقول مثلاً "هل معنى ذلك أنك تقضي حوالي ثلاث ساعات في مثل هذه الأعمال ؟؟ " ... وهكذا ...

٣- **أن يتم تدوين البيانات والمعلومات التي يتم الحصول** عليها أولاً بأول، وعدم ترك أي شيء للذاكرة، لأنه سرعان ما تختلف الصورة وتتغير المفاهيم والتراكيب في ذاكرة الباحث، ويختل المعنى الأصلي. وأنه لا يوجد في التسجيل الفوري أي حرج مهما كانت طبيعة المقابلة، ومهما كان أشخاصها .. بل إن الاعتماد على الذاكرة هو الذي قد يوقع في الحرج لأن ذلك قد يفسر من قبل أشخاص المقابلة على أنه حديث قليل الأهمية ، أو أن ما يقوله لا يستحق التسجيل . ومن المهم هو أن يكون الباحث مدرباً وماهراً بالقدر الذي يستطيع الإستمرار في إدارة الحوار والتسجيل لما يحصل عليه من معلومات، وإذا كان الباحث أكثر من شخص واحد، فإنه قد يتم تقسيم العمل بين الباحثين قبل الذهاب للمقابلة ليتم تخصيص أحدهم لطرح الأسئلة والآخر لعملية التسجيل . وقد يتم الإستعانة بجهاز تسجيل بعد إستئذان المصدر بذلك ... الخ. ولكن ينبغي عدم الإكتفاء بالإعتماد على أجهزة التسجيل، ولا بدّ أن يحرص الباحثون أيضاً على الكتابة لتركيز الأفكار حسب فهمها في لحظة الحصول

عليها، وللملاحظة التعابير الجسدية والنفسية ايضاً . وهو ما لا يمكن تحصيله من التسجيل الآلي عادة .... .

وخلاصة القول، أن على الباحثين العلميين أن يتنبهوا بإستمرار لعدم الوقوع في أخطاء التسجيل والتوثيق الأساسية، ومن أهم هذه الأخطاء (٢١):-

الخطأ الأول : خطأ الإثبات ، ويكون ذلك عندما يقلل الباحث من أهمية أي حادثة، ويخفق في تدوينها وتوثيقها.

الخطأ الثاني : خطأ الحذف ، ويكون عندما يحذف أي حقيقة اساسية .

الخطأ الثالث : خطأ الإضافة ، ويقع عندما يقوم الباحث بالتغيير أو التطوير في المعلومات التي أخذها من المصدر مع عدم الدقة في ذلك.

الخطأ الرابع : خطأ الإستبدال ، وذلك بإستخدام مفاهيم أو مفردات غير التي إستخدمها المصدر ويكون لها بعض الدلالات المختلفة .

الخطأ الخامس : خطأ التبديل ، ويكون ذلك بقيام الباحث بإحلال رأي مكان رأي، أو فكرة، مكان فكرة، ويحدث ذلك غالباً إذا كان الباحث أسير مصلحة أو هوى.

خامساً : الإستبيانات ، تمثل هذه الأداة أكثر الأدوات البحثية شيوعاً ، وبخاصة في مجال الأبحاث المتعلقة بالظواهر الإنسانية مع الإحتفاظ بدورها في بعض الأبحاث... التطبيقية الأخرى، حيث قد يتم إستخدام الإستبيان للتعرف على وجهات نظر المزارعين فيما يتعلق بأمور محاصيلهم، أو وجهات نظر العاملين فيما يتعلق بمصانعهم ومعداتها، أو بوسائل التخزين، وقضايا الإنتاج ... الخ.

كما أنها تعتبر من أهم الأدوات المستخدمة في حالات دراسات المسح الشامل ، مع التسليم بدورها في المسوحات الأخرى عن طريق العينة أو غيرها. وذلك لأنه يمكن

---

(٢١) د. فوزي غرايبة وزملاؤه، **مرجع سابق** ، ص ٥١ مأخوذاً عن

Robert Martoni & Others , **The Focused Interview.** (Glencoe , Illinoise : The Free Press Co . 1956) P.102.

توزيع الإستبيان على جميع مفردات مجتمع الدراسة مهما كان عددها دون الحاجة إلى فترات زمنية طويلة، ودونما الدخول في ترتيبات نفسية أو فنية معقدة مع الناس المستجوبين، حيث يمكن أن يتم توزيع الإستبيانات عبر البريد، أو من خلال باحثين مساعدين يقتصر دورهم على إجراءات التوزيع والجمع وحسب.

يتمثل الإستبيان عادة في مجموعة من الأسئلة التي يتم تدوينها بصورة مخططة ومبرمجة على إستمارة ورقية ، قد تتكون من صفحة واحدة أو من عدة صفحات، وذلك حسب طبيعة الموضوع ومتغيراته وإفتراضاته ونوعية المعلومات المرغوب في جمعها. وتتكون هذه الإستمارة عادة من قسمين أساسيين هما : **القسم الأول** : ويتكون من رسالة عامة تتضمن الدعوة إلى المساهمة المشكورة في الإجابة على أسئلة الإستبيان، مع الإشارة إلى عنوان الدراسة التي يتعلق بها الإستبيان، وإلى الهدف الرئيسي من هذه الدراسة، وإسم الجهة التي تقوم بالبحث، فرداً أو جماعة، أو منظمة.. الخ. وعنوان الجهة التي يتم إرسال الإستمارة أو تسليمها لها بعدا الإنتهاء من الإجابة عنها. .. كما أنه يتم ذكر أية إرشادات ينبغي مراعاتها أثناء الإجابة، وتحديدها بصورة موجزة وواضحة وقادرة أن تجيب عن أي تساؤلات إجرائية بخصوص عملية الإجابة .

القسم الثاني : إستمارات الأسئلة التي تختلف طريقة تنظيمها ومحتوياتها حسب كل موضوع ، وإنه لا يمكن التوصية بنموذج محدد أو بنمط معين في هذا المجال. وينطبق نفس القول فيما يتعلق بصياغات الأسئلة، أو بأية تفاصيل أو مقاييس يتم إستخدامها في ذلك.

ينظر إلى هذه الأداة على أنها أداة غير مباشرة، وذلك على خلاف الملاحظة أو المقابلة، حيث لا يشترط في حالة الإستبيان أن يجالس الباحث الأشخاص المبحوثين، بل إنه قد لا يراهم ولا يرونه، وذلك في حالات التوزيع عن طريق البريد أو غيره .

ومن هنا ، فإنه يكون بإمكان المجيبين أن يتمتعوا بقدر وافر من الحرية في بيان وجهات نظرهم، وتقديم ردودهم وبدون أي حرج ، وبخاصة أن المتعارف عليه في تصميم إستمارات الإستبيان عدم طلب ذكر أسماء المستجوبين، وتتم إعادة الإستمارات دون أن

يعرف أحد من الذي أجاب عليها. ولهذا الأمر أهميته، وفي نفس الوقت خطورته . **فهو من ناحية** يلغي القيود تماماً عن المستجوبين، مما يمكنهم من الإجابة بدون أية حساسيات شخصية (إذا كان هناك أسئلة ذات طبيعة شخصية ومحرجة)، أو أي حساسيات سياسية أو إجتماعية (في حالة الأسئلة التي قد تثير الإجابة عنها مخاوف أو إحراجات معينة)، **ولكنه من ناحية أخرى** لا يضمن درجة إستيعابهم لمعاني الأسئلة المدرجة في الإستمارة ، ولا لأبعادها، ولا يراعي التفاوتات في درجات الإدراك الحسي بين المستجوبين . كما أنه لا يمكن من التعرف على إنفعالالتهم ومواقفهم ، ولا يضمن مقدار جديتهم والتزامهم الموضوعي أثناء أجابتهم. وهذا ما يمكن ان يتم تداركه بقدر معقول في حالات المقابلة.

تصنف أنواع الإستبيانات على أساس نوعية الأسئلة التي تتضمنها ، ولا تختلف في ذلك عن التصنيفات التي أوردناها في حالة المقابلات، فقد تكون **الإستبيانات مقفله** (مغلقة) . وذلك عندما تكون الأسئلة محددة الأجوبة، وبصورة لا يجد المبحوث أمامه إلا أن يختار إجابة من بين عدة إجابات دون إبداء الرأي. **وقد تكون مفتوحة** بحيث يستطيع المستجوب أن يعبر عن أي أمر يريده أثناء إجابته ، **وقد تكون مركبه** تمزج بين النوعين السابقيين. وينطبق حديثنا عن مزايا أو عيوب هذه الأنواع في حالة المقابلة على هذا الوضع أيضاً إلى حد كبير الذكر.

وكذلك فإنه يمكن تصنيفها حسب أهداف البحث منها، وذلك بنفس طريقة التصنيف في حالة المقابلات حيث تصنف إلى **إستبيانات إستطلاعية أو تشخيصية أو علاجية**، ويستطيع القاريء أن يعود لتفاصيل ذلك، في موقعه الآنف الذكر.

تعتبر عملية تصميم الإستبيانات من أهم الأمور المتعلقة بهذا الموضوع على الاطلاق، حيث تعتمد عليها مجريات البحث ونتائجه بصورة اساسية، وبخاصة إذا تم إعتماد هذه الأداة بإعتبارها الأداة الرئيسية في جمع المعلومات، وهذا هو الوضع السائد في معظم الأبحاث الأكاديمية على الأقل. فتصميم الإستبيان هو الذي يحدد ما يلي :

(١) نوعية المعلومات التي سيتم جمعها.

(٢) قنوات ترابط المعلومات بمشكلة البحث وإفتراضاته .

(٣) المعايير والمقاييس التي يتم إستخدامها لقياس المعلومات وتحديد درجات ترابطها مع إفتراضات البحث.

(٤) مصداقية التحليلات، والنتائج المترتبة على تحليلات الإستبيان ومقاييسها.

(٥) إستعداد الأشخاص المبحوثين للإجابة عليه، حيث يعتمد هذا الإستعداد على بنية الإستبيان ومدى وتحديد أسئلته ودقة تحديدها، وعلى مدى قصره وطوله، وهل تتناسب موضوعاته مع إهتمامات أفراد مجتمع الدراسة أم لا ... وغير ذلك.

وبناء عليه، فإنه ينبغي بذل المجهود الكافي في عملية التصميم، وإعطاؤها حقها من الناحيتين الشكلية والموضوعية . وللنجاح في هذه المهمة فإنه لا بدّ من مراعاة الإشتراطات التالية :

أ) أن يقوم الباحث بمراجعة مشكلة البحث وإفتراضاته وموضوعاته عدة مرات، للتأكد من أنها وضعت في الصورة النهائية، وللتأكد من أنه شكّل حولها رؤية ذهنية شاملة ومحددة وواضحة، لأنها هي التي تمثل القاعدة الأساسية التي تنبع منها، وتصب فيها، جميع التراتيب المختلفة في عملية البحث برمته، وعلى رأسها التراتيب المتعلقة بجمع المعلومات، وتحليلها، فإذا لم تكن الرؤي واضحة تماماً، ومحددة تماماً، فإنه يصعب الإنتقال إلى مرحلة بناء الإستبيان ، وإذا حصل ذلك فإن الباحث سيواجه معاناة حقيقية أثناء الفرز والتحليل، لأنه سيجد أن كثيراً من الموضوعات لم يتم تغطيتها، أو يصعب قياسها بالإستناد إلى ما تم الحصول عليه من معلومات، وقد يجد أيضاً أن كثيراً من المعلومات التي تم جمعها لا حاجة لها ... الخ.

ب) تحديد جميع المتغيرات الأساسية والفرعية التي تتحكم إليها إفتراضات البحث وموضوعاته، لأنها هي التي ستمثل المحور الأساسي الذي تتمحور حوله أسئلة الإستبيان.

جـ) تحديد المؤشرات التي سيتم إعتمادها للتعريف بكل متغير من المتغيرات، مع الحرص على أن تكون هذه المؤشرات ذات طبيعة كمية حتى يسهل فرز نتائجها وقياسها، وسوف تمثل هذه المؤشرات نقطة البدء العلمي في صياغة الأسئلة.

د) تحديد المقاييس التي يتم إعتمادها لقياس المؤشرات المختلفة، مع الحرص على أن يتم إعتماد مقاييس سهلة ومحددة ونمطية قدر الإمكان.

هـ) تنظيم أسئلة الإستبيان في صورة مجموعات مصنفة موضوعياً بحسب موضوعات البحث ومتغيراته، وذلك حتى يتأكد الباحث من شمولية أسئلته، وكفاءتها في تغطية جميع عناصر بحثه وسياقاته.

و) إدراك أن عملية تصميم الأسئلة هي عملية فنية تماماً، وأن النجاح فيها هو من صلب النجاح في البحث برمته، ولضمان أن تتم هذه العملية بالشكل المأمول والمستوى المطلوب، فإنه يجب الإهتمام بما يلي [٢٢]:

١) وضع الأسئلة في عبارات واضحة تماماً.

٢) إختيار الكلمات التي لها معانٍ محددة بدقة، ولا تحتمل أكثر من معنى .

٣) الإبتعاد عن السياق غير المألوف، أو غير المستساغ، أو المعقد، في بناء كلمات وعبارات السؤال.

٤) وضع السؤال بترتيب موضوعي يمكّن المستجيبين من القيام بالإجابة بكل بساطة، وبدون أي مشقة أو عناء لفهم السؤال، أو لفهم طريقة إجابته.

٥) عدم وضع أي كلمات أو مفاهيم لا ضرورة لها.

٦) الإبتعاد قدر الإمكان عن أي تحديدات أو تقييدات للمستجوبين تكون غير ضرورية سواء في الأسئلة، أو في الإجابات المتعلقة بها.

---

(٢٢) د. فوزي غرايبة وآخرون، **مرجع سابق**، ص ٥٨، ص٥٩ . وقد تم أخذ ذلك عن :

Robert Ebel , **Writing The Test Item In E.F Lindquist(ed.) Educational Measurement** (Washington D.C , American Counicl Of Educalion , 1971) PP. 213-216.

٧) الإبتعاد عن أي أسئلة بديهية وغير جوهرية .

٨) وضع الإجابات المتعلقة بكل سؤال ، في صورة بدائل واضحة ومصاغة بأبسط الصور.

٩) التأكد من ان الأسئلة تبدو من وجهة نظر الباحث، وكذلك وجهة نظر المستجيبين، منسجمة ومترابطة مع مشكلة البحث وموضوعه.

١٠) عدم وضع أي أسئلة قد توحي للمستجيبين بأنهم مطالبين بالذهاب عند إجابتها إلى أبعد من ذكر الحقائق، وذلك قد يكون مدعاة لعدم الإجابة الصادقة.

١١) عدم وضع أسئلة تتطلب إبداء رأي المستجيبين إلا إذا كان ذلك من حكمة البحث ومتطلباته.

١٢) التأكد من أن الأسئلة لا تدفع المستجيبين في إتجاه إجابات محددة سلفاً، بل يجب أن تترك الحرية لهم لتكون إجاباتهم صادقة وبدون إحراج.

١٣) عدم وضع الأسئلة المركبة والتي يبدو السؤال فيها وكأنه سؤال بشقين، وقد يكون أحدهما يفترض إجابة مغايرة للإجابة على الشق الآخر ... وهذا مقتل لا يجوز الوقوع فيه، وإلا حوّل استمارة إستبيان إلى مهزلة.

١٤) تجزئة بعض الأسئلة ذات الطبيعية المعقدة إلى عدة أسئلة بسيطة ، ومطالبة المستجوبين للإجابة على الأسئلة البسيطة الجزئية فقط.

١٥) وضع الأسئلة وإجاباتها بطريقة لا تطالب المستجوبين بأكثر من وضع إشارة على الإجابة التي تتوافق مع رأيهم إلا في حالات بعض الأسئلة المفتوحة التي تقتضيها عملية البحث.

ز) التثبت من مصداقية نموذج متغيراته واسئلته وأجوبته ومقاييسها، وذلك بالطرق الممكنة، كالإسترشاد بالخبرات السابقة، وبالتجارب البحثية المناظره، وبمشورة ذوي الإختصاص والمعرفة.

ح) عمل أكثر من مراجعة لجميع مكونات الإستبيان دونما إستثناء، للتأكد من عـدم وجـود أيـة أخطـاء لغوية أو شكلية أو موضوعية ... الخ. وكذلك للتأكد من شمولية الإستبيان وتغطيته لجميع الموضوعات المبحوثة و المستهدف تغطيتها عن هذا الطريق، وأخـيراً للتأكـد مـن أنـه يمكن إجـراء عمليـات الفـرز والقياس بصورة دقيقة وسهلة .

ط) أن يراعي الباحثون حقيقة أن نسبة من يقومون بالرد على الإستبيانات المقدمة أو المرسلة إليهم هـي نسبة محدودة، وتبلغ في المتوسط حوالي ٢٥%، لذلك فإن عليهم توسيع حجم مجتمـع الدراسـة (في الدراسـات عن طريق العينة) حتى تكون الردود التي يتم تسلمها قادرة على تغطيـة أهـداف الدراسـة. أضف إلى ذلك ضرورة مراعاة حقيقة أن كثيراً من الردود لا تقوم على أسـس جـادة وموضوعية تمامـاً، وبذلك فإنه يفترض عدم المبالغـة في مصداقية النتائـج المتصلة بـذلك. ويفضل لـو استعمل الباحـث اساليب وأدوات أخرى حتى يصل إلى درجة أفضل من التوثيق.

سادساً : الإختبارات أو الإمتحانات: تعتبر هذه الأداة مثلها مثل أداة الإستبيان ، إحدى الأدوات التي توجه لجمع المعلومات من الأفراد، إلا أنها تختلـف عنها في أنها تجمع المعلومـات المتعلقـة بالأفراد المبحوثين مباشرة، أما الإستبيانات فتوجه للأفراد إلا أنها قد تبحث عـن معلومـات تتعلـق بأيـة حـوادث أو أشياء أو ظواهر أخرى لا تتعلق ولا تتصل بالأفراد مباشرة. فمثلاً ، نحن لا نختبر أحد الأفراد، لنعرف مدى العلاقـة بين الإستقرار السياسي والتعدديـة الحزبيـة، أو لنـعرف وجهـة نظره عـن أسباب الأمراض التـي تصيب محاصيل الخضروات في منطقة ما ... ولكننا يمكننا أن نصمم إستبيانات تبحث في ذلك.. فالإختبار أداة لجمع المعلومات المتعلقة ببنية الفرد نفسه العضوية أو النفسية أو المعرفية أو المهارية ...الخ.

تعتبر هذه الأداة من أقل الأدوات إستخداماً وبخاصة في مجال الأبحاث الأكاديمية، إلا ما تعلـق منها ببعض الأنواع التي تصمم ويتم إجراؤها في مجال بعض الدراسـات النفسية أو السـلوكية (دراسـات الشخصية بجميع أبعادها) ، أما في مجالات الحياة الإدارية فإنها

تعتبر من أهم الأدوات، وبخاصة في حالات البحوث المتعلقة بعمليات الإختيار والتعيين والنقل والترقية ... الخ.

قد يخلط بعض الدراسين بين هذه الأداة وأداة المختبرات ، وهذا خلط لا يجوز حدوثه، فالفحوص المختبرية هي فحوص تجريبية، وقد تتم داخل المختبر أو داخل الميدان، وهي أدوات تحليل وتجريد كما سنلاحظ لاحقاً أكثر منها أدوات لجمع المعلومات الأولية[٢٣].

قد تتعد أنواع الإختبارات وطرق تصميمها، **كالإختبارات الموضوعية بصورها** واشكالها المختلفة والتي تركز بالدرجة الأساسية على مدى دقة معلومات الأشخاص المختبرين ، **أو الإختبارات الإنشائية** التي تركز على قدراتهم ومهاراتهم التعبيرية والتحليلية، وعلى التصور الشمولي، بالإضافة إلى النواحي المعرفية والإختبارات الإسقاطية التي تركز على القدرات العقلية والنفسية... الخ.

ولضمان نجاح هذه الأداة لا بد من إمتلاك الباحثين المعنيين المهارات اللازمة والمتخصصة في تصميم الإختبارات، وبخاصة تلك المتعلقة بالجوانب الموضوعية أو بالإختبارات الإسقاطية، وبدون ذلك فإنها تصبح غير صالحة للإستخدام[٢٤]، وإذا كان لا يمكن الحديث عن شروط تفصيلية محددة لا بد من تحقيقها عند بناء هذه الإختبارات، نظراً لأن ذلك يختلف بحسب كل موضوع أو حالة يتم بحثها، إلا أنه ينبغي على سبيل التعميم مراعاة ما يلي :

---

(٢٣) قارن :ظاهر الكلالده ومحفوظ جوده ،**مرجع سابق** ، ص ١٥٩ حيث يذكر ان أن من أهداف الإختبارات تحليل المواد المعدنية أو الكيميائية ... الخ.

(٢٤) يلاحظ أن كثيراً من أساتذة الجامعات يعمدون إلى تطبيق ما تسمى بالإختبارات الموضوعية، فيتم وضع الأسئلة التي تنسجم شكلياً مع هذا الأمر في الوقت الذي تكون صياغات الأسئلة مفتقرة لشروط الدقة والصحة الموضوعية، حتى أنه يمكنني القول وبالإستناد للملاحظة المباشرة، أنه لو تم تقديم هذه الأسئلة لمن قام بوضعها وطلب منه تقديم إمتحان فيها فسوف يرتبك ويقع في ما يقع فيه الطلبة من متاهة وحيرة. وبذلك تفقد هذه الإختبارات حكمتها، وتتحول إلى مجرد طريقة لتسهيل عملية التصحيح لاوراق الإختبار وظلم الطلبة وافساد العملية التعليمية.

١- أن يكون هدف الإختبار واضحاً ومحدداً بدقة.

٢- أن يتم تصميم الأسئلة التي تصب في إتجاه الهدف .

٣- أن تكون الأسئلة شاملة جميع الأبعاد أو المتغيرات المتعلقة بالهدف من الإختبار.

٤- أن تكون الإختبارات محايده في بنيتها، عادلة في نتائجها .

أن تكون الإختبارات ملائمة في مستواها (نوعيتها)، وفي وقتها (الـزمن المخصـص للأجابـة عنهـا) ومتوازنة في بنيتها بحيث تتدرج من السهل إلى الصعب، مع مراعاة توزيع درجـات الأسـئلة بمـا يتفـق مـع مستوى الأشخاص المختبرين والهدف من إختبارهم. فإذا كان الهدف الأساسي هـو قيـاس المعـارف تعطى الأسئلة المعرفية درجات أكثر من غيرهـا، وكـذلك الأمـر إذا كـان الهـدف **قيـاس المهـارات أو السـلوكيات ..** وغالباً ما يتم تمثيل هذه المحاور الثلاث الأساسية في كل الإختبارات الإداريـة مـع تفـاوت في نسـب التركيـز حسب المستوى الإداري الذي يتبعه الأشخاص الذين يتم إختبارهم، فيكون التركيز عـلى الجوانـب المعرفيـة في المستويات العليا، وعلى الجوانب السلوكية في المسـتويات الوسـطى وعـلى الجوانـب المهاريـة الفنيـة في المستويات الدنيا.

الفصل الثالث
تحليل المعلومات والبيانات
وتحقيق الافتراضات وتجريدها

الفصل الثالث

تحليل المعلومات والبيانات وتحقيق الإفتراضات وتجريدها

١- التحليل والتركيب

يعود الباحث في هذه المرحلة إلى رصيد المعلومات والبيانات الـذي تكـون لديـه ، واصبح مصنفاً ومبوباً في صـورة موضوعـات رئيسية وفرعيـة وتفصيلية، ومجمعـاً في صـورة بطاقات مرزمة ومصنفة وفق الموضوعات المختلفة، فيبدأ في قراءة ما لديه حسـب التسلسـل الموضوعي للمعلومات، ليعيد تشكيل الصورة العامة عن جميع موضوعاته، ثم يبدأ في تنـاول كل موضوع رئيسي ـ وحسب التسلسل أيضاً، فيتعمـق في دراسـة المعلومـات وفي ترابطاتهـا، **فيقرأها أكثر من مرة حتى يشكل صورة ذهنية كاملة عن الموضوع برمته، وعـن كـل فرعيـة أو تفصيلية فيه** وعـن ترابطاتهـا مـع أحـد الافتراضـات الأساسـية المتعلقـة بمشكلة البحـث وموضوعه، وبذلك يكون قد قطع الخطوة الأولى نحو عملية التحليل والتركيب.

تعتبر عملية التحليل عملية عقلية في جوهرها، ولكنها قد تأخذ في إجراءاتها بعداً تجريبياً، وذلك حسب طبيعة الظاهرة التي هـي محـل الدراسة، فإذا **كانت الظاهرة التـي نحللها مادية فإن** عملية التحليل تركز على عمليـة التفريق بـين عناصرهـا الأوليـة لمعرفـة خصائص كل منها، ولتحديد دوره في تشكيل الظاهرة وفي سلوكها ، ولرصد العلاقات الترابطيـة التي تربطه بالعناصر الأخرى. **وإذا كانت الظاهرة حدثاً تاريخياً** فإن الباحث يسعى لتحديـد المتغيرات او العوامل الرئيسية أو الثانوية، المستقلة أو التابعـة التـي تتعلـق بذلك الحـدث، وكيف تتشابك وتترابط مع بعضها فتكون فيما بينها وحدة كلية أو صورة كلية قائمـة بـذاتها حول ذلك. أما إذا كانت عملية التحليل **تستهدف فكرة ما** فإنـه يتم التركيـز علـى المفاهيم والمعاني الجزئية المجرده التي يتكون المفهوم الكلي أو الفكرة الكلية نتيجة إجتماعها. وهكذا ، فإن عملية التحليل تستهدف في الحقيقة بحث العناصر الأولية

للظواهر وتفاعلاتها وأدوارها في تكوين (الكل) الظاهرة ، وأن الباحث الذي يعجز عن القيام بذلك لن يستطيع معرفة حقيقة الظواهر الجوهرية، وتبقى معرفته سطحية ومحدودة.

ترتبط عملية التحليل بعملية التركيب، وتعمل هاتان العمليتان معاً كأنهما وجهان لعملة واحدة، فالباحث الذي يقوم بعملية التحليل ورصد نتائجه ، لا يستطيع أن يتوثق من صدق ودقة تحليلاته ونتائجه، إلا إذا إستطاع أن يؤلف بين العناصر التي توصل إليها وفق الترابطات التي قام بالكشف عنها وليعمل على إعادة تركيب الظاهرة، **وليرى هل يستطيع إعادة بناء الظاهرة أم لا ؟** فإذا أمكن ذلك يكون قد توثق من نتائجه وصدقها والعكس بالعكس. فمهندس الساعات مثلاً يستطيع أن يحلل الساعة إلى جميع عناصرها الأساسية، كما أنه يستطيع إعادة تجميعها ليشكل الساعة ثانية، وهذا دليل على أنه أمتلك المعرفة التحليلية الكاملة في هذا المجال ، وأن المعرفة التركيبية هي الدليل القاطع على ذلك، على خلاف أي شخص منا يجهل المعارف المتعلقة ببناء نظام الساعة، فقد يستطيع تحليلها إلا أنه لا يستطيع إعادة تركيبها ، **مما يعني أن عملية التحليل لم تتم وفق منهجية ومعرفة علمية، بل هي عملية عشوائية لا يمكن الإعتداد بها، ولا إعتبارها تحليلاً بالمعنى المنهجي في هذا السياق.**

وهكذا فإنه ينظر إلى التحليل على أنه طريقة للكشف، أي الكشف عن النتائج العلمية المتعلقة بالظاهرة محل الدراسة، أما التركيب فينظر له على أنه طريقة للضبط والعرض[1]**، أي التأكد من النتائج وعرضها في صورة نتائج موثقة مضبوطة.** ولهذا فإن التركيب أكثر إقناعاً وأهمية من التحليل لإنه يجسد الحقيقة التي لا شك فيها، بينما قد يدعي أي واحد أنه قام بالتحليل، وأنه صحيح فيما وصل إليه، وقد يبقى إدعاؤه مستمراً ومضللاً حتى يتم كشف زيفة في عدم قدرته على التركيب. وفي جميع الأحوال لا بد من تعاضد هاتين العمليتين وتكاملهما حتى تتكامل العملية المنهجية.

---

(١) محمود قاسم، **مرجع سابق** ، ص٢٩-ص٢٩٢.

لا يقتصر التحليل والتركيب على العلوم الطبيعية ذات الطبيعة التجريبية، بل إنهما عمليتان أساسيتان وضرورتان ومتكاملتان في بحث جميع الظواهر الطبيعية والإنسانية على حد سواء ، ولا يكون الإختلاف في الفهم الوظيفي لهاتين العمليتين، وإنما في مدى السهولة أو الصعوبة في التطبيق الإجرائي ، ومدى دقة النتائج المترتبة، حيث يعتمد ذلك على طبيعة كل ظاهرة وتعقيداتها، مع اليقين الدائم بأن دقة النتائج في مجال الظواهر الطبيعية تكون دقة عالية بالمقارنة مع الوضع في الظواهر الإنسانية.

١-١-أدوات التحليل والتركيب المنهجية : تتركز القيمة الحقيقية لكل ما أشرنا إليه في حديثنا عن مناهج البحث وتطوراتها وشبكاتها .. على مدى مساهمتها في مجال عملية التحليل والتركيب، وإذا كنا قد أوضحنا الفهم العام لهذه المناهج، فإننا سنحرص في هذا السياق على بيان السياقات التطبيقية لها، والإعتبارات الأساسية التي تحكم هذا التطبيق وذلك كما يلي:

أولاً : تطبيقات المنهج التجريبي (تصميم التجارب وتنفيذها):

لقد عرفنا أن تطبيقات المنهج التجريبي تبدأ عادة بالملاحظة التي تمكن الباحث من تشكيل أفكاره الأولية، وصياغة فرضياته حولها، لينتقل بعدها إلى مزيد من التبصر والتجريب لفحص هذه الفرضيات والتأكد منها أو دحضها. ويقوم الباحث خلال ذلك بإجراء بعض التعديل أو الصقل في صيغ إفتراضاته ليضعها في صورة أكثر تحديداً وملاءمة للتجربة التي بدأ بها. وقد أوضحنا أن العملية التجريبية (إجراء التجرية) ، قد تتم في المختبر (الدراسات المخبرية) وقد تتم في الميدان حيث يتعذر التعامل التجريبي المخبري (الدراسات الميدانية).

تبدأ تطبيقات هذا المنهج بخطوة تصميم التجربة التي تستهدف التخطيط لكيفية إختبار الفرضية المعينة، ولعل الصياغات المحددة والواضحة للفرضيات تمثل الأساس الذي يساعد على تصميم التجربة وتخطيطها بصورة دقيقة ومتقنة . ومن أهم ما يجب مراعاته في عملية التصميم ما يلي :

أ) أن يراجع الباحث العلمي جميع التجارب التي تم إجراؤها سابقاً من قبل باحثين آخرين وتكون ذات صلة كلية أوجزئية بالتجربة التي ينوي القيام لها، فذلك خير معين له للتعرف على إحتياجات التجربة، وتراتيبها التنظيمية، وعناصرها، ومشكلاتها، وكيفية السيطرة عليها ... الخ.

ب) تحديد المتغيرات التي سيتم إخضاعها للتجربة، وتشتق هذه المتغيرات عادة من الفرضيات التي تتم دراستها.

جـ) إعداد الترتيبات اللازمة لبحث العلاقة بين المتغيرات المركبة التي تبحث في أكثر من متغيرين في وقت واحد خلال التجربة.

د) إعداد الترتيبات اللازمة لفصل المتغيرات التي لا تدخل في صلب التجربة، وعزلها، حتى نضمن صحة التجربة ودقتها. وكذلك الترتيبات الملائمة لدراسة أية آثار جانبية قد تحدثها بعض المتغيرات غير المباشره، التي قد تفرض نفسها، ولا يمكن فصلها أو عزل آثارها .

هـ) تحديد عناصر التجربة، أي التي يتم إستخدامها لإجراء التجربة. سواء كانت هذه العناصر مواداً أو أدوات أو أشخاص (في حالات الدراسات النفسية أو الإجتماعية ذات الطبيعة التجريبية). وهنا ينبغي أن يتم التحديد بدقة متناهية، بحيث يتم حصر العناصر التي تنطبق عليها الفرضية، وكذلك التجربة المتصلة بها.

و) إعداد الأشخاص المشاركين في عملية إجراء الدراسة، سواء كان الأمر يتعلق بالباحثين العلميين أو مساعديهم، أو أي أشخاص آخرين يكون لهم لزوم في أثناء عملية التنفيذ، كبعض المستخدمين او بعض الفنيين الآخرين.

ز) إجراء تجارب أولية قبل الدخول في مرحلة التجربة الأساسية. وبخاصة في الحالات التي يتم إجراء التجارب فيها على الأشخاص ، وذلك للتوثق من دقة إختيار الأشخاص المجرب عليهم، وتصنيفهم، وتحديد الضوابط الدقيقة التي يجب الإلتزام بها أثناء التجربة الأساسية، وتحديد وقت التجربة، بما يضمن عدم إرهاق أطراف التجربة (المجرب

عليهم أو القائمين على التجربة)، وحتى يتم تدريبهم ويكونوا مؤهلين تماماً أثناء اجراء التجربة، وذلك لضمان إحتفاظهم بقدراتهم وأوضاعهم الطبيعية حتى لا ينعكس ذلك سلبياً على سير التجربة ونتائجها. كما أن ذلك يضمن دراسة الآثار الجانبية للأدوات والمعدات أو المواد التي يمكن إستخدامها في التجربة على الأشخاص أطراف التجربة، وتحديد كيفية السيطرة عليها.

ح) التأكد من سرعة الإستجابة اللازمة لرصد جميع عمليات التفاعل أثناء التجربة، وتحديدها، وتسجيلها، وقياسها، والتأكد من علاقتها المباشرة بموضوع القضية التي يتم بحثها . مع العناية بأية ملاحظات أخرى قد تبرز أثناء التجربة، وتبدو غير ذات صلة بموضوع الفرضية محل الدراسة، والعناية بها وفحصها، لإنها قد تكون اساساً للحديث عن فرضيات جديدة، وذات أهمية أبلغ أثرا، سواء في موضوع الدراسة أو في موضوعات جديدة لم تكن تخطر على بال . ولعلنا نؤكد أن كثيراً من الملاحظات الجانبية التي رصدها العلماء والباحثون كانت هي الأساس في الوصول إلى النتائج المختلفة والظواهر المختلفة التي أحدثت ثورات في حركة العلوم . ومن أهم الأمثلة على ذلك ما لاحظته مدام كوري من لمعان **مختلف** في إحدى " الحديدات" التي كانت موجودة في مختبرها فعملت على رصد ذلك والتوصل إلى عنصر الراديوم الذي أحدث إنقلاباً ثورياً في علوم الذرة، وملاحظة فريق " الدكتور ألتون مايو" في تجارب " هوثورن" الإدارية التي كانت تركز على بحث أثر الإضاءة على الإنتاج، فانتهت التجارب إلى الكشف عن أهمية العلاقات الإنسانية في مناخ المنظمة على الإنتاج، فاحدثت هذه النتيجة تحولاً ثورياً في الفكر الإداري من الفكر التقليدي إلى الفكر الحديث .

ط) التحوط اللازم لأية أمور قد تكون مفاجأة وبناء توقعات سير التجربة على ضوء ذلك، حيث لا بدّ من توقع أن يحدث عطل مهم في أحد الأجهزة، أو قد يصاب

أحد الباحثين، أو المساعدين بإجهاد فجائي، أو بنوبة قلبية أو ... فالتحوط من أهم عناصر العمل التخطيطي.

أما عند البدء بعملية التنفيذ، فإنه ينبغي أن يتم الإلتزام بكل دقة بجميع التفاصيل المحددة لإجراء التجربة مكاناً وزماناً وموضوعاً ، مع مراعاة التسجيل الفوري للنتائج والإستجابات، ولعل أهم ما تجب العناية به، هو التأكد من عدم تسرب أية عوامل (متغيرات) غير محسوبة ، أو أية عوامل تم فصلها وعزلها وأمكنها أن تنفلت من عقالها كما يقال لتؤثر على سير التجربة، والتحوط لذلك بإستمرار. ومراعاة أن يتمتع الباحثون برباطة الجأش أمام أي حوادث إستثنائية قد تحدث أثناء سير التجربة.

إضافة إلى التجريب المختبري أو الميداني ، اصبح هنالك قدر من الإنتشار لما يسمى **بأسلوب التجربة بالمحاكاة**، ويقوم هذا الأسلوب على فكرة إستحضار واقع تمثيلي يشابه قدر الإمكان الواقع الذي توجد رغبة في بحثه ، وعادة ما يكون هذا الواقع محكوماً بشخصيات معينة، سياسية أو إقتصادية ... مهمة، وتوجد حاجة لمعرفة كيف يمكن أن يتصرف هؤلاء الأشخاص، وما هي ردود افعالهم ... إذا وضعوا أمام متغيرات أو ظروف محددة، فيتم تكوين واقع تمثيلي يشابه ذلك، ويتم إحضار شخصيات تبدو شخصياتها قريبة في خصائصها مع الأشخاص الأصليين، ليتم وضعهم في هذا الواقع التمثيلي، ومراقبة ردود افعالهم وتصرفاتهم، وتكوين وجهة نظر أو نتيجة عامة حول ذلك، وتمكن من إتخاذ قرارات معينة بخصوص هؤلاء الأشخاص ، أو قد يتم إستدراجهم لإتخاذ قرارات معينة هي في صالح من يقوم بإجراء هذه التجارب. وقد تم تطوير هذا الأسلوب فأصبح يتم بتنفيذ تجربة المحاكاة عن طريق الحاسوب. وقد حقق ذلك نتائج هامة وبخاصة في بعض التجارب ذات الطبيعة الفنية المعقدة.

كذلك فإن هنالك التجربة التمثيلية التي تقوم على عمل سيناريوهات محددة، وبناء واقع تمثيلي محدد يشابه الواقع الذي توجد رغبة في دراسته، ويتم تشغيل بعض الممثلين القديرين الذين سيمثلون أدواراً محددة، وحسب السيناريوهات المحددة، ليقوموا

بالتفاعل مع أشخاص آخريين غير عارفين بأنهم ضمن عملية تجريبية أو عملية تمثيلية، وتتم ملاحظة مجريات عملية التفاعل، وما يحدث من ردود فعل، وإستجابات، وتكوين تصورات عامة حول ذلك . ونحن إذا نرى أن هذه الأساليب تحقق فوائد ونتائج لا بأس بها إلا أنه لا يمكن الإعتداد بها كثيراً في عمليات التحليل العلمية نظراً لأنه يستحيل ترتيب واقع موضوعي ودقيق بالإستناد إلى ظروف ومتغيرات وأشخاص غير أصليين أو غير حقيقيين.

ثانياً : تطبيقات المنهج المقارن (الدراسات المقارنة)، يختلف الجهد التنظيمي، أو التخطيطي، المطلوب في هذه الحالة عن الوضع في الدارسات التجريبية، حيث لا يتطلب الأمر هنا أية إستعدادات ميدانية، أو مختبرية، إلا أن عملية البحث المقارن لها ترتيباتها وإعتباراتها الأساسية أيضاً التي يفضل مراعاتها، وأهمها :

أ) أن يراجع الباحث جميع الدراسات السابقة المتصلة كلياً أو جزئياً بموضوع دراسته حتي يقف على اية أخطاء أو مشكلات ويتلافاها، او على أية إيجابيات أو تسهيلات، ويحاول الإستفادة منها ...

ب) تحديد المتغيرات بصورة محددة، مع الإهتمام بالمتغيرات المركبة، وإعداد الترتيبات الذهنية المناسبة، لفصل أي متغيرات لا يكون لها علاقة مباشرة في موضوع الدراسة وعزلها.

جـ) تحديد المفردات التي تمثل السلسلة الزمانية أو المكانية أو الموضوعية التي تتم المقارنة على أساسها، فإذا كانت المقارنة زمانية أو مكانية فإنه يفضل زيادة عدد مفردات السلسلة بالقدر الذي يضمن تقليل الفروقات المحتملة بين مفردة وأخرى والوصول إلى نتائج أكثر دقة، وفي حالة المقارنات الموضوعية فإنه يفضل أخذ جميع المفردات المتعلقة بالموضوع بعين الإعتبار. ومما ينبغي لفت الإنتباه إليه في هذا السياق هو أن يحرص الباحث وهو يقوم بتحديد مفرداته الزمانية أن تكون مفردات منتظمة بحيث تفصل بين كل مفردة والأخرى سنة أو سنتين أو خمسة أو أكثر أو أقل ...

دون أن يكون هناك تفاوتات بين مفردة وأخرى. وكذلك أن يتأكد من وجود معلومات منتظمة وكافية عن المفردات التي يقوم بتحديدها زمانية كانت أو مكانية.

د) الإلتزام بالموضوعية في رصد حركة المتغيرات وعلاقاتها، وعدم التدخل في المعلومات المتعلقة بذلك، لا بالزيادة أو التعديل أو النقصان، مع التزام الدقة والموضوعية في عمليات التحليل الإستنباطي أو الإستقرائي المصاحبه.

ثالثاً : تطبيقات المنهج العقلي : وهي تتركز حول القيم والأفكار والمفاهيم المجردة بالدرجة الأساسية ، وهي في طبيعتها ذهنية تجريدية، ولا يتم التعامل التطبيقي معها إلا بطريقة ذهنية أيضاً، وتبدو هذه التطبيقات أكثر إنتشاراً في علوم الرياضيات والهندسة، وفي مجالات التطبيق الفلسفي أو التفكير الإستراتيجي في عمليات إتخاذ القرارات السياسية أو الإدارية ذات الطبيعة الإستراتيجية أو الشاملة، ومن أهم مقومات نجاح عملية التطبيق في هذا المجال :

أولاً : يمكن الباحثين من تحديد المتغيرات أو العناصر المختلفة التي تكون الفكرة أو القيمة أو المشكلة التي يرغبون في بحثها، مع التركيز على أن تتميز عملية التحديد بالشمولية الكافية لتكوين صورة كلية حول ذلك.

ثانياً : تمتع الباحثين بطاقة ذهنية تجريدية قادرة على متابعة العلاقة بين المتغيرات أو العناصر، متابعة ذهنية، والوصول إلى أحكام تقييمية، حول ترابطاتها وقوة هذه الترابطات.

ثالثاً : تمتع الباحثين بطاقة ذهنية قادرة على التصور الشامل، الذي يجمع بين جمع المتغيرات، ووضعها في نسق (نظام) كلي مترابط وفق النتائج التي يتم التوصل إليها في النقطة السابقة.

رابعاً : القدرة على إستخراج النتائج المتعلقة بكل هـذه المتغيرات، وبترابطاتها، وتفاعلاتها، والتي تمثل في النهاية إما رؤية مفاهيميه مجردة، أو صـورة قيميـة جوهريـة، أو قـراراً إستراتيجياً متكاملاً، أو مشتقة رياضية جديدة ... الخ.

١-٢- أدوات التحليل والتركيب الإحصائية والرياضية: تعتبر هـذه الأدوات مـن أهـم الأدوات البحثية على الإطلاق، وبخاصة فيما يتعلق بالمشكلات أو الإفتراضات ذات الطبيعة الكميـة، أو التي يمكن تحويلها من الأدوات التي تساعد في كل عمليات البحث الوصفية أو التحليليـة أو التجريديـة، وقـد عمـدوا إلى تطوير هـذه الأدوات ليـتم إسـتخدامها في مجـالات البحـوث الإنسانية، مثلما هو الحال في مجالات البحوث الطبيعية، وقد شهدت مرحلة النصـف الثاني من القرن العشرين نهوضاً وتوسعاً ملحوظاً في هذا المجال، وإلى المدى الـذي اصبحت هـذه الأدوات تدمج في صورة مقررات(مواد)تدريسية كاملة في الجامعات تحت مسـمى"الأساليب الكمية" أو "بحوث العمليات" .. وإذا كان المجال لا يسمح بتناول هذه الأدوات وعرضها نظراً لطبيعتها المتخصصة، وللمساحة المكانية الكبيرة التي يمكن ان تحتلهـا، فإننا نـدعو المهتمـين بالتعرف عليها وطرق تطبيقها بالعودة إلى المراجع المتخصصة فيها، ونكتفي بذكر أهـم هـذه الأدوات للتعريف الأولي بها وهي :

- مقاييس النـزعة المركزيـة أو المعدلات، كالوسـط الحسـابي والوسـيط، والمنـوال ... ولكـل منها طرقه وأهميته ومحاذيره ...
- مقاييس الإتجاهات والسلاسل الزمنية ومعاملات الإنحدار والإرتبـاط ومـا يتصـل بهـما من تفاصيل . وتعتبر من أكثر الأدوات إستخداماً في البحوث الأكاديمية ...
- مقاييس التشتت ومعاملات الإختلاف والإقتران ... الخ.
- الإحتمالات والمصفوفات ..
- البرمجة الخطية ..
- تحليل نظرية المباريات .. وغيرها ..

وبرغم توكيدنا على أهمية هذه الأدوات في البحوث الأكاديمية التي يكون التركيز فيها على التطبيقات المنهجية على مشكلة معينة، وعدم التركيز على الأبعاد التطبيقية في المجال تماماً، فإننا نحذر من التوسع في إستخدام هذه الأدوات في عمليات إتخاذ القرارات والدراسات الإستراتيجية وما في حكمها، إلا إذا كان موضوع القرار أو الدراسة سينحصر في متغيرات هي بطبيعتها كمية. لقد برزت الأساليب الكمية وإنطلقت في بداية الحديث عنها كالشهاب، واستقطبت إهتمام رجال الأعمال وكبار المديرين في المنظمات المختلفة لإعتقادهم أول الأمر أنها تعطيهم مفتاحاً ذهبياً يساعدهم على إتخاذ قراراتهم ووضع إستراتجياتهم بالإستناد إلى وقائع رقمية معززة بالمعادلات والتحليلات الرياضية التي يفترض أنها تتميز بالدقة التامة. وقد حصد اساتذة الرياضيات وخبراء الأساليب الكمية في أول الأمر الملايين من الدولارات نظير تقديمهم الخدمات الإستشارية للمديرين والمسؤلين في هذه المجالات. ولكن ما لبثت أن إنطفأت جذوة هذا الشهاب وسقطت إلى الأرض ، حيث إكتشف المديرون أن ما تقول به مقترحات هؤلاء الخبراء يشير عليهم بإتخاذ القرارات بإتجاه معين، بينما تقول كل الخبرة والدراية الإدارية أو السياسية لديهم بأن القرار يجب أن يكون في إتجاه آخر .. وإلا ستلحق بالمنظمة المعنية كارثة محققة ...

أثيرت علامات الإستفهام حول إشكالية تطبيق هذه الأساليب في عالم الأعمال أو السياسة ... وكان الرد واضحاً وهاماً ومفاده أن هذه الأساليب في مضمونها كمعادلات ومقاييس لا تشوبها شائبة، ولو تم تطبيقها على مشكلات ذات طبيعة كمية في كل متغيراتها وإفتراضاتها لما حدثت أية إشكاليات، و لكن عندما يتم إقحامها في موضوعات ومشكلات ليست كمية بطبيعتها حدثت الإشكاليات وذلك كما يلي:-

(١) تحويل المتغيرات ذات الطبيعة الوصفية إلى (مؤشرات) أو (دوال) ذات طبيعة كمية.

وهنا يكمن خطر القدرة على تحديد كل المؤشرات أو الدوال التي تحكم المتغيرات المعينة، وقد يتم الاكتفاء بما هو قابل للتحويل الكمي فحسب. وبذلك تصبح الصورة البحثية حول المشكلة صورة مجتزأة بشكل تعسفي إلى حد كبير. وغالباً ما نجد

اختلافات حولها بين باحث وآخر .. مما يؤكد الإشكالية حولها وحول درجة شموليتها وتكاملها.

(٢) وضع مقاييس إجتهادية لقياس هذه المؤشرات أو الدوال، وقد تختلف هذه المقاييس من باحث لآخر. وهكذا يتم اخذ نتائج القياس ووضعها على المعادلات الكمية المعتمدة والمشهود بدقتها فيتم الوصول إلى نتائج غير دقيقة، لأن الأصل ليس هو في دقة الأداة الأحصائية والرياضية، بل في دقة المعلومات التي تركب عليها .

صحيح أن هنالك من يشير إلى أنه يتم إخضاع نموذج المتغيرات والمؤشرات أو الدوال المشتقة منها ومقاييسها الإجتهادية إلى فحص تأكد من مصداقيتها (فحص Validity)، وهنا تكمن الخطورة أيضاً، وبخاصة عندما نجد أن فحص المصداقية يعتمد على تقنيات أو أساليب غير صادقة بالضرورة وغير موثوقة تماماً . ويزيد الطين بلة في مجتمعاتنا العربية عندما يعمد بعض الباحثين الذين يدرسون مشكلات ما في مجتمعاتنا إلى تطبيق بعض النماذج المأخوذة عن باحثين أجانب عملوا على بنائها في دراساتهم لأوضاع مناظره في مجتمعاتهم. دون التبصر في التباينات الثقافية بكل أبعادها القيمية أو التقنية أو المعرفية أو المهارية ... ، فتجيء ابحاثاً محفوفة بكل علامات الإستفهام، ولا تحتمي إلا وراء الرصيد المبهر من التبعية والإقتداء الأعمى، وهذا ما تتبرأ منه عملية البحث العلمي وترفضه.

٢- **التجريد العلمي والإنتقال إلى القوانين :** تعتبر هذه المرحلة هي أرقى مراحل البحث على الإطلاق، لأنها تنتهي إلى التحديد النهائي لطبيعة العلاقات الترابطية بين المتغيرات، وتحديد القوانين الكامنة ورءاها . إنها المرحلة التي تنتقل من مرحلة تحديد الإفتراضات ، إلى مرحلة فحص الإفتراضات والتأكد من صحتها أو خطئها (الفحص المنهجي تجريبي او مقارن أو عقلي)، وإلى مرحلة إعادة الفحص والتيقن من عدم وجود ما يدعوا إلى أي شك حول نتيجة الفحص ودقة النتائج والوصول بذلك إلى القوانين (**التأكد التجريدي**).

تعرف الفرضية بأنها "مشروع قانون" أو "قانون خام"، وهي تعبير عن علاقة إفتراضية بين متغيرات محددة. أما القانون العلمي أو المبدأ العلمي (وهما في تقديرنا مترادفان) فإنه يعرف بأنه تعبير عن فرضية تم إثباتها، والتأكد من صحتها ودقتها بصورة نهائية. وقد يطلق على كل قانون أومبدأ علمي مسمى نظرية، وهذا في تقديرنا خطأ لأنه ينبغي التمييز بين النظرية والنظرية العلمية، فإذا استطاع الباحث أن يشكل تصوراً أولياً حول علاقة ما بين عدد من المتغيرات يكون بذلك قد بنى فرضية ما،ويصح أن نسميها نظرية ما حول هذه العلاقة. أما إذا إنتهى إلى فحص الفرضية وتدقيقها ووضعها في صيغة "قانون مجرد أو مبدأ علمي مجرد" يمكننا عندها أن نسمي ذلك نظرية علمية حول هذه العلاقة.

ولكننا نرغب في الذهاب إلى ابعد من ذلك فنقول لنجعل مسمى فرضية ومسمى قانون أو مبدأ يحتفظ بذاتيته مثلما فهمناها سابقاً، الفرضية مشروع قانون، والقانون أو المبدأ العلمي أو القاعدة العلمية هي تعبير عن حقيقة علمية مؤكدة نصل إليها بإثبات الفرضية إثباتاً نهائياً. أما النظرية فنطلقها كمسمى على مجموعة الفرضيات التي تتعلق بظاهرة ما عندما يتم وضع جميع هذه الإفتراضات في صورة كلية **"ظنية"** تمكننا من التعرف على الظاهرة المعنية معرفة " ظنية" شاملة وجامعة، ولكنها تحتاج إلى البحث العلمي إلى اليقين منها . ومن أبرز الأمثلة على ذلك منظومة الإفتراضات التي قدمها " داروين" عن موضوع النشوء والإرتقاء وأصل الأنواع، وقد نظر إليها في حينه على أنها ثورة بيولوجية ، ولكنها في الحقيقة لم تكن أكثر من مجرد إفتراضات ظنية وقد ثبت خلطها وخطؤها عندما أمكن إثبات أن المكتسبات لا تورث إثباتاً علمياً، في الوقت الذي كانت كل نتائجه تقوم على إفتراض رئيسي مفاده أن المكتسب يورث. أضف إلى ذلك كل ما تعرضت له هذه النظرية من نقد هام أكد ظنيتها وبطلانها.

أما إذا تم التيقن من جميع هذه الإفتراضات، وتحويلها إلى قوانين أو مبادئ أو قواعد علمية ، فإنه يمكن إطلاق **"مسمى نظرية علمية"** تعبيراً عن منظومة هذه القوانين

التي تشكل معاً صورة عامة وكلية مؤكدة، وتعرفنا على الظاهرة المعنية معرفة علمية شاملة وجامعة ومانعة [٢].

تكون عملية التجريد والوصول إلى القوانين مصاحبة لعملية التحليل والتركيب ولا يستطيع الباحث فصل هاتين العمليتين إلا ذهنياً. كما أن عملية التجريد لا تميز بين الأسباب (العلل) وبين القوانين، فالقانون هو تعبير عن علاقة سببيه بين متغيرات . أما الأبحاث التي تحاول أن تبحث فيما تسمى بالعلل الأولى، أو الأسباب الأولى التي أنشأت المتغيرات أو الظواهر فهي أبحاث عبثية وتحمل العقل البشري فوق حقيقته، وتطالبه بما **هو أعلى منه**، لذلك يلاحظ أنه تم تجاوز هذا المطلب علمياً، وأصبح من الناحية الدينية الآلهية يرتبط بما تسمى " المشيئة الآلهية" . واي عملية بحث أو تفكير تخلط بين المشيئة والعلة هي عملية حمقاء ولا طائل منها ، ولم تعد محل حديث سوى لدى العامة أو المثقفين السطحيين أو بعض الأيديولوجيين المضللين أو الساذجين ، وكما يقول أوجست كونت " إن العقول

---

(٢) يمكننا أن نشير ولو بعيداً عن السياق بعض الشيء إلى العلاقة ايضاً بين القيمة والفلسفة والأيديولوجيا أو العقيدة، فالقيمة هي مفردة، تتحدث عن مثال محدد أي يتحدث عما يجب أن يكون، وبذلك تختلف القيم عن القوانين في أن القوانين مثبته بينما القيم هي مُثل عامة لا تكون محل نفي أو إثبات لأنها تنبثق من نفس المفكر وتختلط مع ما لديه من شحنات إنفعالية ، فالقيم تبقى ذات طبيعة ذاتية مهما استهوت خيال الناس والمفكرين والباحثين، أما القوانين فهي موضوعية ومنفصلة عن الهوى أو الخيال. وإذا إنتظمت مجموعة قيم حول موضوع أو حالة معينة تتحول إلى فلسفة، وإذا ارتبطت الفلسفة بأدوات تسعى إلى تحقيقها في واقع الحياة **تحولت إلى أيديولوجية.أما العقيدة فهي ايدويولوجية إلهية،** بينما الأيديولوجيات تكون وضعية (من وضع البشر).وقد تذهب العقائد إلى أبعد من مجرد عرض القيم والدخول في تفاصيل محددة عن قواعد وقوانين معينة في مجال المعاملات الدينية والإقتصادية .. كما هو الحال في العقيدة الإسلامية، وعندها لا بد لرجل العقيدة من أن يكون قادراً على الفصل بين الفلسفة في العقيدة ، والقوانين في العقيدة، بحيث يتم أخذ القوانين كمسلمات ينبغي أن تنتظم على ضوئها العلاقات المحددة، فهي قوانين الله =العارف بكامل قوانين الخلق، وأخذ القيم كمسلمات، ولكنها مسلمات نهائية، ويستطيع الإنسان أن يبني أية تراتيب تنظيمية يجدها مناسبة ليحقق هذه القيم أو يقترب منها. وهنا يصبح باب الإجتهاد مفتوحاً على مصراعيه، وبدون هذا الفصل تبقى عملية الفهم العقيدي مشوهة وتائهة .

التي لا تربطها صلة بالدراسات العلمية هي وحدها التي تستطيع أن تشغل نفسها اليوم بمثل هذا الأمر " (٣)

٢-١- الطرق المنهجية في التحليل أو التجريد: (٤)

لقد بذلت عدة مساهمات لتحديد أفضل الطرق المنهجية التي تساعد على إجراء عمليات التحليل والتجريد بصورة علمية، إلا أن أبرز هذه المساهمات وأهمها تلك التي توصل إليها "بيكون "وأسماها بطريقة "الحذف".وإعتبرها هي الطريقة الوحيدة في البرهنة على صدق الفروض أو عدم صدقها. وقد اشار " داروين" إلى هذه الطريقة أيضاً، وأدعى أنه أخذ بها بقوله"لقد اتبعت طيلة سنوات عديدة قاعدة ذهبية، وهي أنني كنت أدون كل واقعة تنشر أو ملاحظة جديدة وكل فكرة مضاده لرأيي، وكنت أدونها في الحال ودون إهمال، لأنني علمت، وبالخبرة المباشرة، أن هذه الوقائع المضادة اقل بقاء في الذاكرة من تلك التي تشهد بصدق فروضي" .

وتقوم هذه الطريقة على أساس أن يقوم الباحث بوضع الفروض الممكنة المتعلقة بظاهرة ما، ثم يقوم بالعمل على برهنه فساد جميع هذه الفروض ما عدا فرض واحد فقط لا يمكن معارضته، وتكون كل الدلائل مشيرة إلى صحته، ويتم النظر إلى هذا الفرض على أنه القانون الذي يحكم العلاقة التي بنيت على أساسها الفرضية المعنية، ويتم العمل بهذا القانون على الدوام، إلى أن تبرز فيما بعد معلومات جديدة، أو حقائق جديدة تبعث على بطلان ما كان الظن كبيراً في صحته، فيتم إبطال النتيجة السابقة، وحذف ذلك الإفتراض نهائياً، فالمرء لا يستطيع الجزم نهائياً بأنه لن توجد في المستقبل أدلة جديدة تدل على خطأ أو فساد أحد القوانين الحالية التي لن تستطيع أبداً الوصول إلى درجة التيقن المطلق حولها.

---

(٣) محمود قاسم ، **مرجع سابق** ، ص ٢٤٩.

(٤) تم الإعتماد في مادة هذا الموضوع على :

د. محمود قاسم ، **مرجع سابق**، ص ١٩٩ – ص٢٢٦.

وقد عمل "بيكون" على تطبيق طريقته في الحذف بالإشارة إلى طرق فرعية عديدة إلا أنها ووجهت بنقد مهم أدى إلى عدم الثقة بها، واستمر الحال إلى أن قام "جون ستيورات **"مل"** متأثراً بمساهمات "بيكون" بتقديم بعض الطرق التي لم يزل يعتد بها حتى الآن، وقد اعتبرها **"مل"** الطرق الأساسية في الكشف عن الوقائع، والطرق الوحيدة في البرهنة على صحتها .وهذه الطرق هي :-

أولاً : طريقة الإتفاق ، وتقوم على المقارنة بين أكبر عدد ممكن من الظواهر أو المتغيرات أو الظروف التي تتضمن فيما تتضمن سبب أو قانون الظاهرة التي هي محل الدراسة .

وتقوم الفكرة الأساسية لهذه الطريقة على قاعدة مركزية هي " إنه إذا أتفقت حالتان أو أكثر للظاهرة المراد بحثها في ظرف واحد فقط ، فإن هذا الظرف الوحيد يكون هو السبب في هذه الظاهرة. فإذا كنا أمام ظاهرة (س) ولاحظنا هذه الظاهرة في عدة حالات (أ، ب، حـ) مثلاً، وأنها ارتبطت في الحالة (أ) بالظروف (ق، ك، ل) وإرتبطت في الحالة (ب) بالظروف (ع، ل، ص،) ، وارتبطت في الحالة (هـ) بالظروف (هـ و، ل)، فإن الظرف المشترك في هذه الحالات الثلاث هو الظرف (ل) ويتم " بالحذف " تثبيت هذا الظرف وإعتباره السبب الأساسي أو القانون الذي يحكم هذه الظاهرة.

ومن الأمثلة على ذلك تجربة "ولز " في تفسير ظاهرة الندى، حيث حصر جميع الحالات التي تؤدي إلى تكثيف بخار الماء على السطوح المعرضة للهواء، فبحث كيف يتكثف الضباب على زجاج النوافذ، أو كيف يتكثف بخار الماء على جدار الكوب التي تحتوي الماء المثلج، أو على سطح المرآة إذا وضعت أما الفم عند التنفس ... الخ. ثم قام بالمقارنة ، ووجد أن جميع الحالات تتفق حول ظرف مشترك واحد وهو أن بخار الماء الموجود في الهواء يتكاثف على سطوح الأجسام الصلبة متى كانت درجة حرارتها اقل من درجة حرارة الجو المحيط بها، وهذا هو الظرف الذي يؤدي إلى تشكيل الندى على الأشجار أو النباتات وغيرها.

وقد تعرضت هذه الطريقة لنقد شديد مفاده ، أنه يصعب حصر جميع الظروف أوالمتغيرات التي تسبق الظاهرة أو تصاحبها، وإن ترك أحد أو بعض الظروف أكثر إحتمالاً من حصرها حصراً شاملاً، لأن الظواهر الكونية أو الإنسانية غاية في التعقيد، وتحتوي على مجموعة هائلة من المتغيرات والتشابكات ، مما يجعل هذه الطريقة **صحيحة نظرياً، وغير ممكنة عملياً**. كذلك فإن إكتشاف ظرف مشترك بين الظروف التي يتم حصرها لا يعني بالضرورة أنه هو السبب أو القانون الذي يحكم هذه الظاهرة، فقد يوجد ظرف خفي لم يتم حصره، ويكون هو السبب المشترك الذي كان يظن أنه هو السبب الحقيقي.

ثانياً : طريقة الإختلاف ، وهي على عكس الطريقة السابقة تماماً، حيث لا يتم التركيز عند المقارنة على الظرف المشترك وإزاحة الظروف المختلفة ، بل تركز على المقارنة بين حالتين متشابهتين في جميع الظروف ما عدا ظرفاً واحداً قد يوجد في إحدى الحالتين، ولا يوجد في الأخرى، فيكون هذا الظرف هو السبب أو القانون الذي يحكم وجود الظاهرة أو جزءاً من ذلك السبب.

من الأمثلة البارزة في تطبيق هذه الطريقة، تجربة باستور المتعلقة بفرضية " ان الجراثيم المايكروسكوبية هي سبب التعفن " ، حيث قام باستور بإعداد أنبوبتين ووضع في كل منهما كمية واحدة من محلول السكر، وقام بتعقيمهما تعقيماً جيداً، ثم أغلق فوهة أحدهما إغلاقاً محكماً وترك الأخرى مفتوحة، وأتخذ كل الإحتياطات التي تجعل الأنبوبتان متشابهتان في كل الظروف ما عدا أن أحدهما مفتوحة والأخرى مغلقة، وبعد فترة فحص مادة الأنبوبتين فوجد أن المفتوحة قد تسرب لها العفن، بينما المغلقة لم تتعفن، مما أوصله إلى إثبات الفرضية. بأن الجراثيم القادمة عبر الهواء لا الأنبوبة المفتوحة هو سبب التعفن.

تم إنتقاد هذه الطريقة ايضاً بالقول أنه من الصعب جداً أن يهتدي الباحث إلى الظرف الوحيد الذي يمثل السبب الحقيقي. وأن تجربة باستور بقدر أهميتها إلا ان الملاحظة العميقة، وربما المصادفة أيضاً، لعبت دوراً مهماً، وأنه لا يمكن التعويل على ذلك في جميع الحالات، وبخاصة عندما ندرك شدة تعقيد معظم الظواهر والحالات التي تتفاعل فيها

ومعها. أما إذا أمكن الباحث أن يثق في ملاحظاته الأولية، ويشكل إفتراضـه بصـورة موثوقة من وجهة نظره، فإنه يستطيع البدء في عملية البحـث بـالتركيز عـلى موضوع هـذا الفرض وظرفه وعزل بقيـة الظروف الأخـرى تمامـاً، ومـن ثـم النظر في النتيجـة مـثلما فعـل "باستور"، وبغير ذلك تصبح عملية تطبيق هذه الطريقة عملية شاقة، وغـير موثوقة النتـائج، وبخاصة إذا لم يستطع الباحث تحديد كل الظروف المؤثرة، والعمل على عزلها تماماً.

ثالثاً : طريقة التغير النسبي: ومفادها أن الظاهرة تتغـير في صـورة مـا كلـما تغـيرت ظاهرة أخرى بشكل محدد، وهكذا ترتبط هاتان الظاهرتان بعلاقة سببية. وتعتبر هذه الطريقة مـن اهم الطرق في تقديرنا التي يمكن الإستعانة بها في دراسة مختلف الظـواهر، مـع التركيـز عـلى ضرورة أن يتم وضع الإفتراضات التي تبرز في صورة علاقات إفتراضية بين متغـيرات، في صـورة إفتراضات واقعية، وهذا هو الأساس في البحث العلمي الذي سيتم بناء الإفتراضات فيه كـما اشرنا سابقاً بناء على ملاحظات علمية متبصرة. وغالباً ما يتم بحث عمليـة التغـير النسـبي في صورة مقارنات زمانية ، أو مكانية أو موضوعية، وذلك بحسـب طبيعـة الظـاهرة التـي هـي موضوع البحث والتحليل.

الفصل الرابع
عرض المعلومات وكتابة تقرير البحث وإخراجه

الفصل الرابع
عرض المعلومات وكتابة تقرير البحث وإخراجه

١- تمهيد :

تمثل هذه العملية آخر المراحل الأساسية في عملية البحث العلمي، ولكنها في تقديرنا من اهم المراحل على الإطلاق، لإنها هي المرحلة التي يتم فيها وضع جميع الجهود السابقة ، (وهي جهود عظيمة وشاملة وقد تتعلق بنتائج غاية في الأهمية)، في صورة مكتوبة وقادرة على إبراز عظمة هذه الجهود وأهميتها، ووضعها في الموازين العامة لحركة التطور الحضارية. اما إذا لم يتم إخراجها بالشكل المدون، أو المتكامل، فإنها ستظل حبيسة الأوراق والبطاقات المتناثرة التي تبدو من وجهة نظر الآخرين على أنها حشود من المعلومات التي لا يجمعها جامع ، ولا يمكن الإستفادة منها. وبذلك يصبح الإهتمام مركزاً حول كيفية اعادة عرض المعلومات والنتائج في صورة بحث متكامل يستطيع من يتعامل معه أن يدرك القيمة العلمية التي يمثلها، والجهد البحثي المبذول فيه، وأن ينتهي، وهذا هو الأكثر أهمية، إلى بناء تصور شامل حول موضوع البحث، وخط سيره، ونتائجه، وكيفية الإستفادة منه.

قد تتعدد التعريفات التي يحاول أن يقدمها الكتاب لمعنى البحث أو التقرير، وبرغم تعددها فإنه يمكننا أن نجدها تتفق في مجملها حول فهم عام مفاده؛ أن التقرير أو البحث هو عرض كتابي للبيانات والمعلومات المتعلقة بموضوع معين ومشكلة محدده، عرضاً يتعدى مجرد التسجيل إلى تحليل هذه المشكلة تحليلا مسلسلاً بصورة منطقية، تؤدي إلى إستخلاص النتائج، وتنتهي إلى عرضها في صورة نتائج عامة، أو في صورة توصيات ومقترحات.

وبغض النظر عن هذه التركيبة العامة، وربما غيرها ، فإننا نرى ضرورة تعريف تقرير البحث في صيغة أكثر دقة وإجمالاً، ونعرفه على أنه **" نظام أو نسق للمعلومات**

المكتوبة" مع التركيز على كلمة نظام كما فهمناها سابقاً. ويترتب على ذلك عدة عناصر أساسية لابدَّ من إكتمالها حتى يكتمل فهمنا لمعنى ذلك وهي:

أولاً: إن تقرير البحث ليس مجرد معلومات أو بيانات عامة، وإنما هو معلومات منقاة ومفروزه، وموضوعة في صورة محددة ، وذات صلة واضحة بموضوع البحث.

ثانياً : إن التقرير ليس مجرد حشد أو تجميع للمعلومات المنتقاه والمفروزه ووضعها بين جلدتين ، فلا بد من الترابط والتفاعل بين هذه المعلومات، بحيث تبدو متكاملة مع بعضها، لتشكل معاً البناء والنسق العام الشامل والكامل. وهذا ما يفترض خضوع عملية الربط لقواعد الكتابة العلمية، ومن هنا يصبح ممكناً التمييز بين الكتاب والمؤلف، فالكتاب مفهوم قد يطلق على كل شيء مكتوب، **أما المؤلف فهو مفهوم مشتق من ألف ألفة،** أي لا بد أن تتألف المعلومات مع بعضها وتنتظم ، لتشكل في النهاية كلاً (المؤلف) واحداً يختلف في الصورة النهائية له (الصورة الموضوعية والشكلية) عن الصورة المتعلقة بكل جزء من أجزائه، أو عنصر من عناصره.

ثالثاً : إن تفاعل المعلومات وفق قواعد محددة (قواعد الكتابة) يصب في إتجاه هدف محدد، هو هدف التقرير، ولا بد أن يستشعر القاريء جميع الخيوط التي تربط ين المعلومات والهدف طوال قراءاته للتقرير ، وبدون ذلك يفقد التقرير قيمته الوظيفية، وبالتالي يفقد هويته.

ولتحقيق مزيد من الفهم، فإنه ينبغي التفريق بين تقارير البحوث وبين المقالات بمختلف مواضيعها، أدبية أو سياسية أو إجتماعية ... الخ. ومن أبرز الملاحظات التفريقية التي يمكن ذكرها ما يلي :-

١- تركز التقارير على الوقائع الفعلية فقط، ويكون الباحث أسير هذه الوقائع ومدوناً أميناً لها، أما المقالات فتعتمد بدرجة ملموسة على الأراء والإجتهادات الشخصية التي تختلف بإختلاف نظرة كل كاتب للموضوع المعني.

٢- تلتزم التقارير بالأصول المنهجية من وجهتيها الشكلية والموضوعية، بينما تتحرر معظم المقالات من ذلك.

٣- تقدم تقارير البحوث أراء ومفاهيم جديدة وموضوعية، أما المقالات فقد تكتفي بعرض المعارف العامة والتعليق عليها ..

٤- تركز البحوث على مشكلات وقضايا بحثية محددة، وتقدم تحليلات وحلولاً لها، أما المقالات فقد تكتفي بإبراز مدى فهم الكاتب لموضوعه، أو ببيان سحر بيانه، وغير ذلك..

٥- تتميز التقارير بالإيجاز والوضوح والمباشرة ، بينما تركز المقالات على عناصر التشويق والإثارة، والصيغ البيانية والبلاغية ..

٦- تعتبر التقارير أداة مهمة للإتصلات الرسمية ومسؤولة، أما المقالات فهي أداة غير رسمية وغير مسؤولة غالباً.

وتختلف أنواع وأشكال تقارير البحوث بإختلاف موضوعاتها وأهدافها، ولعل أبرزها

هي :-

(١) البحوث الأكاديمية التي تتمثل في الرسائل أولأطروحات الجامعية التي يقدمها الطلبة كشرط للحصول على درجاتهم العلمية، بدءاً من البحوث على مستوى درجية البكالوريس، أو رسائل الماجستير أو الدكتوراه. وليس ثمة شك في ان أهمية هذه البحوث تختلف بحسب المرحلة الجامعية لتكون رسائل الدكتوراه أكثر أهمية من رسائل الماجستير التي تكون بدورها أكثر أهمية من البحوث المقدمة للحصول على درجة البكالوريس. وتتحدد هذه الأهمية عادة بحسب طبيعة الموضوعات المبحوثة، والجهود المبذولة فيها، ومدى الجدة التي يتميز بها، وطريقة التحليل والمعالجة، والإستنتاجات التي يتم التوصل إليها ...

(٢) البحوث الأكاديمية التي يقدمها طلبة الجامعات وبخاصة طلبة الدراسات العليا كمتطلبات أثناء مرحلة الدراسة، وعلى الرغم من سيادة النظرة لهذه البحوث بأنها

بحوث تعريفية وتدريبية في غرضها الرئيسي، إلا انه قد يبرز من بينها بعض البحوث التي تستحق في موضوعاتها ومعالجاتها الإهتمام الخاص بها. ولا بدّ أن تحتفظ هذه البحوث في جميع الحالات بالشروط الأساسية للبحث العلمي، وقواعد الكتابة.

(٣)   البحوث والمؤلفات العلمية التي يقوم بها أساتذة الجامعات والمعاهد العليا وذلك كجزء من وظيفتهم الأساسية في إثراء المعرفة العلمية، والمساهمة في دفع عملية التطور الحضارية في مجتمعاتهم والعالم.

(٤)   البحوث والمؤلفات التي تصدر عن المنظمات المتخصصة كمراكز الدراسات، ومراكز البحث العلمي، أو بعض المنظمات الأهلية والحكومية والدولية الأخرى التي تهتم بذلك.

(٥)   البحوث والدراسات الإستشارية التي يتم إجراؤها لحساب بعض المنظمات، حسب طلبها، لدراسة مشكلات خاصة لديها، وتتميز هذه البحوث بأنها ذات طبيعة تطبيقية مباشرة من جهة، وأنها لا بد أن تنتهي إلى مقترحات وتوصيات شاملة وكاملة ، وفي صورة بدائل مفصلة. وذلك على خلاف البحوث الأكاديمية الأخرى التي تنتهي عادة إلى نتائج عامة.

(٦)   البحوث والدراسات التي تصدر عن المؤتمرات العلمية التي قد تنتهي بدورها إلى إصدار نتائج، وربما توصيات ومقترحات، وذلك بحسب طبيعة كل مؤتمر وموضوعاته وأهدافه.

٢- خطوات إعداد تقرير البحث :

ليس ثمة شك في ان عملية التأليف عملية فنية، وتحتاج للقيام بها بإتقان إلى مرعاة مطلبين أوليين يمثلان نقطة الإنطلاق في إتجاه النجاح لإنجاز هذه العملية وهما :-

المطلب الأول : تكوين النسق المعرفي لدى الشخص الذي يقوم بعملية التأليف.

فالمعرفة هي قناة التواصل والتفاعل الأولى مع أي موضوع كان ، وأنه لا يمكن أن يتوقع من أحد أن يتحدث مثلاً في موضوع ما حديثاً مقبولاً إلا إذا كان قد بنى صورة معرفية حول هذا الموضوع، وكذلك الأمر إذا أراد أن يكتب في ذلك الموضوع، **أما إذا كان الحديث هو حديث العامة**، والجمل والعبارات المكتوبة هي عبارات وجمل إنشائية سطحية لا رباط بينها، فهذا أمر آخر، ولكنه لا يمت لعملية البحث، ولا للحديث الموضوعي و الكتابة العلمية، بصلة. والصور المعرفية نوعان؛ فإما أن تكون **صوراً مجتزأة** وبالتالي مشوشة، وإما تكون **صوراً متكاملة** ومحددة، فالصور المجتزأة لا تشكل نسقاً كلياً واضحاً، وبالتالي فإن الباحث سيعاني عند القيام ببناء عروضه بالإستناد إليها، من عدم الترابط والتسلسل، كما أنه لا يصير في سياقات بحثه إلى نتائج معبره ودقيقة، فالإجتزاء يهمل العلاقة بين الجزء والكل، ويحول الإستنتاجات إلى عملية إرتجالية وغير موثوقة، حتى أن المتتبع للمادة المعروضة لا يستطيع أن يعرف ماذا يريد الكاتب أن يقول، وكيف بدأ حديثه، وإلى أين سينتهي .. وبذلك تتحول المادة المكتوبة إلى نوع من المتاهة التي تضيع القاريء بدلاً من أن ترشده ..

وهنا ينبغي أن نميز بين الإجتزاء والتعامل الجزئي، فالإجتزاء هو الذي يتناول أفكاراً أو أحداثاً أو صوراً جزئية دون أن تكون صلاتها مع بعضها بعضاً، أو صلاتها مع الموضوع الكلي، واضحة ومحددة في ذهن الباحث. **أما التعامل الجزئي فأمر طبيعي ومقبول طالما أنه يتم في إطار تصور كلي محدد.** فمثلاً إذا إذا رغب شاب في بناء عضلاته، وقام بإحضار أدواته الرياضية، وبدأ في تمرين عضلات يديه وترك بقية عضلات جسده، أو ركز على يديه بصورة مختلفة وغير مرتبطة ببنائه العضلي الكلي، ستكون تمريناته ومعرفته في بناء عضلاته، تمرينات ومعرفة مجتزأة، أما إذا قام بالتركيز على أي جزء من عضلاته أخذاً بالإعتبار إنعكاسات ذلك على البناء العضلي العام فإنه سيحقق الكمال الجسماني، ويكون تعامله مع كل جزئية تعاملاً منهجياً طالما أنه يتعامل تعاملاً جزئياً في

إطار كلي، وهكذا بالنسبة للباحث الذي لا يتمكن من تشكيل صورة كلية عن موضوع بحثه، ويقوم بتحديد موضوعاته الرئيسية أو الفرعية بمعزل عن بعضها بعضاً؛ فإنه يمارس عملية مجتزأة، ومهما كانت شمولية المعلومات التي سيقوم بحشدها. أما إذا تعامل مع كل موضوع ضمن منظور كلي، فيكون ذلك تعاملاً منهجياً يؤدي إلى بحث كل جزء بحثاً محدداً في اطار فهم واضح لموقع هذا الجزء في اطار البحث ككل ولوظيفته فيه، ومن هنا، فإننا نحذر من الإعتماد في العملية التأليفية على المعرفة المجتزأة، وهذا خطأ يبدو دارجاً مع الأسف لدى كثير من أساتذة الجامعات العربية وغير العربية الذين يقومون بكتابة المذكرات والكتب التدريسية، ويعتمدون في ترويجها بفرضها على طلبتهم الذين لا حول لهم ولا قوة أمام ذلك ، فرضاً، ولا يحصدون في النهاية إلا المتاهة.

أما الصورة المعرفية المتكاملة فهي التي تتشكل نتيجة إمتلاك الباحث للمعرفة بجميع جزئيات بحثه، وبالأفكار المتعلقة بها، وترابطاتها وتركيبها في **صورة نسق أو نظام ذهني شامل**، مما يحول دون أن تكون المعلومات محشودة حشداً بقدر ما هي منظمة تنظيماً، وعندما يتمكن الباحث من تشكيل هذه الصورة المعرفية لديه يستطيع إمتلاك الثقة بأنه قادر على أن يبدأ في تأليف هذه الصورة على الورق.

المطلب الثاني : إمتلاك المهارة اللازمة للتعبير عن الصورة المعرفية المنظمة بصورة مكتوبة ومنظمة أيضاً، وهذه مسألة ليست في تقديرنا مستحيلة رغم الإقرار بأنها ليست بتلك السهولة. **فليس كل من أمسك قلماً أصبح مؤلفاً، وكثيرة هي الأقلام التي تحتاج إلى مبراة**، وأنه إذا كان يمكننا التأكيد على عدم وجود وصفات سحرية في هذا المجال إلا أننا نستطيع أن نؤكد في الوقت ذاته على **أن الحرص على تكوين الإنساق المعرفية هو أهم مقومة من مقومات إمتلاك المهارة**، كما نؤكد أيضاً على عدة ضرورات أخرى أساسية ومترابطة ينبغي الحرص على تحقيقها وهي :-

أ) ممارسة عملية الكتابة، وعدم التهيب من الإمساك بالقلم، وعدم الإختفاء وراء حالة يقع فيها عديد من المفكرين أو أساتذة الجامعات، و تتمثل في قولهم؛ أنني

أفكر جيداً وأقرأ جيداً وأتحدث جيداً ولكنني لا أجيد الكتابة، ولا بـد مـن التوكيـد على حقيقة أن الشخصية العلميـة كـل لا يتجـزأ أيضاً، وجميـل أن يفكر الإنسـان ويقرأ ويتحدث بصورة جيدة، ولكنه مطالب أن يكتب بصورة جيدة أيضاً، فعمليـة التواصل العلمـي مـع العـالم تـتم في النسـبة العظمـى منهـا عـبر الكلمـة المكتوبـة وليست المنطوقة .

ب) الصبر على الكتابة ، بمعنـى أن لا يكـون الباحث في عجلة مـن أمـره، و إن كانـت السرعة محمودة فالعجلة مذمومة. ونعني بالصبر في هذا السياق أن يتأنى الكاتب وهو يستخدم مفاهيمه وافكاره فلا يسجل إلا ما هو موثوق وواضح ومنسـجم في سياقه مع السياق الكلي العام للموضوع الجزئي الذي يبحثه ومـع الموضوع العـام للبحث في الوقت نفسه، ولا بد أن يسأل نفسه بإستمرار عن وحدة النسق، وتوحد إنتظام السياق في إتجاه اهداف البحث وإفتراضاته ..

ت) رفض أي فكرة أو عبارة أو تركيب أو سياق يبدو خارجاً وغير منخرط أو منـدمج في السياق العام. ولعـل كـثرة الأوراق الممزقـة والمرفوضة في سـلة مهمـلات الباحـث العلمي لمؤشر مهم على إمتلاكه النظرة النقدية لذاته، وهذا هو المعبر الصحيح في الإتجاه الصحيح.

ث) المثابرة وعدم الاحساس بالإحباط أمام أي تعليقات أو تقييمات أو نقد، مع القدرة عـلى التمييـز بـين تقيـيمات المغرضين والحاسـدين، وبـين تقيـيمات الأشخاص الموضوعين، والإستفادة من كل ما هو موضوعي، والجلد أمام ما هو غير موضوعي، **والسم غير القاتل يزيد الجسد مناعة وقوة.**

ج) المشاورة مع الزملاء والأهل حول ما يتم كتابته، ليقوموا قبل عملية النشر، بالقراءة والتقييم، وتحديد أين هـي الهفـوات، وأين هـي مواقـع القـوة ... فـالعين الثانيـة **والثالثة لها نظرتها التي قد تكتشف مالا تستطيعه العين الأولى.**

ح) الثقة في أهمية تحقيق الكمال لأن ذلك هو الأساس الذي يدعو الباحث بإستمرار إلى التطوير والتحسين، وكذلك الثقة في عدم إمكانية الوصول للكمال، لأن ذلك هو الأساس الذي يخرج الباحث من تردده وخوفه من أن يبرز ويقدم أفكاره للناس.

وللسير قدماً في تحقيق هذه المطالب، وللدخول في خضم عملية التأليف نفسها، فإننا ندعوا إلى إتباع الخطوات التالية :

الخطوة الأولى : العودة إلى بطاقات البحث التي تحتوي على جميع المعلومات المتعلقة بالبحث برمته ، وبدء التعامل معها بالقراءة الشاملة، مع الإحتفاظ بترتيبها وتصنيفها الذي تم الإنتهاء منه في مراحل البحث السابقة. وهذا يعني أن يبدأ الباحث بقراءة بطاقاته وفق تسلسلها الموضوعي المنسجم مع مشكلة البحث وإفتراضاته وتسلسل موضوعاته المختلفة، والتمعن في جميع الأفكار والتحليلات التي برزت لديه كأفكار ذاتية، وإعادة مراجعتها، وترسيخ ما يجد أنه يستحق ذلك، وإستثناء ما يجد عدم حاجة له لسبب أو لآخر، وكذلك فيما يتعلق بالمعلومات المقتبسة حيث سيجد أن هنالك معلومات مكرره وربما غير موثقة جيداً، أو ضعيفة ...الخ، وعلى الباحث أن يقوم بمطالعة هذه البطاقات لأكثر من مره حتى **يتمكن من تكوين الصورة المعرفية الذهنية الشاملة** حول موضوعات بحثه الرئيسية والفرعية وبنيته النهائية.

الخطوة الثانية : إعادة التمعن والتبصر ـ والتفكير في مشكلة البحث وأهدافه وإفتراضاته ومنهجيته، وإجراء أية تعديلات محتملة، وتشكيل صورة نهائية حولها، لتكون هي البداية والنهاية التي تتمحور عمليات الكتابة حولها.

الخطوة الثالثة: البدء بالموضوع الأساسي الأول في البحث، وهنا يقوم الباحث بإعادة بطاقات المعلومات الخاصة بالمواضيع الأخرى إلى مغلفاتها ما عدا بطاقات هذا الموضوع. ليبدأ في قراءة جميع البطاقات المتعلقة به من جديد، وربما لأكثر من مرة، حتى يشكل صورة ذهنية واضحة حول هذا الموضوع وفرعياته، مع الإحتفاظ الذهني بترابطاته

مع الموضوع العام للبحث. ثم ينتقل من بعد ذلك إلى البطاقات المتعلقة بالجزئية الأولى في الموضوع، ليعيد التبصر فيها بعناية، ويشكل حولها صورة ذهنية كاملة ضمن السياق العام للموضوع الأصلي.

الخطوة الرابعة: البدء بالكتابة فيما يتعلق بالموضوع الجزئي (الفرعي) الأول، وهنا ينبغي التنبيه إلى ملاحظة تعتبر من أهم الملاحظات على الإطلاق بالنسبة لعملية الكتابة، ومفادها؛ **أن على الباحث أن لا يكتب شيئاً إلا من رأسه وفق الصورة الذهنية المشكلة لديه،** وذلك بإستثناء بعض الإقتباسات الحرفية التي قد يجد ضرورةلعرضها كما هي، حيث يمكن في هذه الحالة العودة للبطاقة التي تحتوي هذه المعلومات ونقلها عنها. وقد يقوم الباحث أثناء الكتابة بإجراء تعديلات في بعض ملامح الصورة الذهنية المشكلة لديه بهدف عرضها بشكل أكثر تحديد أو وضوحاً ودقة.

الخطوة الخامسة : الإنتقال إلى الإجزاء الأخرى داخل الموضوع الأول وفق تسلسلها الموضوعي والمنهجي وبنفس الأسلوب السابق، وهكذا، بالنسبة لبقية الموضوعات التي يشملها البحث، من بداياته وحتى خاتمته. مع التأكيد على ضرورات المراجعة المستمرة والتوثق المستمر من وضوح وسلامة الأفكار التي تم عرضها ، ودقة المفردات والمفاهيم والتراكيب والسياقات التي تم عرض الأفكار على أساسها، وأنها تبدو جميعاً في صورة نسق متراتب، ويصب في أهداف البحث وإفتراضاته.

٣- أدوات عرض المعلومات :

تعتمد قيمة البحث بالدرجة الأولى على طريقة عرض المعلومات، وتحقيقها بصورة واضحة وكاملة لأهداف البحث، ولتحقيق ذلك فإنه لا بد من الإستعانة بآداتين أساسيتين هما :

أولاً : الإداة الإنشائية، وهي التي تعرض المعلومات المختلفة في صورة موضوعات وفقرات وافكار مصاغة في شكل جمل وعبارات، وعلى الباحث أن يلتزم في ذلك المنهجيين الإستقراتي والإستنباطي الذين يمكنا من عرض المعلومات عرضاً تسلسلياً

يراعي الترتيب الموضوعي والزماني والمكاني والمنطقي لها، كما يراعي علاقات الجزء بالكل، والخاص بالعام، أو العكس، فهذان هما المنهجان اللذان يخدمان في جميع العمليات البحثية كما لاحظنا، سواء كانت عمليات وصفية أو تحليلية أو تركيبية أو تجريدية..الخ. وعندما يتم عرض المعلومات فإنه يتم عرضها دائماً لتلبية أهداف الوصف أو التحليل أو التركيب أو التجريد ...

ثانياً : الإداة الإحصائية، وكما إستخدمت أدوات الإحصاء في عمليات وصف وتحليل المعلومات المختلفة، فإنه يمكن إستخدام الإحصاء أيضاً في عمليات عرض المعلومات، وبخاصة التي تكون ذات طبيعة كمية، ومن اهم الأدوات المستخدمة في مجالات البحوث العلمية ما يلي :

أ) **الجداول الإحصائية** ، حيث يتم تنظيم المعلومات الكمية في صورة جداول تتنوع مفرداتها أو تصنيفاتها بحسب الموضوعات التي يتم عرضها أو التعبير عنها. وقد يتضمن الجدول عرضاً لموضوع واحد محدد، وقد يعرض الجدول الواحد لموضوعات متعددة، وذلك بحسب الترابطات النوعية أو التاريخية أو الجغرافية أو غير ذلك بينها. فمثلاً قد ننظم جدولاً عن تطورات الواردات الأردنية خلال الستة شهور الأولى من السنة، أو خلال عدة سنوات سابقة، وقد يتم عرض جدول يوضح هذه الواردات موزعة حسب الدول التي يتم الإستيراد منها، أو حسب الجهات المستوردة ، وهكذا ... وقد يتم تنظيم جدول يجمع بين عدة أعمدة ، فمثلاً قد يتم تنظيم جدول يوضح تطور الواردات في عدد من البلاد العربية خلال عدة سنوات سابقة (ولتكن مثلاً ١٩٩٠-٢٠٠٠) فيصبح شكل الجدول كما يلي:

جدول رقم (١)

يوضح تطور الواردات لدى عدد من الدول العربية

(١٩٩٠ - ٢٠٠٠) بملايين الدولارات الأمريكية

السنوات / الدول	١٩٩٠	١٩٩١	١٩٩٢	١٩٩٣	١٩٩٤	١٩٩٥	١٩٩٦	١٩٩٧	١٩٩٨	١٩٩٩	٢٠٠٠
الأردن											
سوريا											
مصر											
اليمن											
الجزائر											
قطر											
الامارات العربية											

المصدر : وزارة الصناعة الأردنية(التقرير السنوي عن التجارة الخارجية،عمان/٢٠٠١)ص ١٢٠

وقد يضاف إلى نفس الجدول أعمدة أخرى ، توضح مثلاً متوسط وارادات كل دولة، أو مدى التغير في حجم الواردات أو غير ذلك...

وكما يلاحظ فإن عرض المعلومات في صورة جداول يراعي عدة شروط شكلية هي:

١- أن يتم ترقيم كل جدول، وهنا، فإنه يلاحظ وجود أكثر من طريقة للترقيم. حيث قد يتم الترقيم بصورة متسلسلة وتصاعدية من أول جدول في البحث وحتى آخر جدول فيه. وقد يتم الترقيم بصورة متسلسلة وتصاعدية حسب كل جزء رئيسي- من اجزاء البحث، وذلك حسب التقسيم المعتمد لموضوعاته . فيقال مثلاً جداول الباب الأول، أو الفصل الأول ، ويتم ترقيمها من جدول رقم (١) وحتى الجدول رقم (ن) في نهاية الباب أو الفصل، ولما يتم الإنتقال إلى الباب الثاني أو الفصل الثاني مثلاً يتم ترقيم الجداول فيه من جديد من جدول رقم (١)وحتى الجدول(ن))..وهكذا..وفي مثل هذه الحالات،فإنه قد يتم إعطاء كل باب أو

فصل من أبواب أو فصول البحث رقماً تسلسياً خاصاً، فيعطي الباب الأول أو الفصل الأول رقم (١) والباب الثاني أو الفصل الثاني رقم (٢) وهكذا .. وعندها يتم ترقيم الجداول بصورة متسلسلة فيكتب رقم الباب أو الفصل ويرتبط به رقم الجدول، فإذا كان رقم الجدول (١) مثلاً في الفصل الأول الذي يحمل رقم (١) ايضاً فإنه يتم وضع رقم الجدول كما يلي الجدول رقم (١-١). وإذا كان رقم الجدول مثلاً (٥) في الباب أو الفصل الثاني فإنه يتم عرض رقم الجدول كما يلي: الجدول رقم (٢-٥) وهكذا .. وعادةً ما يتم وضع الأرقام التسلسلية فوق الجداول.

٢- أن يذكر إسم الجدول بصورة واضحة وتفصيليلة قدر الأمكان، ويشتق اسم الجدول من طبيعة الموضوع الذي يتم عرضه من خلاله. وفي الحالات التي قد تضاف بعض الأعمدة التفصيلية الأخرى المتعلقة بالموضوع المعروض فإنه لا داعي لإبراز كل ذلك في العنوان، وإن كان لا مانع من ذلك إذا وجد الباحث ذلك ضرورياً، وعادةً ما يتم وضع مسمى أو عنوان كل جدول تحت الرقم مباشرة وفوق الجدول كما في الجدول السابق، وقد يتم وضع الرقم بشكل جانبي فوق الجدول، ويتبعه الأسم أو العنوان كما يلي جدول رقم [ ] حول تطور الواردات الأردنية (١٩٩٠-٢٠٠٠) (ويفضل النموذج الأول غالباً).

٣- أن يذكر مصدر الجدول تحت الجدول بحيث تذكر كلمة (المصدر:) ثم يتبعها مباشرة وضع تفاصيل ذلك المصدر، سواء كانت مأخوذة من مرجع مكتوب، أو مشتقة من قبل الباحث من جداول أخرى، أو تم بناؤها من المعلومات الميدانية التي يتم تحصيلها بأدوات مختلفة، مع ذكر الأداة المستخدمة، وإذا كانت الأداة هي المقابلة مثلاً فإنه يتم ذكر الأشخاص الذين تمت مقابلتهم، وأخذت منهم هذه المعلومات .. الخ.

ب) **الرسوم البيانية**، وتختلف أشكالها ، إلا أنها تلتقي على وظيفة أساسية مفادها، التعبير الشكلي بالرسم عن حالة المتغيرات أو الظواهر التي تقوم بالتعريف بها، ومن أهم هذه الأشكال:

١) **الخطوط البيانية**، وقد يتم رسم خط بياني واحد في الشكل الواحد للتعبير عن أحد المتغيرات حسب ظروف الزمان أو المكان، أو للتعبير عن علاقة بين متغيرين خلال فترات زمنية، أو عبر فقرات مكانية محددة، ويسمى الشكل في هذه الحالة بالخط البياني البسيط كما يوضحه الشكلين رقم (١٢) ، (١٣). وقد يتم رسم أكثر من خط بياني في شكل واحد وذلك للتعبير عن تطور عدة متغيرات في ظروف زمانية أو مكانية واحدة كما في الشكل رقم (١٤)

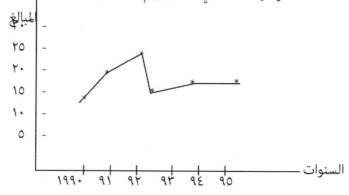

شكل رقم (١٢) تطور الواردات في دولة (س) ١٩٩٥-١٩٩٠

المصدر :]   [

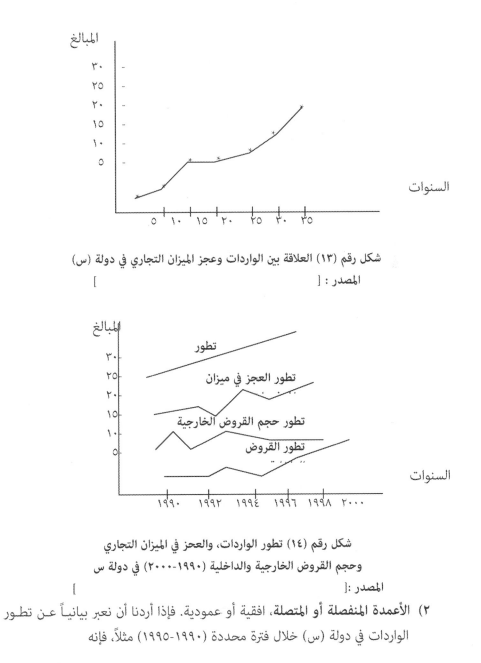

شكل رقم (١٣) العلاقة بين الواردات وعجز الميزان التجاري في دولة (س)

المصدر : [ ]

شكل رقم (١٤) تطور الواردات، والعحز في الميزان التجاري
وحجم القروض الخارجية والداخلية (١٩٩٠-٢٠٠٠) في دولة س

المصدر :[ ]

٢) **الأعمدة المنفصلة أو المتصلة**، افقية أو عمودية. فإذا أردنا أن نعبر بيانياً عن تطور الواردات في دولة (س) خلال فترة محددة (١٩٩٠-١٩٩٥) مثلاً، فإنه

يمكن تشكيل الرسم البياني كما في الشكل (١٥) ليوضح الشكل طريقة الأعمدة المنفصلة والشكل رقم (١٦) ليوضح طريقة الأعمدة المتصلة.

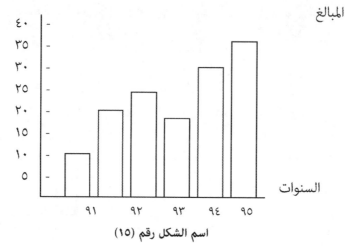

اسم الشكل رقم (١٥)

المصدر:

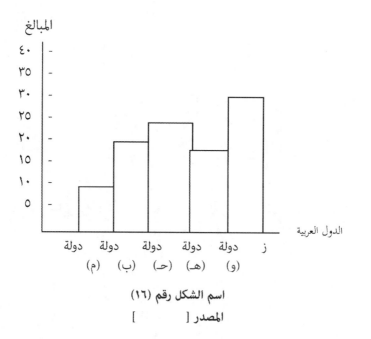

اسم الشكل رقم (١٦)

المصدر [   ]

ويمكن جعل هذه الأشكال في صورة أفقية لو تم وضع السنوات في شكل (١٥) والدول في شكل (١٦) على المحور الصادي بدلاً من المحور السيني، والواردات أو على المحور السيني، ورسم الأعمدة بناءً على ذلك. هذا ، ويمكن إستعمال نفس الشكل الواحد للمقارنة بين حركة عدة متغيرات، وذلك بإستعمال نفس المدد الزمنية أو نفس الدول. كأن يتم رصد حركة الواردات وحركة علماء التنمية، وحركة الميزان التجاري في نفس الدولة خلال فترات محددة، ويتم رسم عمود لكل متغير، وعادة ما تعطى أعمدة كل متغير لوناً محدداً تمييزاً له عن المتغيرات الأخرى. وكذلك الحال لو كانت المقارنة بين عدة متغيرات في عدة دول، حيث يتم رسم عمود لكل متغير بالنسبة لكل دولة، ويكون عدد هذه الأعمدة بالنسبة للدولة الواحدة مساوياً لعدد المتغيرات محل الدراسة، ويتم إعطاء لون خاص لكل متغير تمييزاً له عن المتغيرات الأخرى. ويوضح الشكل رقم (١٧) توضيحياً لمثال على هذا الوضع .

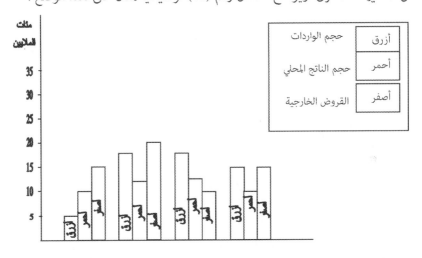

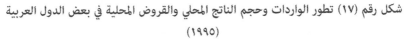

شكل رقم (١٧) تطور الواردات وحجم الناتج المحلي والقروض المحلية في بعض الدول العربية (١٩٩٥)

المصدر:

٣) **الأعمدة متعددة الأجزاء** ، ويستخدم هذا الشكل في الدلالات ذات الطبيعـة الجزئيـة أو المشـتقة مـن كـل محـدد يمثلهـا. فـإذا اردنـا تمثيـل أعـداد الطلبـة في سـنوات البكالوريوس في كلية التجارة في الجامعة الأردنية، يمكن إستخدام عمود واحـد مجـزأ لأربعة أجزاء (كل سنة جزءاً). وإذا رغبنا في مقارنة هذا الوضع مع جامعات أخـرى ، فإنه يتم رسم عمود لكل كلية حسب الجامعة التي تتبع لها، وذلـك مثـال الشـكل رقم (١٨).

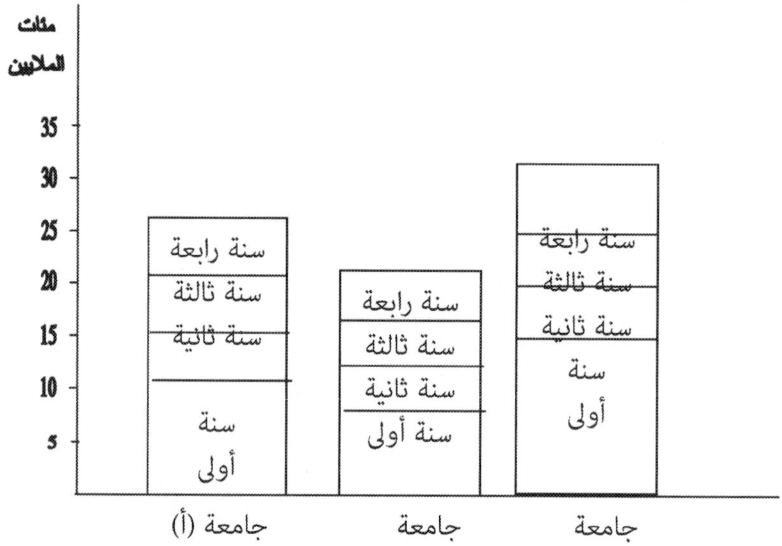

مئات
الملايين
35
30
25
20
15
10
5
سنة رابعة
سنة ثالثة
سنة ثانية
سنة
أولى
سنة رابعة
سنة ثالثة
سنة ثانية
سنة أولى
سنة رابعة
سنة ثالثة
سنة ثانية
سنة
أولى
جامعة (أ)
جامعة
جامعة

شكل رقم (١٨) أعداد الطلبة في مرحلة البكالوريوس في عدد من الجامعات الأردنية لعام ١٩٩٩

المصدر : [ ]

٤) **القطاعـات الدائريـة** ، فالـدائرة ، تتكـون مـن (٣٦٠) درجـة، وإنـه يمكـن تمثيـل أي متغيرات داخل الدائرة بإعطـاء كـل متغـير قطاعـاً في الـدائرة يتناسـب مقـداره مـع مقدار زاويته المركزية ، وهنا يمكن استخدام ذلك للمقارنة بـين حركـة متغـير واحـد خلال عدة سنوات أو أماكن مختلفة. مثال مقارنة أعداد طلبة جامعة (أ)

٥)   خلال السنوات ١٩٩٥-١٩٩٩ أو مقارنة طلبة كلية التجارة بين عـدة جامعـات عـام
(٢٠٠٠) مثلاً ويوضح الشكل (١٩) ذلك.

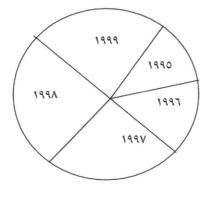

شكل رقم (١٩) نسبة إعداد طلبة الجامعة(أ)١٩٩٥-١٩٩٩

المصدر : [   ]

كذلك يتم إستخدام هذا الشكل للمقارنة بين عدة متغيرات خلال فترة زمنية واحـدة
ومحددة، مصادر، أو خلال مكان واحد محدد، كأن يتم مقارنة مصادر الـواردات في دولـة (أ)
في سنة (٢٠٠٠). ويوضح الشكل رقم (٢٠) ذلك

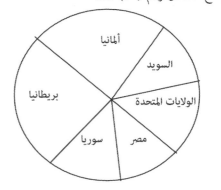

شكل رقم (٢٠) نسبة الواردات في دولة (س) بحسب مصادرها سنة ٢٠٠٠

المصدر : [   ]

وخلاصة القول أن للباحث كامل الحرية في إختيار الأشكال التي يجدها مناسبة لعرض موضوعاته وكذلك الألوان المستخدمة، مع ضرورة الإهتمام بالتمسك بالشروط الفنية لعملية الرسم حتى تكون دلالاتها واقعية ودقيقة، وإنه يمكن الإستعانة في هذه الأيام بخدمات الحاسوب التي تقدم للباحثين رسوماً جميلة ودقيقة.

ومما ينبغي الإهتمام به عند إستعمال أي رسومات أو أشكال إحصائية أن يتم ترقيم هذه الأشكال وبنفس الأسلوب المتبع في ترقيم الجداول، فإذا كان الترقيم تسلسلياً من أول جدول وإلى آخر جدول في البحث يتم ترقيم الأشكال بنفس الطريقة، وهكذا إذا تم ترقيم الجداول بحسب كل باب أو فصل أو .. من أجزاء البحث، ووفق نفس النظام " كما ذكرناه آنفاً". ولكن الفرق هنا، هو أنه يتم وضع رقم الشكل في أسفل الشكل وليس فوقه، وغالباً ما يتم وضع رقم الشكل في أسفل الشكل ومن ثم يتم وضع مسمى الشكل، وبعد الإنتهاء من ذلك يتم وضع المصدر، وذك كما تبين في الأشكال الموضحة سابقاً.

ثالثا : **الأدوات التعبيرية الأخرى** . وبخاصة الرسوم الكروكية أو الكاريكاتيرية، أو الرسوم الهندسية، أو غير ذلك مما يمكن من نقل المعلومات التي يريد الباحث عرضها بصورة تساعد القارئ على مزيد من الفهم، وهي رسوم يصعب حصرها وتختلف من موضوع لآخر ،ومن فكرة لأخرى، وكثيراً ما نلاحظ أمثلة منها في معظم البحوث المعاصرة ، ومن أمثلتها مثلاً رسم البناء التنظيمي لأي منظمة في صورة هرم وترسم مستوياته الإدارية في صورة مستويات سطحية على الهرم . وكذلك ما يتعلق مثلاً برسم هرم الحاجات الإنسانية. أو برسم بعض النماذج بالإستعانة بأشكال من المربعات أو المستطيلات أو الدوائر ... كالخرائط التنظيمية للمنظمات أو غير ذلك من الأشكال الكاريكاتورية التي تستخدم في عمليات التدريب وبخاصة على المهارات السلوكية ... وهكذا ... وإننا ندعو الباحثين إلى الإهتمام بهذه الأدوات وإستخدامها في حدود الأمكان وبما ينسجم فعلاً مع

الموضوعات المطروحة، مع عدم المبالغة في ذلك، وعدم إقحام أية أشكال لا تكون تعبيراتها واضحة ومقبولة للقارىء العادي، ويتم ترقيم هذه الأشكال ضمن سلسلة الأشكال الموجودة في البحث سواء كانت إحصائية أو غير إحصائية، وبنفس الأسلوب في الترقيم والتوثيق.

٤- القواعد الأساسية في الكتابة :

إتضح لنا أن الكتابة ليست مجرد وضع كلمات فوق السطور، بل هي عملية فنية لها متطلباتها الأساسية، وحتى يتمكن الباحث من توفير هذه المتطلبات عليه أن يراعي مجموعة من القواعد والإعتبارات الأساسية التالية :-

أولاً : مراعاة الربط المستمر بين الموضوعات والأفكار التي يتم تدوينها، وبين مشكلة البحث الأساسية وإفتراضاته.

ثانياً : أن يتهيأ الباحث تماماً عندما يريد الدخول في عملية الكتابة، وأن يتجنب بعض المحاذير الأساسية وأهمها:-

- الذهنية غير الصافية ، حيث يقول (جيمس بلاك) إذا قرر المكلف بكتابة التقرير أن يكتب وهو في ذهنية غير صالحة، فإن من الأرجح أن يشاهد الناس إخفاقه، لأن ذلك قد يحول دون قدرته على شرح الحقائق أو تسجيلها بدقة، وبما يتفق وأهداف التقرير.

- العجلة في كتابة التقرير، حيث يؤدي ذلك أيضاً إلى إخراج التقرير بصورة غير لائقة، مما يضر بكاتب التقرير، كما أنه لن يكون مفيداً لمن يقدم إليه. وعادة ما يكون الإنسان على عجلة من أمره في كتابة تقريره إذا ما نظر إلى تكليفه بكتابة التقرير على أنه عبء عليه، ولا بد أن ينتهي منه، وذلك في الوقت الذي يجب أن ينظر إلى هذا الأمر على انه حافز وليس عبئاً، حيث أن التكليف بكتابة تقرير ما، يمثل فرصة لإبراز مقدرة الشخص على شرح أفكاره وتوصيلها والدفاع عنها بصورة منظمة، وفي هذا ما يمثل مدخلاً لتقديره من المنظمة التي يعمل فيها.

ثالثاً : تنمية القدرة عل الفصل بين الأداء، والإتجاهات والقيم الشخصية، وبين الحقائق الواقعية حتى لا يفقد التقرير دقته وواقعيته، مما يمكن الكاتب من الدفاع عن مضامين تقاريره عند المناقشة التي لا تهمها القيم أو الإتجاهات، قدر ما يهمها الدليل المستند إلى الحقائق. ولعلنا نؤكد في هذا المجال على أن أخطر ما يهدد ظروفنا وتنظيماتنا أننا نرجح الإعتبارات الأيديولوجية والشخصية على الإعتبارات العلمية. ومما نرغب في الإشارة إليه هنا، أننا لا نقلل من أهمية القيم والآراء الشخصية إلا أننا نؤكد **بأن القيم الصالحة هي التي يمكن إثباتها وتوكيد عدم تعارضها مع الحقائق العلمية.**

رابعاً : مراعاة أن يتناول الباحث موضوعاته بصورة مباشرة وبدون أي لف أو دوران، فالإنطلاق إلى الهدف المباشر هو أهم ما يميز التقارير الجيدة . ولتحقيق ذلك على الباحث أن يحرص على جعل أفكاره مفاتيحاً لفقراته، بحيث يتضح للقاريء من خلال قراءته لأول سطرين من كل فقرة ما الذي يريد الكاتب عرضه خلال ذلك.

خامساً: أن يراعي الباحث الفروق بين المعلومات الأساسية التي تقع في صلب الموضوع الذي يقوم ببحثه، وبين المعلومات الفرعية التي تستخدم لمزيد من التحليل والتفصيل المتعلقة بالمعلومات الأساسية ، وبين المعلومات الهامشية التي تعتبر صلتها بالموضوع الرئيسي صلة محدودة، ولكنها تستحق الذكر لإنها تلقي بمزيد من الضوء على التحليلات المطروحة ، وقد تؤدي إلى توضيح بعض الأمور أو الأفكار الأخرى التي تتشعب عن الموضوع الأصلي تشعبياً يبعدها عن منطقة التركيز في البحث، وإنه يمكن تمثيل هذه الأنواع من المعلومات كما يلي :-

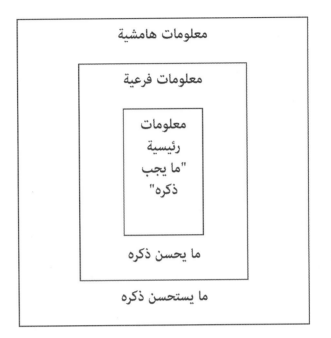

معلومات هامشية

معلومات فرعية

معلومات
رئيسية
"ما يجب
ذكره"

ما يحسن ذكره

ما يستحسن ذكره

شكل رقم (٢١) أنواع المعلومات في التقرير

ومن أهم ما يراعيه الباحث في هذا المجال، هو أن يعمل على تدوين المعلومات الأساسية والفرعية في " منهج البحث"، أما المعلومات الهامشية فيتم عرضها ضمن ما تسمى بهوامش البحث أو " حواشيه ".

<u>تنظيم الحواشي (الهوامش) :</u>

يطلق اسم الحاشية على اية ملاحظات يرى الباحث انها لا تقع في صلب عملية عرضه للمعلومات، رغم أن لها قيمة توضيحية أو تفسيرية، أو تكميلية، للأفكار التي ترد في متن البحث. فيقوم بتنظيم هذه الملاحظات وعرضها في مكان مستقل عن المتن، ويسمى هذا المكان بالحاشية أو الهامش، وتتم عملية التنظيم بأحد أسلوبين هما:

الأسلوب الأول : ويتم تنظيم الحواشي المتعلقة بالأفكار الواردة في متن البحث في نفس الصفحات التي ترد فيها تلك الأفكار، حيث يقوم الباحث برسم خط قبل نهاية الصفحة بعدة سطور، ويبدأ الخط من أول يمين الصفحة التي يكتب فيها ويمتد حتى منتصف الصفحة تقريباً. ويسمى هذا الخط (خط الهامش أو الحاشية)، ويمثل فاصلاً بين المتن الذي يحتل الجزء الأعلى والأصلي من الصفحة وبين الحاشية التي تحتل الجزء اسفل الخط. وعندما يعرض لفكرة ما في داخل المتن، ويتولد لديه فكرة تكميلية أو ثانوية حول ذلك، يقوم بوضع إشارة (*) في نهاية عرض تلك الفكرة " في المتن"، ثم يضع نفس الإشارة في منطقة الهامش ليسجل بعدها الأفكار أو المعلومات الثانونية. ومع إفتراض أن هذه المعلومات عبأت جميع المنطقة الموجودة في الهامش دون أن ينتهي الباحث من إستكمال عرضها، فإنه يستطيع وضع إشارة(←) أو (=) أو كلمة "يتبع" ... ويكمل عرضه في بداية منطقة الهامش في الصفحة اللاحقة، ويفضل عادة أن يلاحظ الطابع مقدار المساحة التي يحتاجها من الهامش ويعمل على إقتطاعها بما يتفق مع ذلك حتى لا يضطر لاستعمال هامش الصفحة اللاحقة.

الأسلوب الثاني : ويتم تجميع الحواشي أو الملاحظات الهامشية المتعلقة بكل جزء من أجزاء البحث الأساسية في نهاية هذا الجزء. وقد يتم تجميع كل حواشي البحث في نهايته، وذلك حسب حجم البحث، وحجم الحواشي التي يقوم الكاتب بتدوينها، وفي مثل هذه الحالة فإن الباحث يقوم بوضع أرقام متسلسلة من (١) إلى النهاية (ن)، في صفحات المتن عند كل فكرة من الأفكار التي يتصل بها حاشية ما . ويتم إعتماد هذه الأرقام في الصفحات الخاصة بالجزء المخصص للحواشي، بحيث يتم كتابة رقم (١) مثلاً ويدون إلى جانبه الملاحظة الهامشية الأولى ، ورقم (٢) ليدون بجانبه الملاحظة الهامشية الثانية وهكذا ... حتى يصل النهاية وهي الملاحظة (ن).

وحقيقة الأمر أنه لا يوجد موقف قاطع من هذين الأسلوبين أو أيهما أفضل من الأخر، ويترك الأمر لرغبة الباحث ، أو لرغبة الجهة التي يقدم لها البحث، وإن كنا نفضل

أن يتم تدوين الحواشي المتعلقة بكل صفحة في نهاية الصفحة نفسها حتى يتمكن القارئ من تكوين فكرة كاملة وبصورة مباشرة.

<u>تنظيم الإقتباسات وعملية التوثيق :</u>

ليس ثمة شك في أن الباحث يعتمد في كتابته لموضوعات بحثه، وصفاً وتحليلاً، على معلومات كثيرة ومتنوعة في مصادرها، وأنه ينبغي على الباحث وهو يقوم بتدوين هذه المعلومات، أن يراعي ما يلي :

أولاً : حالات الإقتباس الحرفي، وهي التي يقوم الباحث فيها، بأخذ المعلومات بصورة حرفية (منقولة حرفياً)، وهنا فإن عليه أن يضع هذه المعلومات بين أربعة أقواس صغيرة وهي علامة الإقتباس الحرفي كما يلي : ("   ") وقد يقوم الباحث بالإقتباس الحرفي من صفحة ما، ثم يقفز إلى صفحة لاحقة ليكمل إقتباسه، وهنا فإنه يضع كل ما كتبه بين الأقواس الأربعة الصغيرة مع

كتابة مجموعة نقاط أفقية (٠٠٠٠) لتفصل ين الجزء الأول المقتبس والجزء الآخر التابع له وذلك تدليلاً على عدم تتابع عملية الإقتباس. أما إذا أخذ الباحث معلومات غير حرفية أو فكرةً معينة فإن هذا يسمى (بالإقتباس الإستيعابي)، وهنا فإنه يعمل على تدوينها بالطريقة التي تنسجم مع السياق الموضوعي للبحث، مع الحرص على ضرورة توثيق هذه المعلومات بردها إلى مصادرها.

ثانياً : إذا ابتدأ في توثيق ما قام بإقتباسه حرفياً أو إستيعابياً، فإنه يجد نفسه أمام عدة أساليب هي :

<u>الأسلوب الأول</u> : أن يرقم الإقتباسات الخاصة بكل صفحة تسلسلياً من (١) إلى (ن) ويتم وضع نفس الأرقام في نفس الصفحة في الجزء المخصص للحواشي (الهوامش)، وبنفس التسلسل، ويتم تدوين المصدر أو المصادر التي تم أخذ الإقتباسات منها حسب الأصول المتفق عليها في التدوين (كما سيلي بيانه).

الأسلوب الثاني: ويتشابه مع الأسلوب السابق تماماً إلا في عملية ترقيم الاقتباسات ، فبدلاً من أن يتم وضع أرقام كل صفحة ضمن تسلسل مستقل، فإنه يتم وضع أرقام متسلسلة من (١-ن) لكل جزء أساسي من أجزاء البحث، وربما لجميع البحث حسب أقسامه وحجمه. ويتم تدوين كل الأرقام الخاصة بكل صفحة في موقعها في المتن، ومن ثم يتم وضع نفس الأرقام بنفس التسلسل في هامش تلك الصفحة، ووضع المصادر التي يتم الإستناد إليها بجوار الأرقام التي تناظرها في الهامش.

الأسلوب الثالث: و يتشابه مع أسلوب تنظيم الحواشي التي يتم تجميعها في نهاية كل جزء من أجزاء البحث الأساسية أو في نهاية البحث، وفق أرقام متسلسلة ومناظره للتسلسل التي وضعت فيه هذه الأرقام في متن صفحات البحث من (١-ن) وفي صفحات خاصة تسمى صفحات الهوامش والحواشي. **وفي هذه الحالة يتم الدمج بين سلسلة الحواشي مع سلسلة المصادر**، وتصبح كلها سلسلة واحدة ، وارقامها من (١) إلى (ن). فإذاً كان الرقم متعلقاً بملاحظة هامشية فإنه يتم كتابتها عند الرقم الذي يناظرها، وقد يتم توثيق هذه الملاحظة إن كانت مستمدة من مصدر ما بمجرد الإنتهاء من عرضها وذلك بكتابة المصدر الذي تتصل به ،وإذا كان الرقم يتعلق بالإشارة لمصدر أو مرجع فقط، فإنه يتم تدوين المرجع أو المصدر مع رقمه في سلسلة الحواشي والهوامش.

الأسلوب الرابع : ويقوم على اساس وضع ما يشير إلى المصدر داخل المتن وفي إطار السياق ، وعادة ما يتم وضع إسم المؤلف(اللقب) ، وسنة النشر ورقم الصفحة التي أخذ منها الإقتباس، وتحل هذه الإشارة محل الرقم المتسلسل في متن البحث المشار إليه في الأساليب السابقة. مثال(عساف، ١٩٩٩: ١٥) وإذا حصل أن كان هنالك أكثر من مصدر لنفس الكاتب في نفس السنة فإنه يضاف لذلك اسم الكتاب بايجاز مثال(عساف، السلوك التنظيمي، ١٩٩٩: ١٥) مع مراعاة ان استكمال المعلومات يكون واضحاً أثناء تدوين قائمة المراجع (المصادر) في نهاية البحث.

ومما تجدر ملاحظته في إطار الحديث عن هذا الموضوع، أن جميع هـذه الأساليب متفق عليها، ولا يوجد ترجيح لأسلوب على الآخر إلا من حيث بعض الإعتبارات الشكلية جداً التي تتعلق بشكل البحث، أو بضمانات الدقة في التوثيق، وعـدم الوقـوع في أخطـاء توثيقيـه اثناء الطباعة، فإذا تم الأخذ بالأسلوب الأول، فإنه يضمن لنـا التوثيـق أولاً بـأول إلا انه قد يحدث بعض الخلط أو التداخل عند الطباعة التي لا تأتي أرقام وأعـداد الصفحات المطبوعـة مطابقة ومناظرة للصفحات في مخطوط البحث الأول ، فتصبح بعض الأرقام في نهاية صفحة سابقة في المخطوط وربما تحمل رقم (٣) أو (٤) أرقاماً لإقتباسات في أول الصفحة اللاحقة، عند الطباعة مما يضطر الباحث إلى إعادة ترتيب الأرقام وتدقيقها، وقد يقع في بعض الخلط نتيجة ذلك، وهذا ما يمكن تجاوزه بتطبيق الأساليب الأخرى، وبخاصة الأسلوب الرابع الـذي تتم عملية التوثيـق عـلى ضـوئه بشكل فوري، كما انه يغني الباحـث عـن الإعـتماد عـلى المساحات الهامشية في كل صفحة، أو عن تكرار معلومات المصدر مع كـل إشارة توثيقيـة ... على اية حال فإن الأصل في هـذا الموضوع هـو أن يتحقـق التوثيـق الدقيـق مـع الـدعوة إلى الإلتزام بشروط الجهات التي تقدم لها البحوث، والتي قد تطالب بتطبيق أسلوب دون آخر، وما عدا ذلك فإن للباحث الحرية والمرونة الكافية في إختيار الأسلوب الملائم له .

<u>كتابة المصادر</u> : تختلف اشكال كتابة وتوثيق مصادر معلومـات البحـث أو إقتباسـاته، وإنه يمكن حصر الأشكال الأساسية التالية :

أولاً : في حالة التوثيق للإقتباسات فإنه يراعى ما يلي:

١- إذا كان المصدر كتاباً لمؤلف واحد وكان الكتاب باللغة العربية فإنه يكتب كما يلي: اسم المؤلف ، ثم اسم الكتاب، ثم رقم الطبعة ، ثم يتم كتابة اسم المدينة التي نشرـ فيها الكتاب، ثم اسم الناشر، ثم سنة النشر، ثم رقم الصفحات التي تم الإقتباس منهـا، وذلك كما هو في المثال التالي:

عبد المعطي محمد عساف، مقدمة إلى علم السياسة، الطبعة الرابعة (عمان : دار زهران للنشر- والتوزيع ، ١٩٩٩) ص ١٠٠. وعادة ما يتم كتابة اسم الكتاب بخط غامق.

٢- إذا كان المصدر لمؤلف واحد ومترجم، يتم كتابته بنفس الطريقة السابقة ولكن يكتب بعد أسم الكتاب ، مترجم فلان، وذلك كما يلي :

دافيد ،برايبروك، القيم الأخلاقية في عالم المال والأعمال، مترجم صلاح الدين الشريف، (القاهرة: مكتبة الأنجلو المصرية ، ١٩٨٦) ص ١١٥.

٣- إذا كان المصدر لمؤلف واحد وباللغة الأجنبية يكتب بنفس التسلسل في حالة الوضع رقم (١) ، مع مراعاة، أنه يكتب لقب المؤلف أولاً ثم كتابة اسمه الأول ثم اسمه الثاني.

٤- إذا كان المصدر كتاباً لمؤلفين ، فإنه قد يكون باللغة العربية أصلاً،أو مترجماً، وقد يكون باللغة الأجنبية، وفي هذه الحالة ينطبق عليه ما ينطبق في حالة المؤلف الواحد في جميع الصور المشار إليها آنفاً ما عدا أنه يتم كتابة أسم كلا المؤلفين وبنفس الطريقة المذكورة .

٥- إذا كان المصدر كتاباً لأكثر من مؤلفين اثنين، فإنه يتم تطبيق نفس الخطوات في جميع الأمثلة السابقة ما عدا ما يتعلق بأسماء المؤلفين حيث يتم الإكتفاء هنا بكتابة أسم المؤلف المذكور أولاً على غلاف المصدر، واتباعه بكلمة "وآخرون" مثال القول " حسين عبد الفتاح وآخرون" ، أو " William ,John & Others " .

٦- إذا كان المصدر مجلة عربية أو أجنبية فإنه يكتب أسم المؤلف ثم اسم البحث ويوضع قوسين صغيرين من كل جانب (كعلامةالإقتباس الحرفي)، ثم أسم المجلة، ورقم العدد، والشهر والسنة .. (إذا كانت شهرية) ثم اسم الجهة التي تصدر المجلة ومكانها، ثم رقم الصفحة. مع مراعاة أنه في حالة البحث باللغة الأجنبية يتم كتابة أسم المؤلف بدءاً من أسم الجد (اللقب) ثم الأسم الأول ثم الأسم الثاني ...

ومما ينبغي ملاحظته ، أن على الباحث أن يدون المعلومات المشار إليها وفق ما هي مدونة على صفحات المصدر الأساسية (صفحات الغلاف)..**ويراعى في جميع الحالات السابقة بالنسبة للكتب أو المجلات أن يكتب اسم الكتاب أو اسم البحث في المجلة.**

وبعد، فإن هناك بعض الملاحظات التكميلية اللازمة لإستكمال فهم عملية كتابة المصادر وتوثيقها في الحواشي والهوامش، واهمها:

١) إذا ورد أسم المصدر في عملية التوثيق لأول مرة، فإنه يكتب بصورة كاملةوحسب ما اشرنا إليه سابقاً .

٢) إذا تكررت الإشارة للمصدر مرة ثانية أو ثالثة أو ... وبصورة متصلة ومتلاحقة مع الإشارات السابقة له فإنه يتم الإكتفاء بالقول : المصدر نفسه : ٢٥ص مثلاً. وإذا كان المصدر أجنبياً يوضع المختصر ((Ibid) P.15) .

٣) إذا كان تكرار ذكر المصدر لا يأتي متصلاً ومتلاحقاً مع إشارة سابقة له بحيث يفصل بين الإشارة السابقة والإشارة التالية إشارة أخرى على الأقل لمصدر آخر، فإنه يتم تدوين المصدر بكتابه أسم المؤلف والقول: مرجع سبق ذكره، ثم رقم الصفحات إذا لم يكن للمؤلف إلا هذا المصدر، أما إذا كان للمؤلف أكثر من مصدر فيكتب، أسم المؤلف واسم الكتاب ثم القول مرجع سبق ذكره، ثم رقم الصفحات. وفي حالة المراجع الأجنبية فإنه يتم وضع المختصر (OP.Cit) .

٤) إذا كان الإقتباس الواحد متصلاً بأكثر من صفحة واحدة فيتم الإشارة في المراجع العربية بالقول (ص١٥،ص٢٠) أو ص ٢٠-ص٣٠، أو ص٢٠ وما بعدها. وإذا كان المرجع أجنبياً يشارلذلك بالقول (PP.15.16) أو (.PP.15,20) أو (PP.15 FF) أي من صفحة ١٥ وحتى نهاية المرجع.

ثالثاً : في حالة إعداد قائمة بالمراجع في نهاية البحث، وهذا هو المعمول به عادة، فإنه يتم كتابة جميع المراجع المشار إليها في هوامش البحث، وبحسب الترتيب الهجائي

للأسماء الأولى، ووفق طريقة عرضها في أثناء عملية التوثيق ، وإذا تشابهت الأسماء الأولى فيتم الترتيب بحسب الأسم الثاني وهكذا ... أما إذا تشابهت الأسماء تماماً ، وبخاصة في حالة المؤلف الواحد الذي له عدة مصادر فيتم الترتيب حسب إسم المصدر. أما في حالة المراجع التي يتم توثيقها في متن الصفحات أو في الحواشي بذكر المصدر بجانب الفكرة المقتبسة مباشرة، فإنه يتم إعداد قائمة المصادر بحسب الحروف الهجائية أيضاً، ولكن ضمن شكل مختلف عما سبق، وتأخذ عملية تدوين كل مصدر، الشكل التالي :

١٩٩٩: عساف عبد المعطي ، مقدمة إلى علم السياسة، طبعة رابعة (عمان: دار زهران للنشر والتوزيع) .

١٩٨٥: محمد صالح ، تاريخ العرب والمسلمين (عمان ، دار زهران للنشر).

رابعاً : عندما تتنوع مصادر البحث فإنه يتم إعداد قائمتين بحيث تشتمل القائمة الأولى على المصادر باللغة العربية وتشتمل القائمة الثانية المراجع باللغة الإنجليزية. أما في حالة إعتماد قائمة واحدة لجميع المصادر فإنه يتم تدوين المراجع العربية أولاً ثم تدون المراجع الأجنبية تالياً.

هذا وقد يتم تصنيف المراجع العربية وترتيبها في مجموعات مميزة، وبخاصة في الحالات التي تكون هذه المراجع متعددة ومتنوعة مثلما هو الحال في أطروحات الماجستير والدكتوراه، وعندئذ يتم ترتيب الكتب في المجموعة الأولى، ثم المقالات والأبحاث المنشورة في المجلات في المجموعة الثانية، ثم أطروحات الماجستير والدكتوراه في المجموعة الثالثة، ومن ثم مجموعات القوانين أو المنشورات.

خاتمة البحث :

تنتهي جميع البحوث العلمية إلى خاتمة عامة، ولا تختلف بنية الخاتمة كثيراً من بحث لآخر من حيث الهيكل العام، وإن إختلفت تفاصيلها بإختلاف موضوعات البحوث. وبشكل عام فإن الخاتمة تكتب بإحدى صورتين هما :

الصورة الأولى : وتتعلق بالإبحاث التطبيقية التي تطلبها جهات محددة، أو يقوم الباحث بدراسة واقع تطبيقي معين لإحدى المنظمات أو بعضها مما هو قائم فعلاً في الواقع، وغالباً ما يتم تضمين الخاتمة أبرز النتائج التي توصل إليها البحث، والإنتهاء إلى عدد من التوصيات أو المقترحات المتعلقة بذلك. وعادة ما تكون هذه النتائج أو التوصيات موجودة في إطار سياقات البحث وتحليلاته، ويتم تجميعها في الخاتمة.

الصورة الثانية : وتتعلق بالأبحاث ذات الطبيعة الأكاديمية التي يقوم بها أفراد أو منظمات متخصصة ... الخ. وفي هذه الحالة فإن الخاتمة تقتصر على التعريف العام بموضوع البحث، مع التركيز على أهم النتائج التي تم التوصل إليها.

إعداد فهارس البحث :

تشمل فهارس البحث ما يلي:

(١) الفهرس الرئيسي الذي يتضمن جميع المحتويات من المقدمة وحتى الخاتمة. وقد يعمد الباحث إلى تنظيم فهرس تفصيلي ليشمل جميع العناوين الرئيسية والفرعية والتفصيلية، وقد يكتفي بفهرس إجمالي يركز على العناوين الرئيسية . ويعتمد ذلك على مشيئة الباحث، أو مشيئة الجهة التي يقدم لها البحث.

(٢) فهرس الجداول، حيث يتم رصد جميع الجداول في فهرس مستقل وذلك حسب تبويبها في داخل البحث، وهذا ما أشرنا إليه سابقاً، ويتم وضعها جميعها في قائمة موحدة، وعادة ما يتم ذلك بوضع، رقم الجدول ثم أسم الجدول ثم رقم الصفحة التي يوجد فيها. وذلك كما يلي :-

رقم الجدول	أسم/عنوان الجدول	رقم الصفحة

(٣) **فهرس الأشكال :** حيث يتم رصد جميع الأشكال في فهرس مستقل بتبويبها في داخل البحث، ويخضع الوضع التنظيمي هنا لنفس الأسلوب المتعلق بالجداول تماماً.

(٤) **فهرس الملاحق :** وذلك في الحالات التي يكون الباحث قد أشار إلى هذه الملاحق أثناء عرضه لموضوعاته، وتتم الإشارة في المتن عادة بالقول " راجع أو أنظر ملحق رقم (١) أو رقم (٢) ...الخ. وعادة ما يتم وضع صورة من الملاحق في نهاية البحث ومرتبة حسب أرقامها المشار إليها في متن البحث. ويتم تنظيم فهرس الملاحق بنفس طريقة التنظيم المعمول بها، بالنسبة للأشكال أو الجداول.

مراجعة البحث وطباعته وتدقيقه

ينبغي على الباحث أن يقوم إثر إنتهائه من جميع المراحل والخطوات السابقة بإعادة قراءة البحث قراءة متأنية، وبعين فاحصة متبصرة، وذلك للتأكد من إنتظام السياقات جميعها، ومن تغطية جميع الموضوعات بالصورة المأمولة ، وان يقوم بإجراء أية تعديلات، أو تصحيحات يراها مناسبة، سواء كان ذلك من الناحية الشكلية أو الموضوعية. وعليه أن يطلب أية مساعدة من أحد أو بعض الزملاء أو المساعدين .. ليقوموا بمراجعة لهيكلية البحث ومادته، وإبداء أية ملاحظات يرونها، وذلك حتى يتمكن الباحث من الإستفادة من "العين" الأخرى في عملية المراجعة، وبعد أن ينتهي الباحث من كل ذلك، و القيام بأية تعديلات مناسبة، يقوم بطابعة البحث بنفسه إن كان يجيد الطباعة، أو بالإستعانة بمكاتب الطباعة الموجودة في السوق، أو بتقديمه للجهة التي كلفته بعمل البحث لتتولى القيام بذلك، وعندما يتم الإنتهاء من الطباعة بصورة كاملة يقوم بمراجعة المادة المطبوعة أكثر من مرة حتى يتأكد من دقة كل ما هو مكتوب، ولتصحيح اية أخطاء ممكنة . ولعلنا في هذا السياق نرغب في التركيز على بعض الملاحظات التالية :

(١) أن يراعي في عملية الطباعة أي شروط قد يتم تحديدها من الناحية الشكلية، سواء حجم الورق، أو نوعيته أو المسافات بين السطور، أو المسافات من ناحية الجانبين أو

من الناحيتين العلوية والسفلية للورق، وكذلك نوعية الخط وحجم الحرف المستخدم في الطباعة.

(٢) أن يبرز أثناء الطباعة أية افكار أو نتائج أساسية تمييزاً لها عن غيرها من المعلومات الواردة في البحث، وذلك إما بطباعتها بالخط الغامق، أو بوضع خط تحتها، أو بغير ذلك.

(٣) أن تتم طباعة الغلاف وفق تصميم معين يعتمد على اختيارات الباحث، أو الجهة التي كلفته بإجراء البحث (إن وجدت)،مع ضرورة أن يتم ذكر عنوان الباحث بصورة بارزة، وكذلك أسم المؤلف واسم الجهة التي كلفته، وقد لا يتم ذكر أسم المؤلف إذا كانت الجهة المعنية قد إشترت من المؤلف كل الحقوق، وتكتفي بالإشارة إلى إسمها فقط. وعادة ما يتم ذكر التاريخ أو السنة التي تم فيها إخراج البحث.

وقد تختلف الصورة قليلاً بالنسبة للأبحاث المقدمة للحصول على درجة أكاديمية، حيث تتم الإشارة بوضوح على صفحة الغلاف إلى أن البحث المعني مقدم للحصول على درجة الماجستير أو الدكتوراه ... بإشراف "الإستاذ فلان" مع ذكر أسم الجامعة أو المعهد المقدم إليـه البحث.

وكذلك في حالة الأبحاث المقدمة للمؤتمرات أو الندوات، فإنه تـتم الإشارة إلى أسم المؤتمر وتاريخه والجهة المنظمة له بالإضافة إلى المعلومات الأخرى.

المراجـــع

المراجع باللغة العربية

١. أحمد رشيد ، **نظرية الإدارة العامة** ، ، (دار المعارف بمصر، طبعة رابعة، ١٩٧٧).

٢. أحمد رشيد **إدارة التنمية والإصلاح الإداري** ، (دار المعارف بمصر- القاهرة، ١٩٧٤، الهيئـة العامة للكتاب، القاهرة، ١٩٩٤).

٣. برتراندرسل، **حكمة الغرب** (الجزء الأول) مترجم فؤاد زكريا، سلسلة عالم المعرفة، عـدد ٦٢، (المجلس الوطني للثقافة والفنون والآداب - الكويت، ١٩٨٣).

٤. بوجنار جوزيف، **التنمية الاقتصادية في الدول النامية**، مـترجم أحمد القصـير، (الهيئـة المصرية للكتاب القاهرة، ١٩٧٤).

٥. بول بوريل ، **ثورات النمو الثلاث** ، (ترجمة أديب عاقل، مطبعـة وزارة الثقافة والإرشـاد القومي، دمشق، ١٩٧٠).

٦. ج.ج،كراوتر، **قصة العلم**، ترجمـة يمنـى الخـولي وبـدوي عبد الفتـاح، (المشروع القومي للترجمة ، المجلس الأعلى للثقافة) القاهرة، ١٩٩٨.

٧. جابريل الموند،**التنمية السياسية**،عـرض سـليمان دمـير، (الأهـرام الإقتصادي،عدد ٣٨٤، ١٩٧٢).

٨. جـون ديكنسـون،ـ**العلـم والمشـتغلون بالبحـث العلمـي في المجتمـع الحـديث**، مـترجم اليونسكو، سلسلة عالم المعرفة، عـدد ١١٢،(المجلس الـوطني للثقافة والفنون والآداب ، الكويت ١٩٨٧).

٩. جيهان أحمد رشتي ، **الإعلام ونظرياته في العصرـ الحـديث**، (القاهرة، دار الفكـر العـربي، ١٩٧١).

١٠. حامد ربيع ، **نظرية السياسة الخارجية** ، (محاضرات ، جامعة القاهرة، كليـة الإقتصاد والعلوم السياسية، إصدار مكتبة القاهرة الحديثة، بدون تاريخ).

١١. حسن سعيد الكرمي ، **الثنوية في التفكير** ، (الكويت : مجلة عالم الفكر، وزارة الإعلام، مجلد ٣، ١٩٧٢).

١٢. حسن صعب، **الانسان هو الرأسمال،** (مجلة علام الفكر، المجلد الثاني، وزارة الاعلام، الكويت، ١٩٧٢) .

١٣. حمزه مختار وآخرون ، **التنمية والتخطيط والتعليم الوظيفي في البلاد العربية،** (سرس الليان، القاهرة، ١٩٧٢).

١٤. د. حامد ربيع، **مقدمة في العلوم السلوكية** ، محاضرات، الجزء الثاني ، جامعة القاهرة، كلية الإقتصاد والعلوم السياسية (القاهرة مكتبة القاهرة الحديثة، ١٩٧١).

١٥. د. علي عبد القادر، **مقدمة في النظرية السياسية** ، (القاهرة : شركة ليناري للنشر والتوزيع ، القاهرة، ١٩٧٤) ص ١٣٧.

١٦. روجيه جارودي، **النظرية المادية في المعرفة،** مترجم ابراهيم قريط (دار دمشق للطباعة

١٧. ريتشارد موريس، **حافة العلم** : عبور الحد من الفيزياء إلى الميتافيزيقيا، مترجم مصطفى ابراهيم، (المجمع الثقافي، أبو ظبي ، ١٩٩٤).

١٨. شفيريف ، **المعرفة العلمية كنشاط** ، مترجم طارق معصراني، (دار التقدم ، موسكو ١٩٨٩)

١٩. صادق الأسود ، **علم الإجتماع السياسي،** (مطبعة الإرشاد ، ببغداد، ١٩٧٣).

٢٠. عبد المعطي عساف، **ادارة التنمية،** دراسة تحليلية، (مكتبة المحتسب ، عمان، ٢٠٠٠).

٢١. عبد المعطي عساف، **التدريب وتنمية الموارد البشرية،** (دار زهران للنشر والتوزيع، عمان، ٢٠٠٠).

٢٢. فاخر عاقل، **أسس البحث العلمي** ، (بيروت ، دار العلم للملايين، ١٩٧٩).

٢٣. فوزي غرايبة وزملاؤه، **أساليب البحث العلمي في العلوم الإجتماعية والإنسانية،** طبعة ثانية، (عمان، ١٩٨١).

٢٤. كارل بيرسون، **أركان العلم**، مترجم فؤاد زكريا، (سلسلة تراث الانسانية)

٢٥. محمد حسن يسن ، إبراهيم درويش، **المدخل المعاصر إلى وظائف التنظيم** ، (القاهرة، الهيئة المصرية العامة للكتاب، ١٩٧٥).

٢٦. محمد فؤاد عبد الباقي، **المعجم المفهرس لألفاظ القرآن الكريم** ، الطبعة الرابعة، (القاهرة: دار الفكر للطباعة والنشر والتوزيع، ١٩٩٤).

٢٧. محمود قاسم ، **المنطق الحديث ومناهج البحث.**

٢٨. موريس ديفرجية ، **الأحزاب السياسية**، طبعة سادسة، مترجم على مقلد وعبد الحسن-سعد ، (بيروت ، دار النهار، ١٩٧٢).

٢٩. هانز رايشنباخ، **نشأة الفلسفة العلمية** ، مترجم فؤاد زكريا، (دار الكتاب العربي، القاهرة، ١٩٦٨).

٣٠. وليم اوشي، **نظرية (z) في المنظمات** ، مترجم حسن ياسين، (معهد الادارة العامة، الرياض، ١٩٦١).

٣١. يمنى طريف الخوري، **فلسفة العلم في القرن العشرين**، سلسلة عالم المعرفة عدد ٢٦٤، (المجلس الوطني للثقافة والفنون والآداب،الكويت، ٢٠٠٠).

المراجع الانكليزية

1. Abdel Kader Ali , **Conmporary Dimensions Of Political Theory** , (Shulinary, Cairo 1975).

2. Easton , David , **A System Analysis Of Political Life** (john Willey & Sons , Inc., N.Y 1965).

3. F. N. Kerlinger, **Foundation Of Behavior Reearch,** (New York : Holt Rine hart and winston, 1973).

4. Irisb, Marian d.&Prothor James W., **The Politics Of American Democracy** , (Prentice Hall, Inc ,N.j. 1965).

5. L. R Gay & L Diehl **Research Methods For Bussiness and Management** , (Macmillan Bublishing co New York, 1992).

6. L.R.Gay & P.L .Diehl, **Research Methods For Business and Management,** (Macmillan Publishing Co .New York , 1992).

7. Martin Kriesberg(ed.) **Public Adimnistration In Developing Countries,** (The Brookings Institution, Washington , 1963).

8. Mithcell, Joyce & Mitchell, William, **Political Analysis and Public Policy** –(Chicago: Rand McNally & Co., 1969).

9. Myntz R. S Others , **Introduction To Emperical Socioligy** , (Britain , Penguin, 1976).

10. Norman Polansky , **Social Work Research** (Chicago : University Of Chicago Press, 1962)

11. Robert Blanche, Williaw Whewell; in : **The Encyclopedia of Philosophy** , Vol.8 (ed.) by Paul Edwards, (Macmillan Publishing, New York, 1972)

12. Van Dalen, D.B.,**Understanding "Educational Research,** (McGraw Hill, New York,1973)

13. William Polk, (ed.) **Development Revolution,** North Africa , Middle East And Asia (Washington D.C. 19,3).

T0102964

Printed in the United States
By Bookmasters